U0460584

指向核心素养的普通高中生物课程

教学设计

曹冬林　著

ZHIXIANG HEXIN SUYANG DE
PUTONG GAOZHONG
SHENGWU KECHENG
JIAOXUE SHEJI

吉林大学出版社

·长春·

图书在版编目（CIP）数据

指向核心素养的普通高中生物课程教学设计 / 曹冬林著. -- 长春：吉林大学出版社，2021.4
ISBN 978-7-5692-8196-5

Ⅰ.①指… Ⅱ.①曹… Ⅲ.①生物课—教学设计—高中 Ⅳ.①G633.912

中国版本图书馆CIP数据核字(2021)第077360号

书　　名：指向核心素养的普通高中生物课程教学设计
ZHIXIANG HEXIN SUYANG DE PUTONG GAOZHONG SHENGWU KECHENG JIAOXUE SHEJI

作　　者：曹冬林　著
策划编辑：高珊珊
责任编辑：曲　楠
责任校对：米司琪
装帧设计：沈　兴
出版发行：吉林大学出版社
社　　址：长春市人民大街4059号
邮政编码：130021
发行电话：0431-89580028/29/21
网　　址：http://www.jlup.com.cn
电子邮箱：jdcbs@jlu.edu.cn
印　　刷：长春市中海彩印厂
开　　本：787mm×1092mm　　1/16
印　　张：19
字　　数：260千字
版　　次：2022年4月　第1版
印　　次：2022年4月　第1次
书　　号：ISBN 978-7-5692-8196-5
定　　价：78.00元

前　　言

　　核心素养的提出是时代发展的要求，也是对我国可持续发展人才的要求，更是个体发展的需求。《普通高中生物学课程标准（2017年版）》相对于《普通高中生物课程标准（实验）》而言，最显著的变化是将知识与能力、过程与方法及情感态度和价值观等三维目标凝练成为生物学学科四大核心素养。核心素养的提出反映了生物学课程的新理念和新要求，高中生物学教学要围绕着培养和提高学生的生物学核心素养这个核心展开，使学生逐步形成具有生物学科特征的关键能力、必备品格与价值观念。生物学课程是形成学生核心素养的重要组分，生物学学科核心素养的凝练，来源于国内外生物学发展和课程目标探索的实践基础，也来源于对生物学学科本质和教学本质的认知和要求。

　　《普通高中生物学课程标准（2017年版）》为核心素养的达成提供了以"大概念"聚焦为特点的课程内容安排，要求教师围绕这些大概念组织并开展教学活动，帮助学生强化对知识的理解和迁移。教学中，一方面需要教师向学生提供适切的事实支撑学生生物学概念的形成，另一方面也需要教师运用包括探究教学在内的多种教学策略和方法开展概念教学。以"科学思维"为例，其内涵包括"归纳与概括""演绎与推理""模型与建模"和"质疑与论证"等内容。"归纳与概括"必须基于对概念的系统化和结构化，"演绎与推理"需要概念的理解和深化，"模型与建模"涉及对概念的构建和修正，而"质疑与论证"则强调对概念的质疑和完善的过程。

　　课堂教学应关注学科逻辑与核心素养培养的融合。生物学科核心素养的培养应遵循高中生物学的学科逻辑，遵循高中生物课程的逻辑体系和高中学生的认知水平，进行整体的规划设计。基于概念的发展和延伸，学科逻辑体系不断地深化和关联，生物学大概念之间存在互相交织的联系，次位的重要概念的理解为更高级的重要概念的理解建立支持。在学科核心素养培养的大背景下，教师在概念教学时应注意提出问题的情境化、分析问题的综合化和解决问题的系统化，注重科学史和科学本质的教学，让学生清晰地理解生物学科的发展脉络，摒弃死记硬背学科知识、黑板上做实验的现象，通过真实的问题情境和综合性、系统性训练来帮助学生有效构建逻辑思维。

本书共分五章，第一章主要讲述了教学设计与单元教学设计，第二章至第五章分别从核心素养的角度对生物课堂教学进行教学设计，并对其中一些内容进行了单元教学设计，其目的就在于为新课程的实施进行一些探索。本书也是嘉兴市曹冬林（高中生物）特级教师工作室、浙江省曹冬林名师网络工作室的几年研修成果，并得到了工作室学员：邱永彬（台州一中）、孙波（平湖当湖高中）、张萌（元济中学）、陈洵（海盐高中）、张大也（平湖中学）、顾雪莲（海盐高中）、金小李（长兴太湖高中）、王瑜（海宁中学）、许德文（海宁中学）、黄晓芳（海宁一中）、武辉（桐乡一中）、谭雅娴（海宁中学）、盛瑜强（义乌中学）、唐兴娥（凤鸣高中）、王雪锋（茅盾中学）、凌润晓（嘉善中学）、王亚民（凤鸣高中）、姚建东（嘉善高级中学）、陶建英（嵊州中学）、吴银峰（嘉兴一中）、高婷（嘉兴外国语学校）、邱玲燕（桐乡一中）、孟佳群（桐乡高级中学）和白张营（秀州中学）等教师的帮助，在此一并表示感谢。

教育的最大奥秘就在于如何去激活学生发展的内动力。对于学生的发展来说，教育不是包办，更不是代替。包办就是扼杀，代替就是剥夺。教育是激励，是唤醒，是鼓舞，是通过一切有效的形式与方法调动学生发展的内在积极性。在教育教学过程中，教师的任务和职责不是教学生如何去活动，而是激活学生自主活动的内动力，为学生的自主活动提供动力源。笔者希望通过本书的出版，推动高中生物教师的课堂教学的研究与实践，使之成为每一位教师的自觉行动。由于水平有限，可能书中还有不足之处和疏漏之处，欢迎读者提出意见和建议。

曹冬林

2020年12月

目　录

第一章　概　述

　　核心素养是学生后天习得的终身受益成果，是公民基本素养的重要组成之一，是学生在解决真实情境中的生物学问题时所表现出来的正确价值观念、必备品格和关键能力。生物学核心素养主要包括生命观念、科学思维、科学探究和社会责任等。

第一节 核心素养与学科核心素养

1. 核心素养

"核心素养"最早出现在经济合作与发展组织（OECD，下简称"经合组织"）和欧盟理事会的研究报告中。经合组织1997年启动了"素养的界定与遴选：理论和概念基础"研究项目，此时并未在项目名称中直接使用"核心素养"一词，但2003年出版最终研究报告《核心素养促进成功的生活和健全的社会》时，使用了该词。为推进核心素养走进教育实践，2005年，经合组织又发布了《核心素养的界定与遴选：行动纲要》，以增强核心素养应用于教育实践的可操作性。

2. 学科核心素养

学科核心素养是指通过某学科的学习而逐步形成的关键能力、必备品格和价值观念。学科核心素养是学科本质和教育价值的体现，是具有基础性、生长性、共同性、关键性的核心体现，是学科对实现人的全面而有个性发展的独特贡献。学科核心素养是学生发展核心素养的最重要最关键的组成部分，其研制和撰写要体现和反映学生发展核心素养。学科核心素养是课程标准研制和修订的纲领和灵魂，是学科教育重建的抓手和凭借。

（1）什么是素养？当你把在学校学的知识都忘掉的时候，剩下的就是素养。今天孩子在课堂里学生物或物理，不是让他成为生物学家或物理学家。我们关注的是，毕业以后，作为一个公民，学过生物或物理和没学过生物或物理有什么差别？生物或物理能留给他终身受用的东西是什么？这就是核心素养。

核心素养，主要是指学生应具备的，能够适应终身发展和社会发展需要的必备品格和关键能力。核心素养是关于学生知识、技能、情感、态度、价值观等多方面要求的综合表现；是每一名学生获得成功生活、适应个人终生发展和社会发展都需要的、不可或缺的共同素养；其发展是一个持续终身的过程，可教可学，最初在家庭和学校中培养，随后在一生中不断完善。

（2）核心素养的基本内容：从国家的层面来讲，2016年9月在北师大举行的"中国学生发展核心素养研究成果发布会"发布研究成果对中国学生身心发展核心素养做了界定。在发展中学生核心素养的指导下，各学科又制订了学科核心素养。

中国学生发展核心素养，以科学性、时代性和民族性为基本原则，以培养"全面发展的人"为核心，分为文化基础、自主发展、社会参与三个方面。综合表现为人文底蕴、科学精神、学会学习、健康生活、责任担当、实践创新六大素养，具体细化为国家认同等十八个基本要点：人文积淀、人文情怀、审美情趣；理性思维、批判质疑、勇于探究；乐学善学、勤于反思、信息意识；珍爱生命、健全人格、自我管理；社会责任、国家认同、国际理解；劳动意识、问题解决、技术应用。根据这一总体框架，可针对学生年龄特点进一步提出各学段学生的具体表现要求。

（3）核心素养与双基、三维目标之间的关系

双基即基础知识与基本技能，仅仅对应了"三维目标"中的"知识与能力"，显然是一个维度。三维目标从学科的人文特性角度和育人功能角度，还提出了"过程与方法""情感态度与价值观"，使学科教学的目标更加全面，是学科教学的内涵扩充。核心素养——这是对三维目标的发展和深化，直指教育的真实目的，那就是育人。用简单的比喻来说，落实"双基"是课程目标1.0版，三维目标是2.0版，核心素养就是3.0版。

（一）关键能力

1. 能力

从心理学角度讲，能力属于个性心理特征，是保证人们成功进行实际活动的一系列稳固心理特点的综合。能力有广义和狭义之分，狭义的能力指的是认识能力或智力，是保证人们有效认识客观事物的稳固心理特点的综合。我们所说的能力往往是指狭义的能力。当然，我们现存也强调各种实践能力和实验能力的培养，但是，从基础教育的性质和学生心理发展的规律来看，其主体、核心和基础应该是认识能力，特别是思维能力。能力与学校教育密不可分，它既是学校教育的基础和前提，又是学校教育的目

的和结果。

在基础教育阶段，我们应该将重点放在培养能力上，还是放在传授知识上？一位旅美教师对中美基础教育的对比可以提供启发："美国小学是知识的吝啬鬼，严格限制孩子得到知识的数量，一个月只允许孩子得到一个知识，孩子每得到一个知识都需要付出很多的汗水和辛苦。在这个过程中，动手、思考和感悟比知识本身更重要。孩子对知识总是有渴望的感觉。而中国的小学教育是一个贪婪鬼，把知识当成了免费的黄金珠宝。中国教育者不知道知识与智慧的关系，总是让孩子直接得到越来越多的知识。""美国教育一个月的知识量只相当于中国教育一天的知识量。相差29天，这29天就是感悟的时间。通过让孩子感悟，美国教育比中国教育多产生了一个东西：智慧。美国学生比中国学生多产生了一个东西：创新能力。"

能力在学习中的突出表现就是举一反三、闻一知十。能力就像一根有灵性的红线，能够把散落的知识珍珠串起来；能力就像一块大磁铁，能够把一点点的知识铁屑吸引过去。有能力的学习能够达到事半功倍的效果。

2. 关键能力

我们从学习过程（认知加工）的角度，把学生的学习能力分为阅读能力（输入）、思考能力（加工）和表达能力（输出）三种。这三种能力是学生学习的基本能力、核心能力，具有基础性、生长性、共同性、关键性特征，其他能力如创新能力、研究能力、设计能力、策划能力等都是建立在其上的。这三种能力是人生走向成功的基石。

（1）阅读能力——不会阅读的学生是潜在的差生

阅读是看书，但不是一般意义上的浏览，看并领会其内容才是阅读，领会意味着把看到的东西纳入已有的知识和经验中去，使其连成一体。

我们知道，阅读是学生获得新知识的主要手段，是发展学生智力的重要途径。苏霍姆林斯基在《给教师的建议》一书中说："必须教会少年阅读！凡是没有学会流利地、有理解地阅读的人，就不可能顺利地掌握知识。在小学中就应该使阅读达到完善的程度，否则就谈不上让学生自觉地掌握知识。"为什么有些学生在童年时期聪明伶俐、理解力强、勤学好问，而到了少年时期，却变得智力下降、对待知识的态度冷淡、头脑不灵活了呢？就是因为他们不会阅读。总之，阅读对学生的发展是至关重要的。不会阅读的学生是潜在的差生，阅读能力是最基础、最关键的学习能力，它直接决定着学生学习效果的好坏和学习效率的高低。

从教学角度讲，所谓的阅读能力也就是叶圣陶先生所讲的"自能读书"——自己能够读懂教材。当然这个阅读可能是个反复多次的过程，依学生的阅读水平和教材的难度而定。也就是说，课堂教学必须从以听讲为基础走向以阅读为基础，这是其一。其二，从教师角度讲，是学生自己能读懂的内容，坚决不讲、不教，教师讲的、教的必须是学生读不懂的知识。知识是学生自己学会的还是教师教会的，这对学生的发展具有截然不同的价值和意义。

（2）思考能力——不会思考的学生是没有潜力的学生

思考无疑是一种思维活动，但什么样的思维活动才称得上思考？教育家杜威在《我们如何思维》一书中指出思维具有这样几个层次："首先是一种广泛的甚至可以说是不严谨的用法——凡是脑子里想到的，都可以说是思维。第二种，是指我们对于自己并未直接见到、听到、嗅到、接触到的事物的想法。第三种含义则是更窄一点，指人们根据某种征象或某种证据而得出自己的信念。这一种含义又可以再区分为两种：在某些情况下，人们并没有多想，甚至完全没有去想根据何在，就得出自己的信念。在另一些情况下，人们则是用心搜寻证据，确信证据充足，才形成信念。这一思维过程就叫思考、思索。"杜威强调，只有这种思维才有教育意义。而《现代汉语词典》是这样表述的："思考是比较深刻、周到的思维活动。"

据此，我们认为思考具有以下特点。

第一，有根据的思维。思考不是主观臆想，而是以事实、数据和已经得到证实的知识作为依据进行的推论和思维。

第二，有条理的思维，即周到、系统、有逻辑的思维。事物联系、发展、变化的秩序是其内在逻辑，逻辑混乱、杂乱无章就是无序，就不是思考。

第三，有深度的思维，即直抵事物本质的思维。深度既包括思维方式、方法和过程的深度，也包括思维对象的深度。

以上三点既是思考的特点，又是检验一种思维是否是思考的评判标准。

从教育的角度讲，思考强调的是主体性，即独立性和创造性。思考是学生个体独立自主的独特思维，而不是被思维，不是复制思维，只有这样，思考才能成为学生的一种思维能力和一种学科素养，否则只能沦为思维方式或技能。

能思考的人才是力量无边的人。思考能力是最核心、最根本的学习能力，直接决定学生学习的水平和质量。心理学研究告诉我们，在相同的时间内学习相同的内容，能进行深入思考的学生比只是记下教师所教内容的学生，能够更好地理解和记忆学习内容。学生只有通过思考才能理解知识，才能把外在的知识转化为内在的知识。只有有思考的学习才是有意义的、有价值的学习；缺乏思考的学习是一种机械的、被动的、僵死的学习。孔子早就告诉过我们："学而不思则罔，思而不学则殆。"显然，读书是否有所得，关键在于思考。

爱因斯坦强调，应当始终将发展独立思考和独立判断的一般能力放在首位，而不应当把获得专业知识放存首位。在学习中，思考能力主要表现为提问能力，包括发现问题、提出问题、分析问题、解决问题的能力。张楚廷教授强调："能够带上满口袋问题走进课堂的课，算好课；能够在课堂上唤起学生也生问、发问、提问的课，算更好的课；能够唤起学生提问，居然被学生的问题问倒了（教师一时答不出来了）的课，算是最好的课。"为此，他进一步指出："教学，从根本上说，是思考着的教学引导着学生思考，又让思考着的学生促动教师思考。而在这一过程中，问题是最好的营养剂；在这一过程中，教师的思考和问题意识起着主导的作用。"联合国教科文组织国际教育发展委员会指出："教师的职责已经是越来越少地传授知识，而越来越多地激励思考。"

（3）表达能力——不会表达的学生是没有影响力的学生

所谓"表达"指的是，把自己内化了的知识以能够传递给他人的形式来表现的过程，或是由于外化而得以表现的内容。表达首先意味着学生要有自己的想法、观点或思想、感情（由阅读和思考等活动产生的东西）；其次意味着学生能够比较准确、清晰地用自己的语言将其表示出来；再次意味着有人倾听并进行互动和反馈（赞扬、补充、纠正等）。简而言之，表达就是用自己的语言说出对问题的认识。学生能用自己的语言从不同角度、不同侧面来阐述看法或发表意见，这既是理解的重要标志，也是从理解到创新的关键一步。教师在教学中常常发现，学生虽然听得懂，却不能用自己的话说出来，这说明他们没有真正理解，没有想透彻。因此，教师一定要鼓励学生大胆地用自己的语言阐述自己的认识和想法，这样才能促进他们独立思考，把书本的知识转化为自己的知识，同时也能暴露他们在理解过程中的认知错误，便于及时纠正。

从心理学角度讲，表达是一种心理需要，是表现欲得以满足和实现的过程。每个人都有表现自我、影响他人的需要。从教学论角度讲，教是最好的学。《礼记·学记》指出："学然后知不足，教然后知困。知不足，然后能自反也；知困，然后能自强也。故曰：教学相长也。"这段话论述的是一条学习规律。它指出，学不能仅限于潜心自得，还应当尝试施教他人，通过施教这一知识的外化过程强化自己对知识的理解和掌握。陶行知先生也说过："为学而学不如为教而学之亲切。为教而学必须设身处地，努力使人明白，既要努力使人明白，自己便自然而然的格外明白了。"所以他认为，教是最好的学。从社会学角度讲，表达即交往、互动，是一种影响和奉献，也是一种反馈和更正。学习不仅是个体获得知识和发展能力的过程，同时也是人与人之间的交往过程。人正是在与他人的交往和互动中学习着生存所需要的知识、技能和经验等，形成积极的人生观和主动的生存方式。交往的认识意义表现在：第一，促使知识增值。知识在对话中生成，在交流中重组，在共享中倍增。学生通过交往，分享彼此的思考、经验和知识，丰富学习内容，寻求新的发现。学习过程因此成为课程内容持续生成与转化、课程意义不断建构与提升的过程。第二，活跃学生思维。《礼记·学记》言："独学而无友，则孤陋而寡闻。"缺少交往的学习很难产生思维的碰撞和创造的火花。学习中的交往和互动有助于激发灵感，产生新颖的观点和奇特的思路，从而增强思维的灵活性和广阔性。

表达能力是学习能力的最高体现和综合反映。只有通过表达，知识才能被激活，才能真正被转化、升华为能力，否则学生吸收的可能只是惰性的知识，而不是活性的知识。从学生个体角度讲，每个学生都有表现欲，教学要满足、培养学生的表现欲，给他们展示的机会，这是推动学生学习的内在永恒动力；从学生团体角度讲，表达的过程同时也是倾听的过程，它体现的是共同体的学习理念，即学习过程是同伴分享彼此的思考、经验和见解，交流彼此的情感、体验和观念，从而达到共享、共进的过程。这是儿童共同发展的秘诀。

阅读、思考、表达能力是学生学习的一般能力，是所有学科学习的通用能力。它们与学科能力的关系是一般与特殊、工具与内容的关系。就能力自身发展而言，它们是基础能力，是其他能力的基础。

（二）必备品格

从基础教育的角度讲，必备品格就是具有基础性、生长性、公共性、关键性特征的品格。就其本质而言，品格处理的是人的关系。这种关系包括人与自我的关系、人与他人的关系、人与事情（工作、学习）的关系。据此，人必备的三种核心品格是：表现在人与自我关系上的自律（自制）、表现在人与他人关系上的尊重（公德）、表现在人与事情关系上的认真（责任）。

（1）自律

"道德从根本上说是个人的事，道德的最高境界，自然是自觉的自我支配，即所谓的'自律'。"按照柏拉图的说法，人的灵魂有三个方面：欲望、激情和理智。欲望在灵魂中占有最大比例，人充满欲望，欲望总是自私的、冲突的而且无法得到充分满足的。欲望的放纵能够导致一切罪恶和错误的发生，因此，欲望必须被控制、被克制和被指导。当然，控制、克制和指导的主体既可以是外在的，也可以是内在的。一个人如果能够对自己的欲望进行自我控制、克制和指导，他就具备了自律的德性，这是优秀公民必须具备的品格。自律最突出的表现就是良心（良知），弗洛伊德认为，良心是一种内心的感觉，是对于躁动于我们体内的某种异常欲望的抵制。良心（良知）对人的约束是当下的、即时的，这种约束使得非道德、无良知的意念在刚出现时就被过滤掉了；而法律对人的制裁却是滞后的，是典型的"秋后算账"。正如梁晓声所说："人类有无良心，决定每一个人活得像人还是像兽。有无良心的前提是有无良知，良知其实便是一些人应该秉持的良好的道理、道德。这样的一个人，即使平凡，也是可敬的。即使贫穷，也有愉快。"

（2）尊重

道德的主要价值在于处理人与人的关系，它是处理人际关系的内在准则（法律是外在的准则）。尊重意味着尊敬和重视，在处理人与人的关系时，尊敬别人、重视别人是一切道德的根源和本质。尊敬别人，不影响、不妨碍、不伤害别人，推己及人，己所不欲勿施于人；重视别人，做到心中有他人，把别人看得和自己一样重要。尊重别人的本质是尊重自己，为他人着想的品格是人有教养的突出表现。"因为别人也是一个与你一样的'自我'，凡是你想'自我保护'的，别人也一定想'自我保护'，所以你希望别人尊重你，你就先要尊重别人。"

从社会的角度讲，尊重是公德的精神意蕴和本质体现，"公德需要把人'抽象'对待，要求平等地、无条件地尊重所有人的权利"。公德贵在一个"公"字，这体现在：第一，要心中装着他人，具有"别人优先"的意识，做到时时处处以别人为先，先人后己；第二，要心中有"公共和规则"的意识，尊重规则、服从规则，它决定一个人在公共场合中的良好形象。规则意识有助于学生形成法治观念，树立法治信仰，养成自觉守法、遇事找法、解决问题靠法的思维习惯和行为方式。

（3）认真

如果说自律和尊重关乎做人的态度，那么认真则关乎做事的态度。我们不仅要培养学生学会做人也要培养学生学会做事。人有"人德"，事有"事德"。我们现在提倡的"工匠精神"就是强调以认真负责的精神和态度对待万事万物，对待所有的工作。从学生的角度讲，就是要认真学习。正如1992年《九年义务教育全日制初级中学语文教学大纲（试用）》所指出的："字要规规矩矩地写，话要清清楚楚地说，课文要仔仔细细地读，练习要踏踏实实地做，作文要认认真真地完成。"这种返璞归真的实教实学看似不难，做好不易。实际上，各科学习和各种活动都必须秉承这样的态度和精神。俗话说"凡事就怕认真二字"，日本人和德国人的认真精神和态度是举世闻名的，正是凭借这种精神和态度，他们为世界创造了诸多的品牌和奇迹。

有了自律就遏制了恶的源头，有了尊重就有了善的开端，有了认真就有了进步和动力。这是最基本、最重要的品格，从根本上保证了人性的方向和内涵。其他良好的品格都是基于它们而形成和发展起来的。

然而，多年来，我们的学校教育忽略了对学生必备品格的培养，使学生在人格、道德、情感等方面出现了各种偏差和失误，以致有些学生对生命、对他人、对世事愈来愈冷淡、冷漠甚至冷酷，最终酿成了很多悲剧。因为我们的社会和教育过分关注能力和才华，而忽视了品德，所以我们应将立德树人摆在学校教育的首要位置。要知道，教育的终极使命是引导学生成为好人，成为具有人类美德的人。正如选择出家为僧的生物学博士马修存《僧侣与哲学家》一书中所说："我一直有很多机会接触许多极有魅力的人士，可是他们虽然在自己的领域中都是天才，但其才华未必使他们在生活中达到人性的完美。具有那么多的才华、那么那么多的知识和艺术性的技巧，并不能让他们成为好的人。一位伟大的诗人可能是一个混蛋，一位伟大的科学家可能对自己很不满，一位艺术家可能充满着自恋的骄傲。各种可能，好的坏的，都存在。"现实中，我们也常看到一些所谓的成功人士并不具备诸如善良、诚实等最简单的美德。著名学者、北京大学教授钱理群曾尖锐地批评我们学校正在培养出一批"绝对的、精致的利己主义者"："所谓'绝对'，是指一己利益成为他们言行的唯一的、绝对的直接驱动力，为他人做事，全部是一种投资；所谓'精致'，是指他们有很高的智商、很高的教养，他们所做的一切都合理合法无可挑剔。他们惊人地世故、老到、老成，故意做出忠诚姿态，很懂得配合、表演，很懂得利用体制的力量来达成自己的目的。"钱先生担心："这样的人一旦掌握了权力，其对国家、民族的危害，是大大超过那些昏官的。"

值得强调的是，品格只能由品格来塑造，人格只能由人格来培养，要求学生做到的教师自己必须先做到。正如19世纪德国教育家第斯多惠所说，谁要是还没有发展、培养和教育好自己，就不能发展、培养和教育好别人。我们知道，教师的劳动是有其特殊性的。教师在引导学生认识周围世界的同时，他自己也作为周围世界的一个重要部分出现在学生而前，参与到学生的认识过程之中。苏联教育家加里宁说过，教育者影响受教育者的不仅是所教的某些知识，还有他的行动、生活方式以及对日常现实的态度。这是因为教学不仅是知识的输出，也是教师内心世界的展现，教师在教学过程中所自然流露的思想、品德、风貌、学识、才能、作风、言谈举止、待人接物等无不潜移默化地影响、感染和熏陶着学生的心灵，被学生视为榜样，被学生竭力模仿。

因此，教师要加强自我修炼，努力成为一名"有人格做背景"乃至有人格魅力的教师，以人格熏陶学生，塑造学生的品格。当然，教师也要吃饭，也要住房，也要赡养老人和抚养子女；教师也有追求生活的权利，也有博取名誉和地位的权利，也有享受人生的权利。但与从事其他职业的人不同的是，教师还需要有不畏清贫的品质、不急功近利的情操、不为名利诱惑的人格、甘做人梯的品质、把学生的成长视为自己成功的心态、钟爱孩子的激情、永不泯灭的童心及博大兼容的胸襟……这就是为什么说教师是太阳底下最神圣的职业的原因。

（三）二者之间的关系

能力与品格是人的两种最宝贵的精神财富。一方面，它们具有相对的独立性，有各自的内涵、特点和形成机制；另一方面，它们又具有内在的关联性，彼此在内涵上相互交叉，在形成上相互促进。从核心素养的形成上，我们强调二者的互动和融合。"当能力具备了积极的文化价值，具有了利他的道德情怀，才会成为众人认同的'人的素养'；也就是说，要把学科教学的'学科关键能力'的习得过程，放到一个可以搓揉、浸润、发酵的充满正能量的文化关怀中，成为有文化价值的能力、有道德的能力，即'人的素养'。"

第二节　教学设计与单元整体教学设计

1. 教学设计

教学设计是根据课程标准的要求和教学对象的特点，将教学诸要素有序安排，确定合适的教学方案的设想和计划。一般，包括教学目标、教学重难点、教学方法、教学步骤与时间分配等环节。

教学设计具有以下特征。

第一，教学设计是把教学原理转化为教学材料和教学活动的计划。教学设计要遵循教学过程的基本规律，选择教学目标，以解决教什么的问题。

第二，教学设计是实现教学目标的计划性和决策性活动。教学设计以计划和布局安排的形式，对怎样才能达到教学目标进行创造性的决策，以解决怎样教的问题。

第三，教学设计是以系统方法为指导。教学设计把教学各要素看成一个系统，分析教学问题和需求，确立解决的程序纲要，使教学效果最优化。

第四，教学设计是提高学习者获得知识、技能的效率和兴趣的技术过程。教学设计是教育技术的组成部分，它的功能在于运用系统方法设计教学过程，使之成为一种具有操作性的程序。

2. 单元整体教学设计

"单元整体教学设计"，是对一个单元（或几个单元）的教学内容进行整体设计与安排。它要求教者根据本班学生的实际学情，对单元教材资源进行深度开掘，发现与提取出单元教学的核心价值，确定基于当下学生最近发展区与本单元发展学科核心素养切实需要的教学目标、内容，突破与改变原有单元教材编排组合与教学结构、次序，创造性地进行单元教学的整体设计。

"单元整体教学设计"中的关键词是"整体"，而非"整合"。它强调整体设计，并非整合设计。虽然整体设计中并不排除整合取舍，但相对"整合"而言，"单元整体教学设计"有更开阔的视野与更宏观的思维建构，针对当下学生实际学情与发展核心素养的切实需求，重新开发与利用单元教材资源，重构教学内容体系与结构关联，整体设计教学方案并予以实施。其初衷不是指向"群文阅读"或"课文整合"，而是希望改变单课教学思维（一课一课地教），突出教学的整体性，即从课程、学段、年级和单元等不同层面整体思考与设计每一节课的教学，使得每一节课的教学基于课程层面，基于整体视域，基于学生的实际学情，基于语文核心素养切实发展，建立一个整体、有序的新的内在教学关联，建立一种新的结构——从顺应文本原有编排的教学结构，走向基于学生发展的教学结构。从把教材奉为圭臬而完全一成不变，走向超越教材且真正依生而变。原来是教材有什么，我就教什么；教材怎么编，我就怎么教；教材安排的结构、序列怎样，我的教学结构、序列就是怎样。现在则不同，学生通过本单元的学习资源可以获得或提升最有价值的学科能力素养，我就充分利用、开掘或重组及重构这样的学习资源与教学结构。一切依生而变，依生而建，为学生"量身定制"，从而真正满足学生的发展需要。根据"单元整体教学设计"的需要，可以有所"整合"，但更需要的是"整体"思维与框架下的设计。

（1）两者的异同点

从定义上看，两者的相同点都是课前的"预设"；不同的是，教学设计主要是针对课时来进行撰写的，而单元整体设计则是介于课程规划与课时之间的教学设计，对相关教材内容进行重组、优化后的独立教学单元进行整体设计。

（2）教学设计的总体框架

教学设计框架一般按照教材分析、学情分析、教学目标、教学重难点、教学设计说明和教学过程六个环节展开描述。针对的内容相对较少，撰写时按照一条主线贯穿。因为教学设计呈现的主要为一课时的内容，这与教案设计时还是存在区别的，需要综合考虑教材的地位，不会具体到细节的处理和教学流程的师生活动先后环节和具体的活动操作安排，相对体

现教学的思路和策略，从宏观、整体上把握教学过程。具体单元整体教学
设计操作模型如图1-1所示。

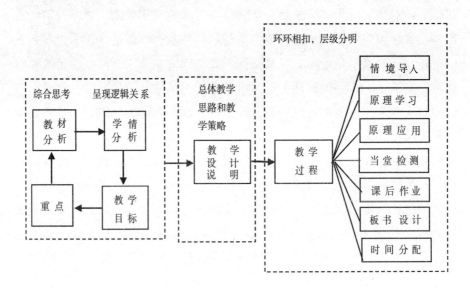

图1-1　教学设计框架

（3）单元整体设计的总体框架

单元整体教学设计是以一个单元、一个章节或一个课题为出发点，结合知识点的构成，重新梳理建构知识体系，然后采取多元化教学手段和方式，制订科学合理的教学计划。在对不同学生不同阶段实施教学时，要尽可能地帮助学生形成一个较上一阶段更为完善的知识体系，以促进学生知识的内化迁移。单元整体教学设计要结合教学内容实际，灵活制订不同主题，然后在充分考虑学生个体差异和认知规律的基础上，围绕一个课题展开知识重构，进而形成一个逻辑明晰、体系完备、结构完整的持续化及单元化教学，具体单元整体教学设计操作模型如图1-2所示。

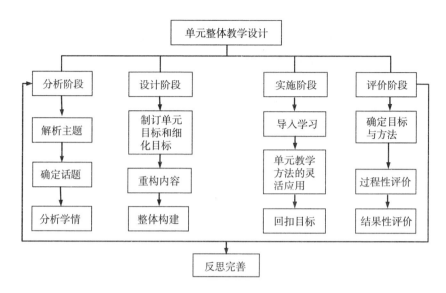

图1-2 单元整体设计框架

从设计框架上看，单元整体教学设计相对来说需要更加注重你如何把相关的知识整合为一个单元的内容；你如何为整个单元设计相同或者相关联的教学情境；你如何保持课时之间的连续性、整体性和延展性。

3. 撰写步骤

对于两者来说，单元整体设计更加注重于你对于教材的整合和优化，注重于整体教学目标与分节目标之间的内在联系、层进关系。撰写时要体现出单元的整体性，明确单元中每一课时需要达成的目标和达成标志。最终需要落实到每一课时教学的精心打造，故以课时教学设计为例展开描述。

（1）教材分析的撰写

对于教材的分析需要有自己对教材的理解。能体现出学习内容的范围与深度，明确"教什么"；能揭示学习内容中各知识与技能的相互关系，为教学顺序的安排奠定基础，知道"如何教"。

（2）学情分析的撰写

对于学生已有的知识经验，包括前知识对新知识学习的正负面影响需要全面分析，以便于找到最近学习区实施教学；对于学生已掌握的方法和技巧，包括应用熟练度需要全面分析，找到最适合新知识学习的方法进行设计；对于已经具备的能力，包括学习新知识必需的技能和态度的全面分析，为教学的增长点做好铺垫。

（3）教学目标的撰写

教学目标需要根据课标的要求，教材的内容和学生的实际情况来制订。评价一节课的好与坏，主要是看课前设置的教学目标是否能实现。"教学"是"教"与"学"的双向互动，既有"教"的考虑，也有"学"的思量。同时，教学目标需要呈现出完整性、可行性和可操作性，即要包括知识技能、过程方法、情感态度、价值观以及核心素养，又要切合不同层次学生的实际，并且可以直接用于指导、评价教学。每一节课中，课堂教学目标有三条左右的具体目标即可，不宜写得过多。

（4）教学重难点的撰写

教学的重难点撰写时，除关注知识重点外还需关注技能和价值观的重点，有时常常与节的名称类同。撰写的本节课教学重点，往往是本节名称所含内容的个人解释性的语言。教学难点要根据教学的环境、学生的认知能力、理解能力及接受能力精心设计；本节课的教学难点，应该是你本节课执教的学生在本节课中难以理解和接受的地方，具有地方差异性、学生差异性和资源差异性，若在教学过程中发现偏差，则需要在撰写反思时做出分析说明。同时在撰写时需要体现出重难点之间的联系。

（5）教学设计说明的撰写

教学设计说明包括总体思路和教学策略，这里要体现出主要教学方法、教学工具、教学手段及其依据，同时可以呈现学生活动的设计理念、依据和预期达到的效果。

（6）教学过程的撰写

教学过程的撰写不仅要体现完整性、可延展性，同时也要体现各阶段设计意图、课后评价与反思等内容。

①情景引入。除了需要采用契合教学内容的较为新颖的情境外，更需要注意创设的情景为真实的情境。这个情境的设置不能为导入而导入，最好在后续的教学中能够持续地沿用。

②原理学习。采用适当的方法和教学手段，让学生学习相关的理论知识和技能。需要精心设计教师的活动、应用教学技巧及达成教学目标。

③原理应用。对于学生初步习得的新知识和新技能，通过一定的教学载体和活动进行应用。需要精心设计学生的活动、教师的引导、生生互动和师生互动；需要体现教学重点和难点的处理。

④当堂检测。当堂检测是教学活动中的一个环节，可以针对其中的一个教学目标，最好是教学重点来设计任务驱动性的当堂测试；也可以针对零散的知识进行梳理，让学生在互动中，立体呈现学习效果，同时进行自评、互评。在检测进行前最好可以回扣情境引入；在检测的过程中能引出下一课时的教学内容是最佳的选择，这让学习呈现出一定的连续性。

⑤课后作业。课后作业布置最好可以分层，有开放性的题目。不仅可以巩固所学新知，还可以让学有余力的学生能进一步学习，把课堂延伸到课外。

⑥板书设计。板书是一节课后，教学主要内容的呈现。或留给学生一个知识框架；或留给学生关键概念，让学生再形成知识体系。最好能把板书的三分之二作为主板书，三分之一作为副板书。

⑦时间分配。教学的时间分配在教学设计的时候是必须考虑到位的，以避免虎头蛇尾、重点不突出或者内容太多而蜻蜓点水。一般情况下，引入的时间在3~5 min、当堂检测的时间一般在6~8 min左右，两头时间固定后，就能把充足的时间用于突出重点，突破难点。

每一名教师对于教材的再加工和处理方式不同，教学的对象不同，设计的课型不同，就会呈现出不同的特色和风格来。

第二章　生命观念

　　"生命观念"是指对观察到的生命现象及相互关系或特性进行解释后的抽象，是经过实证后的想法或观点，是能够理解或解释相关事件和现象的品格和能力。学生应该在较好地理解生物学概念的基础上形成生命观念，如结构与功能观、进化与适应观、稳态与平衡观、物质与能量观等。能够用生命观念认识生物的多样性和统一性，形成科学的自然观和世界观，指导探究生命活动规律，解决实际问题。

第一节　基于生命观念的孟德尔定律复习教学设计

1. 教材分析

孟德尔定律是浙科版教材必修的开篇之作，也是叩开遗传学大门的第一步。本节教学内容以一对夫妇生出单眼皮和无耳垂的子女原因分析为主线，分析相关问题比较分离定律和自由组合定律之间的联系，并总结出两个定律的实质，注重培养学生的探究思维。该部分内容是伴性遗传以及减数分裂的基础，并为学习生物变异与进化奠定了基础。

2. 学情分析

通过孟德尔定律新课的学习，学生对遗传现象的内在原因有了初步的了解和认识，但对于两大定律的应用和区别不够熟练；学生了解科学探究的一般方法，但探究思维还不够成熟；复习不只是对已有知识的简单重复，而是要让学生在已有知识的基础上，对所学知识有一个更深入的理解和认识，从而达到灵活运用的目的。

3. 教学目标

（1）生命观念

初步采用假说演绎过程理解孟德尔两大遗传定律的实质及联系，在给定的问题情境中，以生命观念为指导，分析孟德尔定律的在高中生物教材的地位。

（2）科学思维

通过再现孟德尔的"假说-演绎推理"探究过程，培养学生严谨的科学思维和科学态度。通过不同遗传题型的规律总结培养学生推理思维和计算能力。

（3）科学探究

通过角色扮演理解孟德尔定律的实质，通过人类性状遗传规律的分析提高解决实际问题的能力。

4. 教学过程

（1）创设情境，导入复习课

教师展示"一个男人要与为他刚生下孩子的妻子离婚，原因是他们夫妇都是双眼皮，可孩子却是单眼皮。但亲子鉴定是他亲生的。请运用所学的知识，给这位丈夫解释一下为什么会出现这样的结果呢？"由此引出本节复习课的主要任务有三点：第一，说出假说演绎法的过程；第二，比较两种基因定律的区别和联系；第三，构建简单的概念图。

（2）书写遗传图解，强调规范

写好了遗传图解，教师强调书写遗传图解的4点规范：第一，是亲本的基因型和表现型；第二，符号和箭头；第三，子代的基因型和表现型及比例；第四，配子的种类。这对夫妇生出单眼皮的孩子原因是含单眼皮的基因雌雄配子结合在一起，那么为什么是3：1呢？（关键：雌雄配子各两种，比例为1：1，还有雌雄配子随机结合）

（3）画图活动，理解分离定律实质

教师展示活动：请用竖线（|）表示相关染色体，用点（·）表示相关基因位置，在如图圆圈中画出丈夫体细胞的可能基因型示意图。过渡问题：基因分离定律的实质是什么？学生通过画图之后理解减数分裂时，同源染色体分离，且等位基因位于同源染色体上，所以等位基因随着同源染色体的分开而进入不同的配子中，这就是分离定律的实质。

（4）回顾探究流程，领会假说演绎法

教师提出问题：孟德尔发现一对相对性状的遗传规律的实验流程是怎样的？

建议学生写出"假说-演绎推理"的思维结构图：发现问题→提出假说→演绎推理→验证假说→得出结论，并结合一对相对性状的遗传实验具体阐述每个步骤中的操作方法。为了帮助学生理解操作方法进行实际应用连线（用杂交、测交和自交连线：①鉴定一只白羊是否纯种；②在一对相对性状中区分显隐性；③检验杂种F_1的基因型；④不断提高小麦抗病品种的纯合度）。

（5）设计系列活动，落实自由组合定律

教师展示合作讨论二：这对夫妇迎来了第二个孩子，这个孩子不但是单眼皮而且还没有耳垂，这又如何解释呢？（已知夫妇双方都有耳垂）已知人的有耳垂由显性基因R决定，无耳垂由隐性基因r决定。写出这对夫妇生出既是单眼皮又是无耳垂相关的遗传图解，并说出自由组合定律的实质。

活动二：请用竖线（｜）表示相关染色体，用点（·）表示相关基因位置，在刚才的圆圈中继续画出丈夫体细胞中有关耳垂基因型可能性示意图。角色扮演：4位同学分别代表四条染色体（携带基因），模拟产生配子种类。通过上述的一系列活动得出自由组合定律的实质：非同源染色体上的非等位基因在减数分裂时随着非同源染色体的自由组合而组合。

（6）通过生活应用，认识孟德尔定律的社会价值

合作讨论三：这对夫妇生出的孩子中，既是单眼皮又没有耳垂的概率？既是双眼皮又有耳垂的概率？教师介绍2种方法：第一种方法，分对计算法。比如，双眼皮夫妇Aa×Aa 生出单眼皮孩子的概率为1/4，生出双眼皮孩子的概率为3/4；然后，有耳垂夫妇Rr×Rr生出没有耳垂孩子的概率为1/4，生出有耳垂孩子的概率为3/4。因此，既是单眼皮又没有耳垂的概率为1/4×1/4=1/16，既是双眼皮又是有耳垂的概率为3/4×3/4=9/16。第二种方法，模型构建法（见图2-1）。

4种表现型	9种基因型
黄色圆形（9Y__R__）	4YyRr + 2YyRR + 2YYRr + 1YYRR
黄色皱形（3Y__rr）	2Yyrr + 1YYrr
绿色圆形（3yyR__）	2yyRr + 1yyRR
绿色皱形（1yyrr）	1yyrr

图2-1 模型构建法

在图2-1的F_2中，9种基因型像一把手枪的模型，只要学生记牢每种表现型和基因型的位置及比例就可以快速计算题目。比如，计算F_2中黄色圆粒的杂合子概率：从模型中得出黄色圆粒占9份，纯合子占1份，杂合子占8份，所以快速得出概率为8/9。

5. 教学反思

本节课的亮点如下。

（1）主线清晰

以一对双眼皮夫妇生出单眼皮孩子的原因分析导入分离定律的复习；以一对双眼皮有耳垂的夫妇生出既单眼皮又无耳垂孩子的原因分析导入自由组合定律的复习；以计算生出既单眼皮又无耳垂孩子的概率导入孟德尔定律的实际应用。

（2）活动多样

为了帮助学生理解孟德尔两大定律的实质，设计了一系列活动。画图活动使学生明白染色体与基因的关系；角色扮演活动使学生明白等位基因分离和非等位基因自由组合产生配子的种类区别；列表比较活动使学生明白两大定律的区别和联系；构建概念图活动使学生对本节复习课作了归纳总结。

（3）例题经典

通过开花前授粉和套袋的多选题帮助学生理解人工传粉的操作细则和注意点；通过连线题帮助学生树立理论联系生活实际的意识；通过概念图的填空题帮助学生领会遗传实验中各种概念的关系；通过三对等位基因的两个亲本杂交计算后代基因型和表现型概率的计算题帮助学生掌握分对计算法和模型构建法的策略。

假说演绎法是在复习孟德尔一对性状遗传实验流程的基础上总结归纳而成，但个别学生课后交流说对演绎推理的内容还不是很透彻理解。因此，在复习过程中应该补充相关的习题及时巩固。其次，学生在构建概念图时预留的时间不是很充足，导致构建的效果不是很理想。最后，列表比较分离定律和自由组合定律时已经把内容限定，不利于学生的发散性思维培养。

第二节　基于生命观念素养的"STEM项目学习"的教学设计
——以"遗传信息的传递"教学为例

　　摘　要：生命观念的达成是一个基于归纳、概括的学习过程，构建知识的框架，整合核心概念，形成生命观念。基于 STEM 理念的项目学习，是解决现实问题的有效方法，该方法既强调工程的价值，又保证学生数学和科学相关知识的学习，并在过程中让学生体会学科之间的关系。在生物课堂教学中尝试进行基于STEM思想的教学活动，这种教学活动的关键在于设计可行、有效的"STEM教学项目"，学生以项目为基础，基于问题解决的学习，同时获得实践的课堂体验，学生应用数学和科学学科知识来解决问题，构建知识，形成学科核心素养。项目活动为学生概念的形成提供支撑，学生在项目活动中建立生物学概念，并构建知识框架，学生在项目活动中对知识深入理解和迁移、应用，将大量具体知识围绕核心概念进行整合、内化，并在此基础上形成对生命世界的整体认知——生命观念。

　　关键词：生命观念；STEM教学；教学项目设计；课例分析

1. "STEM项目学习"教学设计的内涵和操作流程

　　我国于2001年开启了新世纪基础教育课程改革，出现了分科与综合课程并存的形式，综合课程的理念，学科间的联系越来越被人们重视，许多学校开始尝试将STEM课程放入到教学常规中。现阶段，STEM教育正从最初的理念介绍、理论说明转向实践研究：①在学科内引入STEM的思想，是具有学科痕迹的学科内容之间的整合；②基于项目学习的跨学科整合实施。目前，较多的为后者，项目学习是基于整体学科发展的一种学习方式，根据"STEM的特征"整合"项目学习"是一种学生围绕所选主题进行一系列调查、观察和研究，表达新学知识展示和分享等学习活动，是一次新的教学实践。

在实施STEM教学过程中，能有效提升学生学科核心素养。STEM的教学目标与学科核心素养有许多的相似之处：STEM教学的目标是要让学生能用科学的观点、知识、思路和方法，面对或解决现实生活中的某些问题，学生在解决真实情境中的生物学问题时所表现出来的必备品格（科学思维、勇于创新），关键能力（结果的交流与讨论、模型与建模、归纳与概括等），同时培养相互合作、相互理解与支持、批判性思维、完成知识的建构与自身素质的提高。基于 STEM 理念的项目学习，是解决现实问题的有效方法，该方法既强调工程的价值，又保证学生数学和科学相关知识的学习，并在过程中让学生体会学科之间的关系，学生能在更好地理解生物学核心概念的基础上形成生命观念。

"STEM项目学习"的教学中，教师作为课堂教学的组织者，需要重学情，依课标确定项目活动内容，设置相关问题，制订课堂教学过程性评价机制，引导学生课堂的行为，保证教学项目活动环节有序开展。

"STEM项目学习"的教学中，突出学生在学习中的主体地位：学生参与项目或问题任务，先在大量信息基础上进行自主学习，归纳出个体观点，再开展小组活动进行协作知识建构，最后进行会话、交流，达成共享的理解，完成项目或问题任务。

在生物课堂教学中尝试进行基于STEM思想的教学活动。"STEM教学项目设计"的课堂组织的基本四环节为：①教学分析；②项目设置和问题任务；③讨论、会话和交流；④强化练习。在各环节中设置学生项目活动和教师提供学习资料包。具体流程如图2-2所示。

学生的课堂活动分为三个阶段。阶段一，参与项目或问题任务，在大量信息基础上进行自主学习，个体理解处理包括个体最初的理解，个体反思，个体观点的归纳总结。阶段二，协作知识建构，开展学生小组活动，根据教师提供的学习支架进行讨论、会话和交流观点，达成共享的理解，基本完成项目或问题任务。阶段三，有针对性地补充学习材料和强化练习，以便纠正原有的错误理解或片面认识，最终达到符合要求的意义建构。

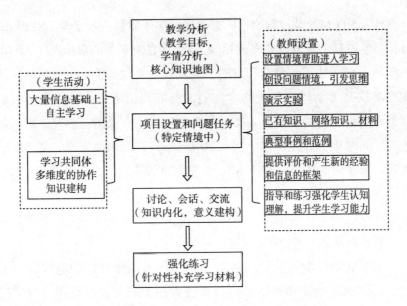

图2-2　"STEM教学项目设计"的课堂组织基本四环节

教师是知识建构的帮助者，需要保持对教学各环节的管理、指导。教师的课堂活动：进行教学分析及项目的选择；教师要让学生知晓整个项目的要求、各阶段小任务完成时限；教师保持对各个环节的控制，管理和帮助（设置情境和创设问题，进行演示实验，提供教材或网络的知识材料，提供典型事例和范例，提供研究手段和方法，指导学生认知理解）；教师对于学生在小组学习中易出现学习行为和学习目标的偏离，在各个阶段时限内严格把控；教师通过各种方式了解所有小组学生的学习情况，对于学生出现的不同问题给予适当的反馈和帮助，指导学生的学习。

2. 遗传信息的传递的"STEM项目学习"教学过程设计及操作

（1）教学目标

①生命观念：通过 DNA 分子的半保留复制的实验证据和DNA 分子复制的时间、过程、特点及条件的学习和掌握，形成结构与功能统一的观点，并感受DNA复制过程的严谨和精确，生命的奇妙和美好。

②科学思维：旨在推测了DNA 分子的自我复制的机制，更重要的是使学生理解结构与功能的内在联系。通过用模型模拟 DNA分子的复制过程的活动，学会模型构建的科学研究方法，并在活动中培养发现问题、解决问

题的能力。认同模型建构是学习生物学的重要方法之一。

③科学探究：通过密度梯度离心模拟实验降低实验难度，引导学生演绎实验结果，体会假说-演绎法的科学研究方法及生物学的实证特征。通过染色单体色差法实验的简介，学生进行分组讨论完成选考真题的分析，并总结DNA复制的特点。

④社会责任：通过建立"遗传信息的传递——DNA半保留复制"的概念，尝试解释生活中有关的生物学问题。

在教学目标深入分析的基础上，对教学内容进行跨学科的拓展。

a. 科学与工程学实践：开发和制作模型、绘制DNA复制过程。

b. 学科核心知识：通过DNA模型的制作、染色单体色差法实验的简介及自主阅读，认识DNA复制特点、DNA复制的过程，理解结构与功能相适应的观点，总结DNA复制的概念和特点、发生时期等。

c. 跨学科知识：化学：同位素示踪的原理。物理：密度梯度离心技术的原理。生物：DNA的结构和功能相适应，实验探究的一般方法。技术：模型制作。艺术：图表绘制。数学：相关数据的计算。语文：文本阅读获取重要信息。

（2）重点和难点

①教学重点：活动"同位素示踪法和密度梯度离心"，探究DNA复制方式。

②教学难点：染色单体色差实验的教学以及知识模型的构建。

（3）教法和学法

①教法：创设真实的情境，激发学生学习动机；在新情境与学生已有知识经验联系起来，再在此基础上引导学生构建概念，构建知识的框架，整合核心概念，形成生命观念。"STEM教学项目设计"的课堂组织的基本四环节为：教学分析，项目设置和问题任务，讨论、会话和交流，强化练习。在各环节中设置学生项目活动和教师提供学习资料包（见表2-1）。

表2-1　"STEM教学项目设计"的课堂组织的基本环节

活动环节	遗传信息的传递的四环节分析
Ⅰ.教学分析	①教学目标：生命观念、科学思维、科学探究和社会责任 ②核心知识地图的分析：历年选考卷中的考察情况，绘制成图 ③STEM教学目标分析：科学与工程学实践、学科核心知识和跨学科知识
Ⅱ.项目活动（自主学习）	①了解科学发展史，沃森和克里克在发表DNA双螺旋结构模型后提出了DNA的自我复制的假说，以及其他学者的DNA的自我复制的假说 ②如果亲代DNA的两条链均为15 N的重链，将含这种DNA分子的大肠杆菌放在仅含 14 N 的培养基上，让其繁殖 2 代。按照半保留复制和全保留复制分析
Ⅲ.项目活动（协作学习）	①选考题分组讨论 ②各小组利用上节课所制作的 DNA 分子模型和脱氧核苷酸卡纸模型等模拟 DNA 的半保留复制的过程
Ⅳ.讨论、会话、交流	结果的交流与讨论、模型与建模、归纳与概括
Ⅴ.补充材料，强化练习	完成DNA复制的总结的表格

②学法：

学生的课堂活动分为三个阶段。

阶段一，参与项目或问题任务，在大量信息基础上进行自主学习，个体理解、个体观点的归纳总结。

阶段二，协作知识建构，开展学生小组活动，根据教师提供的学习支架进行讨论、会话和交流观点，达成共享的理解，基本完成项目或问题任务。

阶段三，有针对性地补充学习材料和强化练习，以便纠正原有的错误理解或片面认识，最终达到符合要求的意义建构。

（4）教学流程

①流程图（见图2-3）：

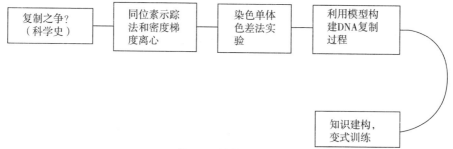

图2-3　教学流程图

②课堂教学的主要环节的设置：

环节一：DNA以何种方式复制？

对DNA分子复制的推测（见图2-4）：沃森和克里克在发表DNA双螺旋结构模型后，提出了DNA的自我复制的假说，出示该模型图并让学生依图解释沃森和克里克提出的半保留复制假说。

图2-4　DNA分子复制的推测

设计意图：了解科学发展史，培养学生图文信息转化能力。创设情境，导入课堂，激发学生兴趣，新情境与学生已有的知识经验联系起来，引导思考。

环节二：分析活动"同位素示踪法和密度梯度离心"。

教师提出问题："如果亲代DNA的两条链均为^{15}N的重链，将含这种DNA分子的大肠杆菌放在仅含^{14}N的培养基上，让其繁殖2代。按照半保留复制假说和全保留复制假说，分别写出其子代DNA分子的组成及含量。"学生分组讨论预测结果，教师巡回指导。（按全保留复制，则F_1的DNA分子为^{15}N-^{15}N占1/2，^{14}N-^{14}N占1/2，F_2的DNA为^{15}N-^{15}N占1/4，^{14}N-^{14}N占3/4；按半保留复制，则F_1的DNA分子全为^{15}N-^{14}N，F_2的DNA分子^{15}N-^{14}N为占1/2，^{14}N-^{14}N占1/2）

教师以多媒体出示：已知将氯化铯溶液离心，溶液中的铯离子会向离心管底部运动，随着铯离子浓度增大，底部密度也增大，即形成了密度梯度溶液。提出问题："如果将上述大肠杆菌亲代、子一代和子二代DNA提取出来，在氯化铯溶液中离心，则会出现怎样的结果？"请学生图解该结果（见图2-5），教师点评。最后指出科学家 Meselson 和Stahl 就做了上述实验，实验结果与半保留复制一致，故 DNA 分子复制方式为半保留复制。

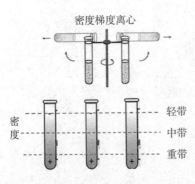

繁殖代数	实验结果		
	全保留复制	半保留复制	分散复制
0	一条重带	一条重带	一条重带
1	一条轻带、一条重带	一条中带	一条中带
2	一条轻带、一条重带	一条轻带、一条中带	一条中带

图2-5　同位表示踪法和密度梯度离心实验

设计意图：学生的课堂活动阶段一，参与项目或问题任务，在大量信息基础上进行自主学习，个体理解处理包括个体最初的理解，个体反思，个体观点的归纳总结。通过密度梯度离心模拟实验降低实验难度，引导学生演绎实验结果，体会假说演绎法的科学研究方法及生物学的实证特征。

通过课堂活动基本达成知识构建，得出DNA的复制方式。

环节三：染色单体色差实验分析、选考真题分析。

教师介绍染色单体色差实验过程，学生合作构建过程图并讨论典型题目（见图2-6）。

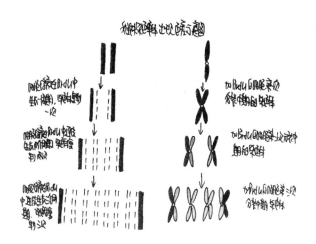

染色单体 色差法实验

1974年，科伦贝格发现：将中华仓鼠（2N＝22）卵巢细胞放在含BrdU（5-溴尿嘧啶脱氧核苷酸，一种碱基类似物）培养液中培养后，经Giemsa染料染色，DNA渗入BrdU越多，染色越浅。从第二次分裂周期开始，姐妹染色单体出现色差。

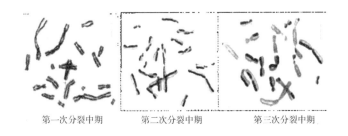

第一次分裂中期　　第二次分裂中期　　第三次分裂中期

图2-6　染色单体色差实验过程图

典例1 若将处于G_1期的胡萝卜愈伤组织细胞置于含^{3}H标记的胸腺嘧啶脱氧核苷酸培养液中，培养至第二次分裂中期。下列叙述正确的是（　　　）

A. 每条染色体中的两条染色单体均含^{3}H

B. 每个DNA分子的两条脱氧核苷酸链均含^{3}H

C. 每个DNA分子中均只有一条脱氧核苷酸链含³H

D. 每条染色单体均只有一个DNA分子的两条脱氧核苷酸链含³H

典例2 在含有BrdU的培养液中进行DNA复制时，BrdU会取代胸苷掺入到新合成的链中，形成BrdU标记链。当用某种荧光染料对复制后的染色体进行染色，发现含半标记DNA（一条链被标记）的染色单体发出明亮荧光，含全标记DNA（两条链均被标记）的染色单体荧光被抑制（无明亮荧光）。若将一个细胞置于含BrdU的培养液中，培养到第三个细胞周期的中期进行染色并观察。下列推测错误的是

A. 1/2的染色体荧光被抑制

B. 1/4的染色单体发出明亮荧光

C. 全部DNA分子被BrdU标记

D. 3/4的DNA单链被BrdU标记

设计意图：该部分是学生活动阶段二，协作知识建构，开展学生小组活动，根据教师提供的学习支架进行讨论、会话和交流观点，达成共享的理解，基本完成项目或问题任务。通过染色体色差实验，引导学生演绎实验结果，体会假说演绎法的科学研究方法及生物学的实证特征。组织学生进行分组讨论，学生们利用结论对典例进行的分析，相互之间交流、探讨。

环节四：利用模型构建的方法学习 DNA 复制过程

动手活动：各小组利用上节课所制作的 DNA 分子模型和脱氧核苷酸卡纸模型等模拟 DNA 的半保留复制的过程。学生在模拟活动过程中对关键步骤的理解：解旋酶、碱基互补配对原则、磷酸二酯键合成及DNA 聚合酶。请学生用这些模型模拟一下 DNA 复制过程，总结 DNA 复制过程为：解旋→合成子链→螺旋化。

设计意图：使学生体验模型建构在科学研究中的魅力，锻炼学生动手操作能力，体验在实践中发现问题解决问题的能力，培养学生合作学习能力。

环节五：总结归纳 DNA 复制的特点（见表2-2）

表2-2 DNA 复制的特点

复制的时期	有丝分裂间期或减数第一次分裂前的间期
复制的场所	主要在细胞核
复制的基本条件	模板、ATP和四种脱氧核苷酸和酶
复制的特点	边解旋边复制，多起点复制
准确性原因	独特的双螺旋模板和碱基互补配对原则
复制准确的意义	将亲代的遗传信息传递给子代并保持了遗传信息的连续性

3. "STEM项目学习"教学设计的反思

以"结构与功能相适应"为观点，学生通过学习理解DNA的双螺旋结构与遗传信息传递之间的关系，经过归纳与概括形成DNA半保留复制的概念内涵和应用。项目学习的教学在实践操作中需要注意的问题：根据项目活动的需求，灵活设计任务单；细化活动各个环节达成的阶段小目标，保证教学项目活动环节有序开展；教师在各个阶段时限内严格把控，通过各种方式了解所有小组学生的学习情况，对于学生出现的不同问题给予适当的反馈和帮助，指导学生的学习。

参考文献

[1] 中华人民共和国教育部. 普通高中生物学课程标准（2017版）[S]. 北京：人民教育出版社, 2017.

[2] 刘程. 基于项目学习的STEM教学实践研究[D]. 上海师范大学.

[3] 吴晓红, 田小兰, 蒋思雪. 以培养学生STEM素养为目标的项目化学习设计——以"爱护水资源为例"[J]. 化学教学, 2017（12）：38-43.

[4] 郝琦蕾, 姚灿. 基于核心素养的高中生物模型建构教学研究[J]. 教学与管理, 2019, 769（12）：111-113.

第三节　基于生命观念的项目学习的专题复习策略和实践
——以"种群的增长方式"复习为例

　　摘　要：生命观念的达成是一个基于归纳与概括的学习过程。在专题复习时创设真实、新颖的情境，激发学生学习动机，新情境与学生已有知识经验联系起来，再在此基础上引导学生建构概念，形成生命观念。项目学习的过程就是学生解决实际问题和完成实际项目的过程，实践过程中以"项目活动"为载体，学生围绕着"教学项目"进行研究，经历问题提出、学习、建模、制作、交流与反思等环节。以建构核心知识的数学模型活动为主题，开展项目学习活动，其教学的重点是：项目活动过程中数据的获得、记录和分析，以及绘制折线图；教学目标是：用这些关系曲线去解释情境中的实际问题，以加深对核心知识点的理解，通过项目学习，学生能够在更好地理解生物学核心概念的基础上形成生命观念。本文以《种群专题复习》为例，从教学目标分析和核心知识地图的绘制、特定情境中的项目和问题任务的设置、讨论交流进行知识内化和意义建构、变式训练这四个环节进行课堂教学设计。

　　关键词：数学模型构建；项目学习；学科核心素养

1. 以建构核心知识的数学模型活动为主题的项目学习

　　项目学习是一种以学生为中心的教学方法，强调学生在真实的情境中，通过问题驱动组织开展探究活动，学生通过交流合作的学习方式解决问题，最终展示分享研究成果。以数学模型构建活动为项目的教学四环节：①教学目标分析、核心知识地图的绘制；②特定情境中项目和问题任务的设置、组织学生进行项目活动（自主学习阶段和协作学习阶段）；③组织课堂讨论交流，进行模型构建；④应用模型，强化练习（见表2-3）。

表2-3 项目学习的具体操作

项目环节	学生具体操作	教师具体操作
1. 教学分析核心概念图	①做选考真题，整理选考知识点；②在框架图中填入	①教学目标分析及绘制核心概念地图、项目的选择；②明确活动目的，准备典型题目作为活动材料
2. 项目活动自主学习	①参与项目或问题任务，在大量信息基础上进行自主学习，个体观点的归纳总结；②成员分析材料并建立图表或坐标图像	制订各阶段小任务完成时限，保持对各个环节的控制、管理和帮助
3. 项目活动协作学习	①协作知识建构，开展学生小组活动；②用这些关系曲线去解释情境中的实际问题	制订各阶段小任务完成时限，保持对各个环节的控制、管理和帮助
4. 讨论、会话和交流	①根据教师提供的学习支架进行讨论、交流观点，达成共享的理解，基本完成项目或问题任务；②选择1～2个典型例题制作PPT	教师通过各种方式了解所有小组学生的学习情况，对于学生出现的不同问题给予帮助，指导学生进行项目学习
5. 强化练习	①有针对性的补充学习材料和强化练习；②总结归纳核心概念	补充学习材料和强化练习的挑选

以建构核心知识的数学模型活动为主题，开展项目学习活动，其教学的重点是：学生亲历数学模型的建构过程，使用数理统计方法处理、归纳、分析实验数据，增强学生绘制和分析折线图、柱状图能力，项目活动过程中数据的获得、记录和分析，以及绘制折线图。教学目标：用这些关系曲线去解释情境中的实际问题，以加深对核心知识点的理解，通过项目学习，学生能够更好地在理解生物学核心概念的基础上形成生命观念。

2. 教学流程

（1）教学目标

a.《种群的增殖方式》专题复习的教学目标

Ⅰ. 生命观念：种群是生态学研究的一个重要层次，区别种群的指数增长和逻辑斯谛增长两种方式，阐明隐含在"J"形曲线和"S"形曲线中的信息，举例说出环境容纳量的概念，认识生物与环境之间的相互关系。

Ⅱ.科学思维：能够运用模型和建模的方法分析生物学现象，运用科学的思维方法认识事物，解决实践问题的思维习惯和能力。

Ⅲ.科学探究：通过小组合作建构知识。

Ⅳ.社会责任：通过建立"逻辑斯谛增长"的数学模型，尝试解决现实生活中与有关"逻辑斯谛增长"的生物学问题，理解环境容纳量的内涵和外延，强化生态意识和环保意识。

b.种群的增长方式在历年选考卷中的考察情况

表2-4   种群的增长方式在历年选考卷中的考察情况

年　份	考察内容	主要知识点
2015.10	种群数量变化曲线	年龄结构、种群密度、性别比、<u>自然增长率</u>、<u>种群数量达到K值</u>时出生率？当某害虫种群数量达到K/2时，杀虫效果？<u>若空间充足，种群数量增长方式？</u>该种群生存环境变得恶劣时，种群数量变化？
2016.4	种群波动	<u>种群密度的变动</u>、<u>环境容纳量</u>、<u>年龄结构可预测种群未来数量的变化</u> <u>种群数量呈非周期性波动</u>、集群分布、存活曲线及动物取食蒲公英不能将蒲公英的种群密度压制在低水平
2016.10	种群数量	曲线表示ä(ä=出生率/死亡率）随时间的变化，<u>种群密度变化</u>、<u>自然增长率变化</u>
2017.4	环境容纳量	<u>环境容纳量定义</u>、环境容纳量改变因素、环境容纳量决定因素及种群的指数增长的特点
2017.11	大量捕捞后，其K值?种群的增长方式为?	用标志重捕法调查鲫鱼种群密度，若调查期间有些个体身上的标志丢失，则该<u>种群密度的估测数值会？</u>当鲫鱼被大量捕捞后，其<u>K值</u>将？在保证食物充足、环境适宜的条件下，该湖泊中鲫鱼<u>种群的增长方式？</u>
2018.4	增长速率、增长率	L值（L=当年末种群个体数量/前一年末），<u>种群数量增长速度</u>、种群数量变化、种群数量达到最大值及种群<u>每年增加的数量？</u>
2018.11	种群	种群密度越大种群数量增加越快、性别比对种群密度的影响在生殖前期最大、自然增长率小于1时种群的数量即开始减少、年龄金字塔表示取样期间各年龄组个体数量在种群中的比例
2019.4	环境容纳量	<u>种群数量在K/2时增长最快</u>、同一群落各种群的环境容纳量？<u>环境容纳量</u>会随着环境条件的改变而改变、<u>环境容纳量是种群数量在生存环境中的稳定平衡密度</u>

　　c.核心知识地图的绘制：学生在完成选考真题后，按照教师提供的知识点框架图，进行本章核心知识点地图绘制（见图2-7）。教师按照核心知识地图确定专题复习的教学内容，明确项目活动目的，准备典型题目作为活动材料、选择项目学习所用素材，制订各阶段小任务完成时限的项目内容课堂的任务单，保持对各个环节的控制。

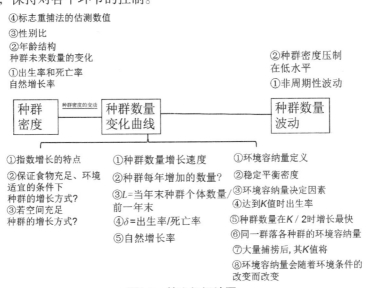

图2-7　核心知识地图

（2）特定情境中的项目设置和问题任务

　　挖掘、建构核心知识的数学模型活动为项目，活动环节的任务单，具体设置如表2-5所示。

表2-5　特定情境中的项目设置

活动环节	项目活动任务单
1. 教学分析，绘制核心知识地图	明确活动目的，准备典型题目作为活动材料，提供相关生物学概念，项目学习素材
2. 项目活动（自主学习）	成员分析材料并建立图表或坐标图像，知识进行梳理，体现内在逻辑关系
3. 项目活动（协作学习）	用这些关系曲线去解释情境中的实际问题，并选择1～2个典型例题制作PPT
4. 讨论、会话和交流	典型例题的讲解和交流，数学模型构建
5. 补充材料，强化练习	总结归纳核心概念及变式训练

①明确活动目的，准备典型题目作为活动材料

活动材料一（种群数量曲线、增长速率曲线、增长率曲线绘制）：

Ⅰ.实验目的：探究不同培养条件下酵母菌种群的增长方式。

Ⅱ.实验步骤：A、B两个锥形瓶中分别加入10 mL培养液，接种等量的酵母菌，在相同且适宜的条件下培养，如图2-8所示。

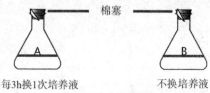

棉塞

每3h换1次培养液   不换培养液

图2-8　实验步骤

每天相同时间取样，利用血细胞计数板进行细胞计数，记录数据如表2-6所示。

Ⅲ.实验结果：

表2-6　实验结果

时间(d)		0	1	2	3	4	5	6	7
酵母菌数 (10^5/mL)	A组	6	18	53	152	451	…	…	…
	B组	6	17	46	99	143	175	191	191

Ⅳ.数据处理与分析

绘制A、B组酵母菌种群数量变化曲线，判断分别是哪种增长方式。

画出A、B组每天的增长速率的变化曲线，分析曲线的变化趋势，及变化的原因。

表2-7　A组增长速率

A组增长速率10^5/(mL·d)			
第1天	第2天	第3天	第4天

表2-8　B组增长速率

B组增长速率10^5/(mL·d)						
第1天	第2天	第3天	第4天	第5天	第6天	第7天

画出A、B组每天的增长率的变化曲线，比较增长率和增长速率的差异，归纳指数增长和逻辑斯谛增长的特点。

活动材料二（分析变式曲线）：

例题1 图2-9中甲、乙为同一群落中的两个种群，曲线表示δ（δ=出生率/死亡率）随时间的变化。

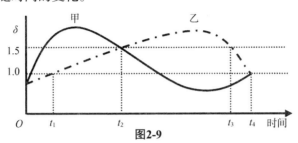

图2-9

下列叙述正确的是

A. t_1和t_4时刻乙种群的种群密度相同

B. t_2时刻甲、乙种群的自然增长率一定相同

C. t_2和t_3时刻乙种群的自然增长率一定相同

D. $t_2 \rightarrow t_4$甲种群密度先上升后下降

例题2 在对某自然保护区内甲、乙不同物种的种群数量进行了调查之后，又开展了连续4年的跟踪调查，计算其L值（L = 当年末种群个体数量/前1年末种群个体数量），结果如图2-10所示。下列关于这4年调查期间的种群数量变化的叙述，错误的是

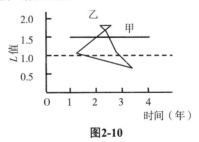

图2-10

A. 第1年末甲、乙两种群的增长速度不一定相等

B. 第2年末乙种群数量不一定大于甲

C. 第3年末乙种群数量达到最大值

D. 这4年中甲种群每年增加的数量是相等的

设计意图：通过活动材料一达到的教学目标是：学生根据教师提供的情境分析构建种群增长曲线（指数增长和逻辑斯谛增长的书本基本图形的

构建），运用模型和建模的方法，从概念、特点、曲线分析等方面区别种群的指数增长和逻辑斯谛增长两种方式，阐明隐含在"J"形曲线和"S"形曲线中的信息，举例说出环境容纳量的概念及实践生活中的应用。

设计意图：通过活动材料二达到的教学目标是：利用题干情景进行知识梳理，体现知识点之间内在逻辑关系，尝试建构种群增长曲线的增长率、自然增长率、出生率、死亡率等数学模型。

②项目活动（自主学习和协作学习）：学生分析材料并建立图表或坐标图像，对知识进行梳理，体现内在逻辑关系，用这些关系曲线去解释情境中的实际问题、并选择1~2个典型例题制作PPT。由于两种数量的增长模式各有不同的特点，又因课标要求：尝试建立数学模型解释种群的数量变动，木模块的题目常常有坐标曲线分析和表格的数据分析，培养分析推理、获取信息及综合应用的能力。掌握两种数量增长方式的产生条件、基本特点、数学模型图、自然增长率的对比等方面，提高获取题干信息（曲线图）、知识迁移能力。

比如曲线表示δ（δ=出生率/死亡率）随时间的变化，绘制出生率和死亡率随时间变化时种群数量的变化过程，接着绘制出生率和死亡率随时间变化（下图两张幻灯片）：

幻灯片一：根据知识点"出生率和死亡率是决定种群兴衰的晴雨表"，可以把曲线表示δ（δ=出生率/死亡率）随时间的变化转换为种群数量的变化曲线（见图2-11）。

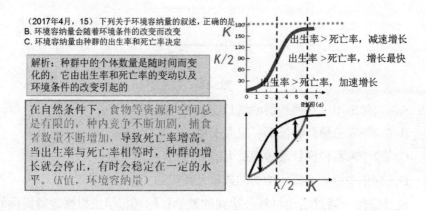

图2-11

幻灯片二：根据知识点"出生率和死亡率是决定种群兴衰的晴雨表"，可以对比同时间段的数量变化和出生率、死亡率的变化，找出两者的内在联系（见图2-12）。

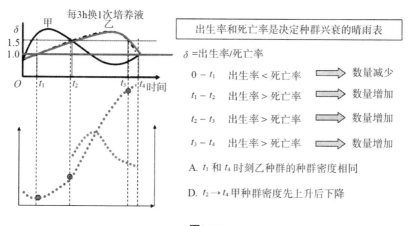

图2-12

（3）讨论、会话、交流（知识内化、意义建构）

①《种群的增殖方式》专题复习的该环节的安排

典型例题的讲解和交流，进行分析与反思，分析材料并建立图表或坐标图像，将凌乱的知识进行梳理，体现内在逻辑关系。总结归纳核心概念，建构核心知识的数学模型图（见图2-13）。

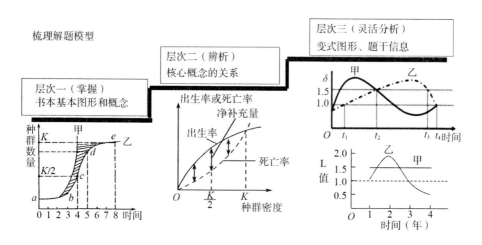

图2-13

以数学模型构建活动为项目的教学中，学生能用科学的观点、知识、思路和方法，解决现实生活中的某些问题，学生在解决真实情境中的生物学问题时所表现出来的科学思维、勇于创新，提升学生模型与建模、归纳与概括等能力，同时培养相互合作、完成知识的建构与自身素质的提高。

②在学习活动中明确的任务分配

a. 成员自主学习后阐释特定的学科知识或核心概念，呈现自己的知识。

b. 小组讨论由成员提问、概括、清晰表述、预测等环节构成。

c. 小组学习共同体中成员轮流展示理解过程和结果。

d. 达成共享的理解，完成知识协作构建，基本完成项目或问题任务。在学习活动中要求成员相互学习，观察他人的学习过程和效果，反思自己的学习方式和学习方法。

3. 教学反思

项目学习的教学在实践操作中需要注意的问题：根据项目活动的需求，灵活设计任务单；细化活动各个环节达成的阶段小目标，保证教学项目活动环节有序开展；教师在各个阶段时限内严格把控，通过各种方式了解所有小组学生的学习情况，对于学生出现的不同问题给予适当的反馈和帮助，指导学生的学习。

参考文献

[1] 中华人民共和国教育部. 普通高中生物学课程标准 (2017版) [S]. 北京: 人民教育出版社, 2017.

[2] 刘程. 基于项目学习的STEM教学实践研究 [D]. 上海师范大学.

[3] 吴晓红, 田小兰, 蒋思雪. 以培养学生STEM素养为目标的项目化学习设计——以"爱护水资源为例"[J]. 化学教学, 2017 (12): 38-43.

第四节　基于生命观念的高中生物教学设计
——以"能量流动和物质循环"的教学为例

摘　要： 结合物质循环和能量流动的特点，以学生动手制作的生态瓶简报为探究对象，合理设计探究问题。从生态瓶中生物长时间存活问题，探究生态系统物质循环；从物质循环必须借助能量推动，探究生态系统能量流动。探究过程中注重培养学生小组合作、建构模型的能力，并通过对探究问题的引导与扩展，充分激发学生的求知欲和探究思维，实现教学目标的有效达成。

关键词： 探究性学习；教学设计；能量流动；物质循环；生态瓶

1. 设计思想

探究性学习是一种"以学生为主体，教师为主导"的教学方法，它重视学生自主学习能力的培养，促进学生学习方式的变革，引导学生主动参与探究过程，有利于学生知识与技能、过程与方法、情感态度与价值观目标的达成，具有开放性、主动性、学科渗透性等特点，深受一线教学工作者和学生的欢迎。《普通高中生物课程标准（实验）》也特别指出，探究是学生认识生命世界、学习生物课程的有效方法之一，倡导探究性学习。"能量流动和物质循环"一节，具有初高中衔接性，可探究问题多，学生学习积极性高，是探究性教学的良好素材。笔者将其作为探究性教学案例，以学生制作的生态瓶简报为探究对象，合理设计探究问题，实现了教学目标有效达成，现将教学思路及过程做简要介绍。

2. 教学分析

浙科版生物必修3第6章第3节"能量流动和物质循环"是学生在学习了生态系统的构成成分、营养结构基础上，进一步介绍生态系统的能量流动和物质循环的特点及相互关系。本节包括"生态系统中的能量流动"和"生态系统中的物质循环"两部分内容。从内容上来讲，物质循环是能量流动的载体，能量流动是物质循环的动力，两者密不可分，需要学生具有整体性思维；从知识体系上来讲，本节知识复杂、抽象。以碳循环为例，需要学生将必修1中植物的光合作用和生物的呼吸作用与本节内容联系起来，而碳循环的全球性特点，又需要学生以抽象思维来考虑问题；从生活上来讲，与人们联系密切。一些社会热点话题如"温室效应""过度放牧"等学生不陌生，利于调动学生的学习兴趣；从知识衔接度来讲，本节所讲内容在初中科学中有一定的呈现，对开展探究性学习具有知识铺垫。因此，学生对本节知识学习积极性高，渴望对社会或自然现象进行探究，期待利用所学知识解释未知。本节的教学重点与难点是围绕"能量流动和物质循环"的主题，设计探究话题，有效开展探究活动。

3. 课前准备

（1）制作生态瓶简报

全班学生分为6组，每组8人。以小组形式查阅书籍、网络检索，搜集生态瓶的相关信息，制作一张有关水生生态瓶的简报，要求在简报上标注出瓶中的各种成分及其关系。

（2）探究材料准备

①教师通过对本节课教学的统筹安排，将光合作用、呼吸作用过程进行重新组合，制作成PPT课件，形成模型建构时的探究活动材料。

②剪辑"温室效应"视频片段，制作赛达伯格湖能量流动示意图，为学生探究活动提供素材。

4. 教学目标

知识目标：掌握生态系统能量流动、碳循环的过程和特点；理解研究生态系统能量流动和物质循环的意义；比较能量流动和物质循环的关系。

技能与方法目标：渗透生态学思维与视角，提出合理利用资源和减少环境污染的方案；学习模型建构方法，培养学生分析、推理及解决问题的能力。

情感态度与价值观目标：关联生产、生活实际，激发学生学习生物学的兴趣，培养学生关心科学技术发展，关心社会生活的意识，养成正确的生命科学价值观；理解和认同科学技术是第一生产力的观点，形成辩证唯物主义思维。

5. 教学过程

（1）展示简报，交流导入

①展示交流：展示各小组制作的生态瓶简报，每组派一名代表上台对本组绘制的简报进行说明。学生用自己的语言叙述本小组简报的绘制过程，所绘制生态瓶中的成分及相互关系，对教师的预设问题进行答疑。

②讨论交流：学生展示交流后，相互质疑点评，加深其对生态瓶中不同成分的认识。然后讨论以下几个问题：瓶中生物为什么能长时间存活？它们之间存在什么样的物质联系？实现上述联系是否需要能量的推动？通过讨论交流，启动探究性教学。

（2）生态系统的物质循环

①初步探究——物质循环特点

过渡：捕食和腐食关系，将生态瓶生物联系起来，光合和呼吸作用又将生物与无机环境联系起来，实现了瓶中物质循环利用，保证瓶中生物长时间存活。

讨论：根据生态瓶中生物与生物、生物与环境的关系归纳生态系统中物质循环特点。

总结：物质循环特点。

②深入探究——建构碳循环模型

过渡：碳循环是物质循环中的一种，进行碳循环需要什么生物参与？涉及哪些代谢？

提供光合作用和呼吸作用过程的PPT课件，作为探究活动材料。

讨论：碳在无机环境及在生物群落中以什么形式存在？碳进入生物群落的主要方式？又以何种方式进入无机环境？根据光合作用和呼吸作用分析碳的传递过程。

总结：碳在无机环境和生物群落中的存在形式及其传递过程。

提问：你能用模型将碳循环的过程表示出来吗？

小组活动：按照制作生态瓶简报时的分组，组内讨论，自行建构碳循环模型。

活动要求：a. 阅读：仔细阅读教材112页至113页"碳的全球循环"相关内容；b. 拼图：以生态系统中碳的来源与去路、涉及的生物成分，拼出碳循环过程；c. 建构：在拼图的基础上，用简洁的文字初步建构碳循环的模型；d. 描述：用自己的语言描述建构的碳循环模型。

学生展示：选某小组一名同学上台画出初步建构的碳循环模型，其他组的学生进行补充、总结和评价。最终在黑板上形成初步的碳循环模型（见图2-14）。

③扩展探究——完善碳循环模型

播放视频：等所有学生理解、认可后，播放有关"温室效应"的视频片段。

讨论：碳循环中，碳是否还有其他来源？完善碳循环模型；讨论减轻"温室效应"的方法。

学生活动：通过对"温室效应"视频的观看，在碳循环模型中增加化石燃料，完善碳循环模型（见图2-15），同时组内、组间交流减轻"温室效应"的方法。

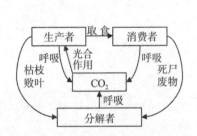

图2-14　学生初步建构的碳循环模型

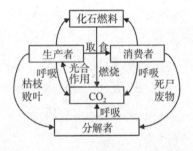

图2-15　学生探究后完善的碳循环模型

（3）生态系统的能量流动

①初步探究——能量流动特点

过渡：仍以生态瓶为例，若将其置于黑暗中，瓶中生物间的稳态关系还能否实现？

引出：生态系统不是完全封闭的系统，需要能量的输入，能量是物质循环的动力。

讨论：生态系统能量的源头是什么？怎样输入生态系统？流动的渠

道、过程、特点又如何？

提供赛达伯格湖能量流动示意图，作为探究活动素材。

总结：根据图示，归纳能量流动的源头、渠道及特点。

②深入探究——建构能量流动模型

过渡：生产者固定的太阳能具体流向有哪些？

引出：能量的"一进四出"，即一个营养级所同化的能量＝呼吸散失的能量+流入分解者的能量+被下一营养级同化的能量+未利用（最高营养级除外）。

提问：你能用模型将能量流动的过程表示出来吗？

学生活动：通过自主阅读教材109页至110页"生态系统中的能量流动"和分析赛达伯格湖能量流动示意图，自行建构能量流动模型，并在小组内交流、讨论、修改。

学生展示：依据自愿原则，选2个小组的代表上台绘制能量流动模型，其他同学进行补充、总结和评价，最终在黑板上形成能量流动的模型（见图2-16）。

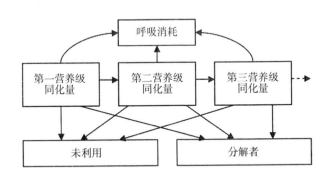

图2-16　学生建构的能量流动模型

（4）总结探究

①小组活动，归纳所学

小组活动：组内互帮互助，对本节课所学内容整理归纳。

活动要求：a. 不留死角：保证组内成员笔记完善，对所讲知识明晰；b. 讲述：保证组内成员能自己讲述所学内容。

②补充答疑，深化所学

提问：同学们还有什么疑问吗？

答疑：对学生组内无法解答的问题，教师进行现场答疑，并对有提问的小组进行表扬，深化学生所学。

③深入思考，理解所学

思考1：生物群落中的碳如何沿着食物链传给下一营养级？以什么途径回归大气圈？（取食，呼吸作用）

思考2：大气中CO_2的含量为什么持续增加？（大量燃烧化石燃料，植被的大量破坏）

思考3：生产者所固定的太阳能是否等于食物链中其他营养级能量之和？（不等于，呼吸消耗）

思考4：农田生态系统中人类的劳作对能量流动有什么影响？（调整能流关系，使能量持续高效地流向对人类有益的部分）

思考5：能量流动和物质循环有什么样的关系？（物质循环是能量流动的载体，能量流动是物质循环的动力，两者相辅相成、密不可分）

通过思考1和2，加深学生对碳循环的认识，培养学生合理利用资源和减少环境污染的意识；通过思考3和4，理解能量流动实质，认同科学技术是第一生产力的观点；通过思考5，总结本节课所学，培养学生分析、推理及解决问题的能力。

（5）课外探究

①查阅资料、网络信息，撰写小论文浅谈能量流动和物质循环与生物生存发展的关系。

②探究判断草场过度放牧的方法，并设计"草场良性放牧方案"。

③探究人类的膳食结构与生态系统承载人口数量之间的关系。

6. 教学反思

（1）强化学生主体地位，搭建交流平台

教学过程中多给学生思考时间，多倾听学生答案，对于学生的答案在无原则性错误下多肯定，不足的也不要直接给其答案，而要间接引导。同时要让学生之间相互交流，让他们之间能够取长补短，从中体会分析方法，培养自主探究精神。

（2）注重与现实生活联系及问题的探究性

以本节课为例，探究内容围绕学生自绘的生态瓶展开，对象明确，且紧密联系其所学，学生积极性高，为有效完成探究做了良好铺垫。同时探究过程中还要兼顾学生学习的特点，对客观事物的认识也总是由感性到理性，由具体到抽象，因此，探究的问题不可过难，应循序渐进，引导他们逐步深入，最终达到预设的课堂教学。

总之，探究性教学中，教师要适当放手，变"全职"为"兼职"，将展现的舞台留给学生，一定要让学生从"被动、封闭、受束缚的状态"变成"主动、开放、较自由的状态"，成为课堂教学的主人和教学的主体，这样才能真正体现其主观能动性，对其今后综合能力的提升、生物科学素养的进一步形成提供帮助，实现课堂中真正的探究性学习。

第五节 基于生命观念的 "问题引领" 式教学设计
——以 "生物变异在生产上的应用" 一节为例

摘 要：以西瓜培育为问题引领主线，通过创设不同品种西瓜的选育问题，引领学生自主探究、讨论，挖掘生物变异与遗传育种间的关联，以此激发学生学习兴趣，提升其自主运用相关知识解决问题的能力。

关键词：生物变异；育种；问题引领；教学设计

1. "问题引领" 教学模式的界定

"问题引领" 教学模式指通过充分发挥任课教师的主导作用，创设民主、和谐的课堂教学氛围，让学生的学习围绕问题展开，进而借助问题诱发学生积极地思考与探究，实现其对知识模块的理解与建构。"问题引领" 教学模式充分考虑到了学生的主体地位与教师的主导地位，是学生学习的一种有效模式，更是教师与学生互动的良好载体，在促进学生认知、技能、情感等方面的发展上具有积极推动作用。

2. 教学分析

"生物变异在生产上的应用" 是浙科版普通高中课程标准实验教科书生物学必修2《遗传与进化》第四章第二节的内容，与生产实践关联密切，是浙江省高考命题的重点和热点。本节内容介绍了生物变异在生产上的应用，包括五个方面的育种过程，即杂交育种、诱变育种、单倍体育种、多倍体育种和转基因技术。与本节知识内容有关的考点包括：遗传的两大定律、生物变异的来源、基因工程及克隆工程操作的基本步骤等，可以说本节内容是整个遗传与变异知识的综合应用。本节内容具有较强的实践性，常以生产实践为背景知识对学生进行考查，而理论联系实际又是学生的薄弱环节。为了帮助学生能够更好地理解并掌握本节内容，需要教师找准切入点，以直观、浅显的实践问题为实例，激发学生的求知欲、探究欲，在自主学习、合作学习的基础上，理顺本节知识体系，形成对本节知识完整化、逻辑化、系统化认知。

3. 教学目标

知识目标：解释杂交育种、诱变育种和单倍体育种等概念，分析不同育种方式的原理、过程及优缺点，明确遗传育种实验设计主要程序。

能力目标：通过规范书写遗传图解、评价各育种方式的优劣，提升学生分析问题、表达交流及设计和实施探究的能力。

情感态度与价值观目标：关注转基因生物和转基因食品的安全性，认识生物科学的价值，形成质疑、求实、创新的科学精神和科学态度。

4. 教学重、难点

教学重点：各育种方法的遗传学原理分析、优缺点比较及在改良农作物和培育家畜品种等方面的应用。

教学难点：各育种方法与生产实践的关联性分析；杂交育种、单倍体育种及多倍体育种的遗传图解表示。

5. 教学过程

（1）创设情境，激情导入

舌尖上的中国：近期，央视《舌尖上的中国》第二季"家常"美食专辑，用283s记录了菏泽民间美食——"西瓜酱"。视频中圆润饱满的西瓜，瓜瓤不但多汁，而且瓜皮还能制作成令人垂涎三尺的美味"西瓜酱"。提出探究问题：要想获得美味的"西瓜酱"，需要优良的西瓜品种，而西瓜种类繁多，那该如何培育呢？以此情境激发学生的思考，引出本节教学内容：生物变异在生产上的应用。

（2）连环设问，步步诱思

设问1：西瓜是一种营养丰富、经济价值很高的水果，深受人们的喜爱。现有2个西瓜品种，一个为抗病红果肉品种，基因型为aabb，另一个为易感病黄果肉品种，基因型为AABB，2对等位基因分别位于2对同源染色体上。思考：如何运用杂交育种获得基因型为aaBB的西瓜植株？用遗传图解表示其过程。

学生活动：书写杂交育种遗传图解，根据教材内容和所绘遗传图解，尝试说出杂交育种的原理、发生时期及操作过程。

教师：投影部分学生的答案。引导学生分析讨论图解的正确性，最后投影正确的遗传图解，强调规范遗传图解的几个要素。引导学生分析杂交育种与后代性状之间的关系，总结杂交育种的优缺点。

教学意图：通过讨论及教师的投影分析，使学生明确杂交育种的基本流程，加深对遗传图解的认知与规范性书写。

设问2：杂交育种一般耗时长，而单倍体育种能够明显缩短育种年限，若用单倍体育种选育抗病黄果肉西瓜品种，那如何来培育？阅读教材并尝试用遗传图解简述其过程。

学生活动：阅读教材，尝试书写单倍体育种的遗传图解，小组内互助纠错。

教师：展示单倍体育种的遗传图解。引入初步探究问题，与杂交育种相比，该育种方法涉及的原理、技术、优缺点等是什么？

教师：引入扩展探究问题，①单倍体育种要得到所需的西瓜品种需要几年？为什么它与杂交育种相比，可以缩短育种年限？②单倍体植株弱小，高度不育，故单倍体本身在生产上是没有任何价值的，为什么还要培育单倍体？③单倍体育种与花药离体培养是同一回事吗？④花药离体培养得到的植株一定是单倍体吗？

教学意图：通过讨论，使学生明白虽然单倍体一般高度不育，不能产生种子，但是通过秋水仙素处理后，得到的都是纯合子，所以可以缩短育种时间。

设问3：从杂交育种和单倍体育种的遗传图解中可以看出，两者的共同点都是把位于不同个体的优良基因集合到一个个体中，即它们只能对原有基因进行组合，而不能产生新的基因。若抗病黄果肉西瓜不耐干旱（即不具有耐干旱的基因），夏天种植时易干枯死亡，那么如何操作使西瓜具有抗旱这种前所未有的新性状？

学生活动：阅读教材，尝试归纳诱变育种的原理、涉及方法等内容。

教师：引入探究话题，神州十号飞船搭载了一批用于科研用的抗病黄果肉西瓜种子进入太空，①种子应处于什么状态？为什么？②完成科考任务返回地面，是否所有种子均产生抗干旱性变异？为什么？③将返回后的种子种植后发现，不抗干旱性状（假设隐性性状）突变成抗干旱性状（假设显性性状）。是否可以大规模推广？用遗传图解表示原因。

学生活动：小组讨论分析，在教师的引导下归纳出诱变育种发生的时期、优缺点等内容。

教学意图：通过对上述问题的讨论可以使学生强化对诱变育种的认知，即可以产生前所未有的新基因。同时在探究中能有效地帮助学生回顾旧知，发现新知，加强学生提取和组织信息解决实际问题的能力。

设问4：自古以来，西瓜都有种子。在炎热的夏季，当人们大嚼味甜多汁的西瓜以消暑解渴之际，却不得不频频地吐出西瓜子，实有厌烦之感。若要获得无子西瓜，应采用何种育种方法？

学生活动：阅读教材，尝试说出多倍体育种的原理，涉及的技术。

教师：描述无子西瓜的培育过程，引入探究话题，①秋水仙素的作用对象是什么？该试剂处理萌发的种子和幼苗得到的结果有什么不同？②自然界中的多倍体植株常出现在什么地方？由此可得出抑制纺锤体形成的方式还有什么条件？③优良动物选育过程中，能否利用多倍体育种技术？尝试归纳该技术的优缺点。

学生活动：组内讨论，回答问题，归纳多倍体育种的方法、优缺点。

教学意图：通过讨论分析，引导学生明确多倍体的产生与染色体分配异常有关，加深其对多倍体育种的认识。

设问5：冬天吃西瓜是一件非常奢侈的事情，原因是西瓜不抗冻。假设北极的某种鱼体内具有一种抗冻基因，若让西瓜具有该抗冻特性，冬天照样开花结果，应该如何操作？

学生活动：阅读教材，尝试归纳基因工程育种的基本操作步骤。

教师：投影展示基因工程育种的流程图片，引导学生分析基因工程育种的原理、涉及技术等内容。引入探究话题，①转基因技术所产生的变异与杂交育种有何区别？②转基因技术培育的生物是否对环境存在潜在的危害性？③合理归纳总结基因工程育种的优缺点。

教学意图：通过讨论，使学生明确转基因技术可以按照人们的意愿对生物体进行改造，产生定向的变异，特别是可以克服传统育种方法中远缘杂交不亲和的障碍，认同转基因技术的优点；但也不要忽视转基因食品可能含有毒素和过敏原，尤其是会造成基因污染等危害，做到客观地评价每一种育种方式。

6. 教学评价

为了促进和鼓励教师采取更有意义的方式完成课堂教学，教学评价就必须给学生呈现更加严谨、细致的考查方式。本节教学评价设计如下。

题1针对知识目标的落实进行考查，主要关联各育种方法涉及的概念、原理及应用等内容。题2针对能力目标的落实进行考查，要求学生用自己的语言表述对本节课的认识与理解，要求更高，对其更加深入理解遗传变异与生产实践的关联具有积极意义。题3针对情感态度价值观目标的落实进行考查，对学生认识、内化及判断各育种方式的前景与挑战起到推动作用，也是STSE（S，科学；T，技术；S，社会；E，环境）教学思想的应用体现。

题1.阅读育种流程图（图2-17），完成表格内容。

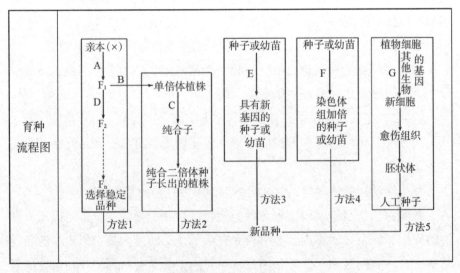

图2-17　育种流程图

表2-9

育种方式	名称	原理	优缺点	常用方法	涉及字母及含义	应用范例
方法1						
方法2						
方法3						
方法4						
方法5						

　　题2.画一个概念图或思维导图，说明你对遗传变异在生产上应用的理解与认识。

　　题3.就某一育种方式所引发的社会问题写一份调查报告或科研小论文，并提出自己的见解。

7. 教学反思

　　"问题引领"教学通过点拨为教，探究为学，是一种"双主式"的课堂教学模式。教师通过设计好的问题创设积极活跃的课堂教学情境，引导学生围绕问题积极展开思考和探究，让学生在探究中获取知识，在知识迁移中发展能力。因此，"问题引领"教学的成功实施，关键在于问题的创设与呈现。一些教师常把"问题引领"教学中的问题简单地理解为师生的对答，这是明显的理解偏差，"问题引领"教学中所抛出的问题不是孤立的设问，而是有着共同交集的或主线的问题链，问题与问题间应具有关联性，问题内应具有探究性。"问题引领"教学强调教师对一堂课问题的整体规划，教师在进行"问题引领"教学时，应转变自己的思维，将课堂中问题的"临场发挥"转化为课前的"运筹帷幄"，将问题的呈现由"口头形式"转化为"文本形式"，这样才能帮助学生更好地理解一节课的重难点知识，引领学生在积极思考问题时进行有效的探究。

第六节　基于生命观念的主线式教学设计
——"种群的特征"第一课时

1. 教材分析

"种群的特征"是高中生物学必修3《稳态与环境》第四章第一节的内容。本节课的授课对象是高一学生，前三章学习的是个体水平的内容，但是任何生物都不是独立存在的，而本章开始进入群体层面内容的学习，种群这个结构层次起着承上启下的作用。在初中和必修2中学生曾遇到过"种群"和"群落"等专业术语，这对本章节的学习都有直接的帮助。

2. 学业质量

（1）生命观念

初步运用稳态与平衡观，举例说明种群各特征的内在联系，在给定的问题情境中，以生命观念为指导，分析种群的在生态系统中的地位。

（2）科学思维

基于给定的事实和证据，采用归纳与概括等方法，以文字或模型的形式表达出种群的概念、种群各特征的内涵，并能自主进行表述和讲解。

（3）科学探究

针对特定的情境，模拟标志重捕法，并进行相应公式的推导、模拟过程中误差的分析，掌握标志重捕法在动物种群数量调查中的应用技巧。

（4）社会责任

通过对种群特征，特别是种群数量变化的学习与分析，形成珍爱生命、人与自然和谐共处的观念，做生态环境及生物保护的积极践行者。

3. 教学设计思路

本课以火烈鸟图片导入，整节课的教学围绕火烈鸟种群展开，从个体特征引出种群特征。通过相关问题情境的铺设与转换，引导学生分析种群的不同特征内涵，最终使其明确种群密度是种群的核心特征及该特征与其他特征之间的关联。在本节课中还设计了学生模拟实验，通过教师准备的相关道具（拉绳封口纱袋、叶片），在给定的情境中，引导学生调查种群的数量，既激发学生的参与度，提高学习兴趣，又让其身临其境，感受标志重捕法在动物数量调查中的应用。整节课既有师生互动，又有生生互动和调查参与，环环相扣，有利于提高学生的学习投入和参与。

4. 教学过程

（1）创设情境、导入主题

PPT课件展示"鹅立火烈鸟群"的图片。请同学找出鹅的位置并说明原因。通过师生互动，引导学生由个体特征的分析转入群体特征的分析，导入本节课的主题——种群的特征。

（2）铺设主线，点缀情境

本节课的教学重点是种群的概念及种群的特征分析。笔者以火烈鸟为载体，将种群概念及特征架构到火烈鸟种群中，使虚无的内容具体和形象化，并且将其作为教学的主线进行展开，在此基础上，积极铺设相关情境，引导学生学习种群的不同特征，具体授课环节如下：

情境一：火烈鸟导入图再利用——分析种群概念

教师提问：何为种群？由于初中和必修2课本中学生曾遇到过种群的概念，故师生共同回忆，举例描述，然后回归火烈鸟导入图，判断图片中的火烈鸟是否属于一个种群？由此引起学生的认知冲突。教师引导学生阅读课本，找到种群的其他要素，在另外5个问题的追问下，强化学生对种群概念的认知。

教师以种群要素中的"种群通常具有不同性别和不同年龄"为话题点，转入个体特征与群体特征的比较。由个体特征的性别，引出种群的特征性别比；由个体特征的年龄，引出种群的特征年龄结构；由个体特征的出生，引出种群的特征出生率；由个体特征的死亡，引出种群的特征死亡率，并引导学生阅读教材，引出种群特有特征、种群密度和分布型。

设计意图：多次利用火烈鸟导入图，既作为课题的开始，又适时引起学生认知冲突，让学生感受到本节的教学会围绕火烈鸟种群展开，也为后续教学做好铺垫。

　　情境二：火烈鸟的婚配情况——分析性别比

　　教师展示火烈鸟婚配情况，引出性别比中的常见比值，雌雄之比 ≈
1：1，进而师生互动，探讨其他性别比情况。

　　教师设问：是否所有种群都有性别比？师生互动，探讨部分生物种群
不存在性别，不存在性别比。师生共同得出性别比对种群数量的影响——
一定程度上影响种群数量。并以"广州建世界最大蚊子工厂"的情境引导
学生感受性别比的实践应用。

　　设计意图：常见动物的性别比多样，以火烈鸟的性别比为分析模板，
既能实现对性别比分析的问题突破，又能引导学生树立良好的爱情观。配
合"蚊子工厂"的拓展分析，打通学生学习与实践的联系，提升其社会责
任素养。

　　情景三：火烈鸟的繁殖率——分析出生率、死亡率

　　教师引入资料"火烈鸟的繁殖率与麻雀的繁殖率"比较。引导学生归
纳影响种群出生率与死亡率的因素。在此基础上，通过分析出生率与死亡
率的关系，明确自然增长率（即出生率与死亡率）与种群数量变化的直接
关系，得出出生率与死亡率是种群数量变化的晴雨表。

　　设计意图：通过数量众多的麻雀与数量较少的火烈鸟的繁殖情况比
较，让学生在真实的数据中明确出生率的影响因素，及出生率、死亡率对
种群数量变化的影响，提升其归纳、整合问题能力。

　　情境四：保护区内火烈鸟的数量变化——分析年龄结构

　　教师以火烈鸟的繁殖率低作为过渡，进而导入全球对火烈鸟的保护，
引入情境：西班牙某保护区内火烈鸟种群的数量情况。

　　针对情境中的内容，教师抛出话题：科研人员依据什么内容担忧保护
区内火烈鸟种群未来数量的变化？

　　师生互动，引入种群特征——年龄结构。学生带着问题阅读课本，
自主学习年龄结构的概念、年龄结构的表示方式及年龄金字塔的图形信息
等。然后师生互动，共同学习总结年龄金字塔相关内容和年龄结构的意义
及实际的应用。

　　设计意图：由于火烈鸟的繁殖能力较弱，所以数量较少，加之其生存

环境遭到破坏，使其数量下降，引导学生保护环境，保护生物多样性。

情境五：不同地区火烈鸟数量与面积的关系——分析种群密度

创设问题情境：A、B两地火烈鸟的种群数量和面积关系，引导学生计算并分析两地种群数量的密度情况，引入种群的特征——种群密度。

设计意图：本节课的所学内容性别比、年龄结构、出生率与死亡率均与种群数量有关，因此，利用学生反复强化的种群数量内容，配合不同地区的面积情况，将种群数量顺利过渡至种群的密度，进而展开种群最核心特征的学习。

（3）模拟调查，学以致用

作为本节内容的教学难点，标志重捕法的学习与运用，简单的讲评，学生无法达成深刻的学习印记。教师模拟调查引入课堂。

围绕火烈鸟种群数量，教师创设情境：以南美洲玻利维亚一个区域的火烈鸟为例，学生思考科研人员如何调查种群数量。

通过分析科学家对火烈鸟数量的调查方式，引入活动能力强的动物调查方法——标志重捕法。

教师对调查道具进行有效的优化：以拉绳封口纱袋代表一定区域，以树叶代表火烈鸟。学生分组后模拟标志重捕法，计数拉绳封口纱袋中叶片的数量，并最终进行汇总统计，师生共同分析误差产生的原因，实现学生对学习内容的实践应用。

（4）归纳总结，指向素养

教师以火烈鸟为模板，总结本节课所学主要内容：种群的概念及种群的特征，并引导学生自主整合各特征的关系，建构种群特征之间的关系模型，提升学生的科学思维。

最后，教师分享自己在上海野生动物园实地观看火烈鸟的经历，引导学生爱护动物、保护动物，成为健康中国的促进者和实践者。

第七节　基于生命观念素养应用PCRR模型教学设计
——以"胚胎工程"复习课为例

摘　要：本文以"胚胎工程"一节为例，运用PCRR教学模型进行复习课教学，学生经历构建概念模型→打破思维定式→进阶理解概念→修正概念模型的学习过程，拓展了思考问题的视角，体会生命来之不易。

关键词：生命观念；PRCC模型；核心素养；胚胎工程

《普通高中生物学课程标准（2017版）》明确指出，高中生物学课程的设计宗旨和实施要求要着眼于学生适应未来社会发展和个人生活需要，从生命观念、科学思维、科学探究和社会责任等方面发展学生的学科核心素养。新课标对"生命观念"做了详细的解读：生命观念是指对观察到的生命现象及相互关系或特定进行解释后的抽象，是人们经过真实后的观点，是能够理解或解释生物学相关事件和现象的意识、观念和思想方法。赵占良对"生命观念"素养做了进一步的剖析："生命观念"不是具体的知识，更不是具体的生物学事实，而是指认识主体在了解事实的基础上形成概念后，再进一步提炼和升华，内化在头脑中的意识、观念和思想方法，关乎看待生命世界的态度和价值取向。在分析和解决与生物学相关的问题时，科学的生命观念虽不能提供现成的答案，但会指明分析问题的思路和方向。因此，在生物课堂上将最具生物学特色的核心素养——"生命观念"渗透入概念的形成、能力的提升以及对待生命的态度的培养过程中显得尤为重要。

1. "胚胎工程"学习内容中"生命观念"的体现

"胚胎工程"是浙科版生物学教材选修模块三"现代生物科技专题"中第三章第二节部分，主要介绍了以高等脊椎动物为研究对象的各种胚胎操作技术及应用。本节内容具有复杂性、抽象性、前沿性等特点，要求学生具有较高的信息收集与处理能力，较强的逻辑思维和推理能力，同时还具有结构与功能相适应、生物体内、生物与环境具有相对稳定的状态、物质变化伴随着能量的产生与释放等观念，并能运用这些观念分析和解释较为复杂情境中的生命现象。教材中提供的各种胚胎工程实例可作为课堂主要分析材料，同时需要教师补充必要的素材辅助学生构建核心概念。

2. PCRR 教学模型

PCRR（Present，Critique，Reflect，Refine，简称PCRR）教学模型是一种渗透式教学策略。渗透式教学策略将论证作为一种工具，帮助学生构建、理解科学规律和科学文化实践活动。科学教育者借助PCRR模型在课堂上持续创造科学论证的学习氛围，促进学生对科学概念的整合理解。

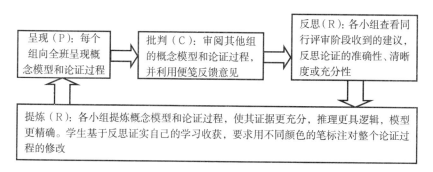

图2-18　PCRR教学模型

教师利用PRCC模型开展教学，既有利于激发学生的好奇心和持续进步的学习氛围，也能帮助学生深入理解核心概念。在复习课堂中，教师可以先安排学生将已有的知识点结合具体情境进行梳理以概念模型的形式呈现，再根据实际生产应用中的问题对概念模型进行组内和组间的建议和补充，在反思环节根据收获的建议和补充对概念模型进行修正，加深对概念和规律的进阶理解。因此，在具体课堂实施过程中，PCRR模型可做适当的修改和调整。

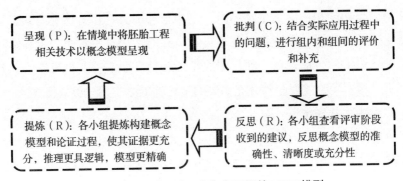

图2-19　用于《胚胎工程》复习课的PCRR模型

3. 应用PCRR模型的《胚胎工程》的复习教学

学生对于《胚胎工程》一节的理解大多来自教材中的应用实例和技术操作流程，停留在将文字呈现的操作过程以概念模型的形式呈现，对技术的原理和应用条件有所了解，能够解释一定的生命现象，解决简单的胚胎工程问题。学生虽然知晓概念模型中展示的技术操作流程，但对每一步操作所需要的生理条件并不清楚，无法分辨针对不同实验对象应采用不同的流程，不了解实施操作对实验对象的生理影响。因此，教师应创设真实具体的情境，引导学生重新审视不同情境下胚胎工程的技术应用，采用PCRR模式对核心概念进行深入的挖掘和进阶理解。

（1）呈现——构建概念模型

快速繁殖优良家畜和通过人类辅助生殖技术获得"试管婴儿"是学生最熟悉的胚胎工程应用实例。教师可以据此创设情境，引导学生整理归纳概念以模型形式呈现。

情境一：日本神户雪花牛肉来自日本和牛品种，以其大理石般的肉质纹理和较高的营养价值及口感闻名于世。和牛是世界公认品质最优良的良种肉牛，肌肉脂肪中饱和脂肪酸含量很低，肉用价值极高。国内某生物技术公司为了快速引进和牛这一高等级肉牛品种，并利用本地已有的鲁西黄牛迅速扩大纯种和牛的数量，请利用胚胎工程相关技术给出你的建议，以概念模型的形式呈现。

师：为了加快构建概念模型的进程，准备大量写有各种技术操作步骤的软磁贴，如优秀供体、良种受体、超数排卵、体外受精、胚胎移植、胚胎分割等。其中尽可能多提供步骤中的名词，引导学生从不同操作方法入手，分组后选择其中一种方法画出（拼出）概念图。

生：先大致讨论提出初步设想，分为试管动物法、胚胎移植法、胚胎分割法、胚胎干细胞核移植法。分组将各种方法的详细步骤进行排列，如有必要用文字和箭头在软磁贴摆放的白板上进行补充和说明。

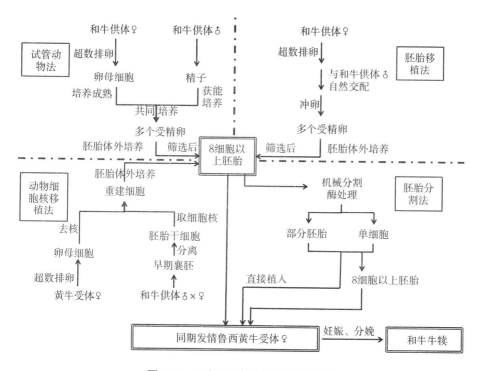

图2-20 胚胎工程基本流程概念模型

生生对话、合作构建概念模型有助于小组内成员厘清碎片化概念之间的逻辑关系，搭建或补充自身的知识体系，提高对重要概念的理解程度，加深对胚胎工程技术原理的认识。教师适当关注各小组的概念模型，指出模型不恰当之处并引导学生以教材为蓝图，及时修正。

（2）批判——打破思维定式

概念模型有助于学生构建完善的知识体系，但学生容易受固定思维局限，面对新问题时思维方式不够灵活，容易考虑不周全。教师应及时提供有效充足的相关信息，帮助学生接触到现代生物技术在实践应用过程中具体的实验背景、操作步骤、适用的范围、面临的待解决的难题以及发展的方向等。在构建概念模型的同时，兼顾胚胎工程各项技术应用的范围，提高学生解决问题的全面性，拓展了思考的广度和深度。教师提供给学生如下相关资料：

资料一：超数排卵和同期发情

和牛对外源FSH（促卵泡激素与黄体生成素统称促性腺激素）反应敏感，120 mg FSH超数排卵供体获得的平均可用胚胎数显著高于160 mg、200 mg FSH，这可能是由于较高剂量FSH引起卵巢体积过度增大，导致输卵管伞接受排卵卵子存在机械障碍，最终影响可用胚胎获得数。随着FSH剂量增加，不可用胚和退化胚数量也增多。说明FSH剂量过大会产生不利效果。

为了增加可用胚胎数，实验中部分供体进行了重复超数排卵处理。随着超数排卵次数的增多，胚胎可用率降低。这主要是由于重复胚胎收集操作造成供体生殖道和子宫环境不佳，卵巢对外源FSH耐受作用增强，排卵卵泡减少，胚胎可用率降低。

供体和受体的生理周期原本是不同的，研究人员可通过给动物注射前列腺素及类似物，使受体动物的黄体溶解。黄体是雌性动物卵巢中排卵后的腺样体组织，可分泌黄体酮，即孕酮，是一种可以影响子宫内膜形态的激素。当黄体溶解时，黄体酮的含量就会下降，月经周期缩短，表现为动物提前发情。若给动物注射黄体酮等孕激素，就会抑制卵泡发育，推迟动物发情，实现供体与受体动物达到相同的生理周期的目的。促性腺激素会刺激卵泡形成，它能促使只产生1个成熟卵细胞的卵巢一次排出10多个卵，甚至多达40个以上的成熟卵细胞。这样不仅会干扰动物正常的生理周期，还有可能造成卵巢过度刺激综合征（OHSS）。这是人类体外受孕辅助生育的主要并发症之一，是一种人体对促排卵药物产生的过度反应，以双侧卵巢多个卵泡发育、卵巢增大、毛细血管通透性异常、体液积聚于组织间隙，引起腹腔积液、伴局部或全身水肿为主要表现。

资料二：体外受精技术（IVF）

20世纪80年代，以牛为代表的家畜IVF技术发展迅速。研究人员可利用屠宰场废弃的卵巢和冷冻精液进行胚胎体外生产，每对废弃的牛卵巢可获得3头左右牛犊。牛的IVF技术不仅应用于畜牧生产，同时也成为研究其他胚胎生物技术，如克隆、基因工程、胚胎干细胞分离培养和性别控制等的重要辅助手段。

科研人员对雪龙黑牛（和牛与利复牛的杂交后代）进行活体采集卵母细胞和利用屠宰后的卵巢进行采卵，并进行体外受精，发现屠宰采卵方式获得的胚胎发育率为34%，较活体采卵体外受精胚胎发育率29%更高。

体外受精技术与胚胎移植技术相关联，可解决育龄人群由于体内受精出现障碍（输卵管堵塞、精子活力欠佳、免疫性不孕症等）所导致的不孕不育。

资料三：胚胎体外培养

在早期胚胎的体外培养过程中，温度对胚胎也有很大的影响，牛、羊等胚胎培养以38.5℃为宜。温度过高，胚胎会受到热应激影响，发育能力下降。温度过低会发生冷休克。1998年，科学家将卵母细胞置于不同温度5～20 min，结果发现，随着温度下降，卵裂率和早期胚胎的发育能力均有所下降[10]。

早期胚胎发育的过程是处于动物体内输卵管的内膜上皮细胞不断地振动和输卵管内液体不断变化的状态下。目前仍然无法模拟的还有随着人体的运动，输卵管纤毛上皮细胞的摆动和输卵管基层的收缩运动增强、细胞因子分泌增多等现象。

胚胎体外培养液中的每种无机盐离子都有自身特有的功能。如Na^+的主要功能是参与调解培养液的渗透压。K^+的主要功能是参与调解桑葚胚期的胚胎发育。培养液中的Na^+/K^+比值会显著影响胚胎的发育。Ca^{2+}的缺乏会显著降低牛胚胎囊胚的发育率；Mg^{2+}的缺乏会显著抑制牛胚胎的发育过程。在一个培养体系中，无机离子之间存在着非常微妙的相互协同和拮抗作用。所以所有无机离子之间必须浓度、种类需要进行充分协调才能达到良好的培养效果。

目前，早期胚胎培养液中的蛋白质来源主要是血清和牛血清白蛋白。由于血清的组成相当复杂，这些物质共同作用于胚胎，很难具体分析每种成分的作用机制。同时，仍然不能去除血清中所含有的对胚胎发育有害的物质。

资料四：胚胎分割

牛是单胎动物，自然状态下的双胎率较低，肉牛的双胎率一般不超过1%，双胎的分娩可得到1.87个活犊牛，相比于单胎平均0.97的犊牛具有更高的养殖效益。研究人员利用胚胎分割仪对和牛早期胚胎进行分割发现，经切割后的囊胚胚胎移植妊娠率为50%，较致密桑葚胚（60.2%）要低。

资料五：胚胎移植

实验中选择青年奶牛和泌乳奶牛作为受体进行胚胎移植，青年奶牛受体胚胎移植妊娠率高于泌乳牛，主要是由于青年奶牛子宫内环境和内分泌水平要好于泌乳奶牛，更有利于移植后的胚胎附植与发育。

在人类辅助生殖技术下为了提高妊娠率，会给母体同时植入多个胚胎，出现多胎妊娠。多胎妊娠会严重威胁到母体和胎儿的安全。多胎妊娠容易引发母体出现妊娠期糖尿病、妊娠期高血压等疾病，发生难产和产后出血的风险显著增加，因此多数时候都会考虑到减胎。

资料六：细胞核移植

体细胞核移植技术有着十分重大的理论意义和广阔的应用前景。但目前，国际上体细胞克隆牛的流产率在40%以上，而且流产会发生在妊娠的任何阶段，绝大部分的体细胞克隆牛是通过剖宫产降生的，且平均只有一半的新生犊牛可以存活下来，说明目前体细胞核移植技术还很不完善。

我国在诱导人胚胎干细胞分化治疗帕金森病和干性年龄相关性黄斑变性（一种老年人致盲的重要疾病）方面具有重大的突破。

（3）反思——进阶理解概念

通过阅读和整理资料，学生会发现体外受精技术可以解决体内受精存在障碍导致的不孕现象，但实际研究对象（如牛、猪等牲畜）并不存在体内受精障碍，不需要进行体外受精，并且对牛进行体外受精技术获得的胚胎发育率有限。因此，在扩大优良种畜的实践中，如果实验对象为活体供体雌性，就利用外源激素作用下的发情动物自然交配获得超数受精卵；如果是利用屠宰获得的卵巢取卵母细胞，再进行体外受精以获得受精卵。

利用外源促性腺激素处理受体动物，在实现同期发情的同时易使动物出现卵巢应激反应。动物胚胎在体外培养条件苛刻，成功率有限。每一步胚胎工程的操作技术还存在各项问题，目前尚未在体外成功模拟输卵管上皮细胞在胚胎发育过程中的变化，以及操作步骤会给供体、受体动物带来生理创伤。目前，胚胎工程在辅助人类生殖领域相对成熟的实践是"试管婴儿"，其他以人类胚胎或胚胎干细胞为对象的研究还在起步阶段，我国对应用于科学研究的人类胚胎的培养有严格的限制措施。

　　基于以上对资料的分析和整理，学生会发现原有的概念模型应做适当的调整，有些技术已经相对比较成熟，适用于各种实验对象，有的技术尚在研究中，仍面临许多亟待解决的难题。

　　（4）提炼——修正概念模型

　　各小组在反思的基础上提炼构建概念模型和论证过程，使其证据更充分，推理更具逻辑，模型更精确（见图2-21）。

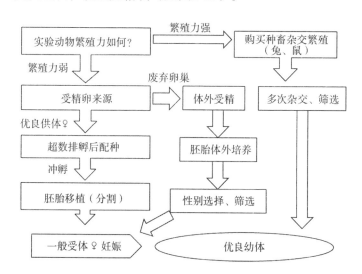

图2-21　以快速繁育为目的的胚胎工程概念模型

　　在修正模型的过程中学生能了解胚胎工程操作技术的复杂程度，感叹胚胎工程在动物育种中获得的巨大成果，也体会到生命的来之不易，而每一个经历了千难万险来到美丽世界的生命都应该被尊重和善待。

4. 教学反思

《现代生物科技专题》模块介绍了以《胚胎工程》为代表的现代生物科技技术发展过程及其应用前景，为学生拓展了视野，了解科技进步为人类生活带来的显著变化和美好福祉。教师在解释、阐述、强调科学技术的发展和应用的同时，也应该引导学生认识到科技是一把"双刃剑"，在解决现有难题的同时，也会带来新的意想不到的问题。PCRR教学模型的运用需要教师提供丰富有效的信息，开拓学生解决问题的视角，引导学生分析问题的始末本质，才能加深对概念的理解，提高解决问题的能力，落实学科核心素养。

参考文献：

[1] 中华人民共和国教育部. 普通高中生物学课程标准（2017版）[S]. 北京：人民教育出版社，2017.

[2] 赵占良. 对生物学学科核心素养的理解（一）——生命观念的内涵和意义[J]. 中学生物教学，2019（11）：4-8.

[3] 弭乐等. 渗透式导向的两种科学论证教学模型述评[J]. 全球教育展望，2017，46（6）：60-69.

[4] 隋鹤鸣等. 和牛胚胎移植后代超数排卵和胚胎移植试验[J]. 2018（21）：87-94.

[5] 李楠等. 体外胚胎培养是胚胎工程技术的关键环节[J]. 中国组织工程研究，2019，23（29）：4732-4742.

[6] 许红喜. 雪龙黑牛活体采卵与屠宰采卵在体外授精技术中的应用研究[J]. 中国奶牛，2013，6：12-14.

[7] 谭世俭等. 牛体细胞核移植胚胎的批量化生产[J]. 中国兽医学报，2007，27（2）：260-263.

[8] 冯春涛等. 影响和牛双半胚移植妊娠率因素分析[J]. 畜牧与兽医，2016，48（10）：55-57.

[9] 朱满员. 胚胎工程——教学一议[J]. 中学生物学，2016，32（1）：79-80.

[10] 孙凤俊等. 不同剂量促卵泡素对成年和牛超数排卵效果的影响分析[J]. 江西农业，2018，2：43.

第八节　运用科学方法，体验生命奥秘
——"细胞的增殖"（第一课时）教学设计

1. 教材分析

本节内容位于必修一《分子与细胞》第四章"细胞的增殖与分化"第一节。本节是本章的重点，也是必修一模块的重点和难点之一。"细胞的增殖"是一种生命现象，也是细胞生命历程的起点，只有了解了这一生命现象，才能让学生逐步认识到生物体的生命现象，如生物体的生长发育和生殖，生物体具有的遗传和变异。"细胞的增殖"内容是历年来考查的一个重要知识点，既是细胞的结构相关知识的灵活应用，也是学习细胞的分化等细胞变化历程的基础，同时为学习减数分裂和生物在细胞水平的变异做好准备，也为选修模块《现代生物科技专题》中的《克隆工程》和《胚胎工程》做了必不可少的铺垫，所以在知识的连贯性上起着承上启下的重要作用。本节内容要求学生具备较强的图文转换能力和提取信息分析处理的能力，并培养学生的生命观念、科学探究等核心学科思维。

2. 教学内容与要求分析

（1）学情分析

在前几章的学习过程中，学生对生物的最基本的结构和功能单位——细胞有了大致的了解，能够认识到生物体完成生理活动离不开细胞结构。多细胞生物体具有生长发育的基本特征，但是从微观世界角度观察多细胞生物体生长发育的过程对于学生来讲还是从未接触过的新内容。尤其是一些生活中出现的现象，如同卵双胎的外形酷似，植物扦插可以保证亲代与子代之间性状的稳定性（无性繁殖在初中自然科学课上有简单的介绍），在学习了本节内容后，学生对上述现象就可以从微观角度解释了。教师可根据学生的认知程度设计学习任务，激发学生自主学习和思考。

（2）课标要求

①描述细胞分裂的基本过程。

②说出细胞分裂过程中染色体变化的结果。

（3）核心素养与学习目标

①从物质与能量视角，阐明细胞生命活动过程中贯穿着物质与能量的变化。

②观察处于细胞周期不同阶段的细胞，结合有丝分裂模型，描述细胞增殖的主要特征，并举例说明由细胞的增殖带来的生命现象。

（4）学习目标

①通过对比细胞分裂模式图，能够概述细胞有丝分裂的过程，用规范的表示方法描述细胞分裂各时期的特点，并且能区分各时期的细胞图，从结构与功能相适应的生命观点解释各时期细胞特征的必要性。

②通过小组合作构建物理模型，总结、归纳动植物细胞分裂图的异同，尝试利用不同的材料完成模型，体验科学是在不断地尝试和探索中前进，认同生命的运动性和变化性，形成事物发展过程中从量变到质变的辩证唯物主义观点。

③尝试着从微观角度解释生物体生长发育的基本特征以及生活中常见的一些现象，感受生命的奥秘与神奇。

（5）学习重点及难点

①学习重点：

a. 动物细胞分裂模式图各时期的特征分析。

b. 对比动物细胞分裂图示尝试绘制高等植物细胞分裂的模式图。

②学习难点：

a. 染色质与染色体的位置关系。

b. 绘制高等植物细胞分裂的模式图。

③解决方法：

a. 教学重点解决：在观察实验结果的基础上对模式图中染色体的变化进行分析，将打乱顺序的细胞模式图重新排序。对比正确顺序的模式图，分析细胞分裂的特征。

b. 教学难点解决：以图片、视频的形式解释染色体与染色质的关系。对比动物细胞分裂过程，分析动植物细胞结构的区别，并尝试绘制高等植物细胞分裂模式图。

④教学方法：应用类比法分析细胞分裂过程，渗透抽象问题具体化的学科思想。

3. 教学过程

环节一：新课导入

教师活动：以"体会生命的奥秘"开头，展示神奇的双胞胎现象图片，请学生分析双胞胎的成因。并且引出性状的决定因素——染色质。

引导质疑：细胞在分裂的过程中如何保证子细胞与母细胞的遗传物质保持相同？

学生活动：结合实际生活，以已有的知识尝试解释为什么同卵双胎的性状酷似。通过遗传物质的回忆，结合细胞分裂模拟图，提出质疑。

设计意图：以学生感兴趣的生活常见现象引入，激发学生的探究求知欲望。

环节二：动物细胞分裂过程分析（重点）

教师活动：

①展示动物细胞分裂实验图，解释染色体与染色质的关系，以及染色体的着丝粒结构与纺锤丝的作用。

②用模式图代替实验结果，更清晰地呈现动物细胞分裂特征。

③将动物细胞分裂模式图贴在黑板上。

④请学生分析细胞分裂各时期特征。重新提出质疑，请学生解决质疑。

学生活动：

①观察动物细胞分裂实验结果图，发现与平时观察的细胞有明显差异。通过图片了解染色体与染色质的关系，知道着丝粒与纺锤丝的作用。

②将分析细胞分裂特征，打乱的动物细胞分裂模式图按照自己的分析排序。

③学生将排序结果展示在黑板上，并解释排序的理由。

④对照黑板上的模式图，逐一以染色体为重点分析细胞的变化特征。

⑤以染色体的变化解释同卵双胎的现象。

设计意图：首先，基础知识铺垫，为学生分析细胞模式图做准备；其次，通过仔细分析细胞特征，再将图形排序，可以引导学生认真识图，把握图形主要特征；再次，仔细观察审图，在总结的过程中理解染色体的变化规律；最后，回归生活，用理论解释现象，将理论与实践结合体会生命的奇妙。

环节三：绘制植物细胞分裂模式图

教师活动：小结：动物细胞分裂的意义。引出生物体都有生长发育的基本特征，请学生绘制高等植物细胞分裂过程模式图。

学生活动：理解细胞分裂的意义。经过对比动物与高等植物细胞结构的差异，尝试绘制高等植物细胞分裂模式图。在绘图的基础上比较动物与高等植物细胞分裂过程的异同点。

设计意图：用类比的方法，锻炼绘图能力。

环节四：总结

教师活动：总结生物细胞有丝分裂的意义。设置疑问，留下思考空间。

学生活动：总结细胞的分裂过程和意义。思考细胞分裂之后会何去何从？细胞如何保证遗传物质的精确分配？染色体和DNA分子数量在细胞分裂过程中有什么变化的特点？

设计意图：将课堂内容整合，提炼升华。

第九节 基于生物学核心素养的概念教学在复习课中的实践探讨
——以"细胞质"的复习教学为例

摘 要：细胞质主要由细胞溶胶和各种细胞器构成。本课程以体液免疫中抗体的合成、加工和运输等过程为导线，回顾参与其中的相关细胞器等结构系统。当场做板画是本课程的亮点，新颖的教学形式能够吸引学生的注意力和学习兴趣，提高学习效率。课堂以学生为主体，给予学生上台展示机会，教师引导学生发现一些机体疾病与细胞器异常有关，形成生物结构和功能相适应的生命观念，开发拓展科学思维和探究能力，提升社会责任感。

关键词：核心素养；细胞器；抗体；板画

1. 教材分析与设计思路

"细胞质"是浙科版《生物》教材必修一"分子与细胞"第二章"细胞的结构"第三节的内容。必修一教材前半部分已经讲解了细胞的物质组成和质膜等结构特点，后半部分"细胞的代谢"和"细胞的增殖和分化"中也与细胞器有着紧密联系。

在普通教学设计中，常以消化酶为主角，将细胞内部比喻成工厂流水线，在讲述"工厂"合成、加工、运输消化酶等程序中引入各类细胞器，其中以唾液淀粉酶和胃蛋白酶为例最为多见。本课程以浙科版《生物》教材必修三"机体免疫"作为教学背景，以抗体为主角，讲述效应B淋巴细胞（浆细胞）合成、加工、运输并分泌抗体的全过程，在复习各细胞器的结构、功能的基础上，兼复习膜流动性、细胞呼吸和光合作用等相关知识点，同时也涉及必修二遗传信息的表达部分和必修三体液免疫的相关内容，帮助学生构建较为严密的知识框架。本课程以"手绘"作为特色，在课堂上教师当场做板画，营造活跃气氛。学生对现场展示手绘兴趣十足，充满好奇心，激发了学习兴趣的同时也提高学习效率。该复习课程内容以细胞器的结构和功能方面为主，也为学生深入理解细胞器之间的相互关系、协调工作做铺垫，同时为三本必修教材内容建立了初步的联系概念模型。

2. 教学目标

①生命观念：阐明各种细胞器的结构和功能；树立生物体结构与功能相适应的生物学观点。

②科学探究：观察叶绿体时，掌握实验选材技巧，学会亲手制片，理解叶绿体结构与功能相适应的特点。

③科学思维：举例说明各种细胞器间的协调配合，说明生物体完成生命活动是协调统一的。

④社会责任：理论联系实际，明确细胞器之间的协调工作，明白分工合作的重要性；联想人体疾病与细胞器异常相关性的事例，养成科研意识与社会责任感。

3. 教学过程

（1）免疫导入，简述抗体合成

教师讲述生物体免疫过程：病原体侵入机体，会引发免疫应答反应，其中便有体液免疫。在体液免疫中，成熟的B淋巴细胞被病原体致敏，同时在辅助性T淋巴细胞分泌的白细胞介素-2的促进下分裂分化成效应B淋巴细胞（浆细胞）和记忆B淋巴细胞。效应B淋巴细胞（浆细胞）承担起重任——合成、加工、运输和分泌抗体的功能，当抗体分泌到细胞外后，结合/中和/凝聚抗原，最后再由吞噬细胞处理。教师提问：抗体的本质是什么？通过学生对抗体的化学本质是蛋白质的回答，逐步引导学生思考蛋白质的合成、加工和运输等过程。

设计意图：导入部分是对《生物》必修三"免疫系统与免疫功能"章节的简单概述，以此作为课程起点，将教材前后的知识体系连接，帮助学生形成完整的思维网络。

（2）构建体系，厘清细胞器结构和功能

教师提出问题串：①所有的细胞都能合成抗体吗？②抗体在细胞哪个结构中合成？③抗体的合成受到谁的控制？学生思考，逐一回答。教师继续追问：①核糖体的功能是什么？②核糖体的组成成分有哪些？③核糖体的形成与哪个细胞结构有关？通过学生回答问题，教师纠正易犯的错误，查漏补缺，如，核糖体的组成成分是蛋白质和核糖体RNA（rRNA）。教师做板画，结合PPT，描述核糖体的形态结构和功能（见图2-22）。教师可顺带复习细胞核的相关结构和作用，如，细胞核是生命活动的控制中心，其中，核仁与核糖体的形成有关，遗传信息表达维持正常生命活动等。教师指导学生理解蛋白质的合成即遗传信息的转录、翻译，其加工和运输都是与细胞核息息相关的。教师追问：合成蛋白质是遗传信息表达的一部分，请同学们简单表述遗传信息表达的全过程。

 核糖体	1.结构：由 大、小两个 亚基组成，是一种 无膜 包被的细胞器，主要成分有 蛋白质 和 rRNA
	2.功能：是 合成蛋白质 的场所，即氨基酸发生 脱水缩合 反应
	3.其他：①核糖体的形成与细胞核中的 核仁 结构有关；②根据位置不同，分为 附着型核糖体 和 游离型核糖体

图2-22 核糖体

设计意图：核糖体的由来可以联系到细胞核的结构，核糖体功能与翻译过程之间有密切联系。遗传信息的表达过程包括DNA转录和翻译，抗体的合成是浆细胞遗传信息表达的结果，在此将必修二的相关知识点插入，前后搭建知识连通桥梁。教师通过板画的形式，向学生展示核糖体细胞器的结构特点，学生结合教材和板画内容，进一步建立起细胞器相关知识体系。

教师做过渡引导：抗体是一种胞外蛋白，初步合成完成，还需要进一步加工处理。学生思考，回顾各类细胞器的结构和功能。在学生回答下一步是粗面内质网执行加工任务（如折叠、组装等，成为比较成熟的蛋白质）后，教师通过板画形式展示内质网的形态结构（见图2-23）。

	1.结构：由 1 层膜包被；内质网有两种类型，一种是 粗面内质网 ，上有 核糖体 附着，一种是 光面内质网
	2.功能：粗面内质网具有 加工、运输 等功能；光面内质网功能特殊，例如人肝脏细胞中的光面内质网含有 氧化酒精的酶 ，普通光面内质网中还有 合成磷脂的酶
内质网	3.其他：内质网膜面积复杂， 粗面内质网 向内与 核被膜 相连， 光面内质网 向外与 细胞膜（质膜） 相连

图2-23　内质网

教师设计问题链：①内质网类型有几种？②不同类型内质网的结构和功能有何差异？③内质网膜面积特别大，在细胞内生理活动中起到什么作用？学生回顾，做出回答。教师追问：高尔基体与内质网之间有没有联系？教师做提示：粗面内质网对抗体完成加工后，是如何运输到高尔基体的呢？学生明确回答：内质网断裂形成小泡将抗体运到高尔基体中。教师总结：由于生物膜具有流动性，小泡包裹抗体运输到高尔基体，膜融合，抗体进入高尔基体内部。

结合PPT知识体系，教师做板画（见图2-24）：高尔基体对蛋白质做进一步的加工、分拣，主要掌管运输任务。完成加工、分拣任务后，高尔基体边缘突起形成小泡，把抗体包裹在小泡里，运输到细胞膜，小泡与细胞膜融合，抗体到达细胞外，就去执行免疫任务了。

	1.结构：由 1 层膜构成的物质转运系统
	2.功能：主要承担着 物质运输 的任务。高尔基体对蛋白质进行 加工、分拣 等功能，并送到 细胞内 或 细胞外 目的地
高尔基体	3.其他：高尔基体脱落形成 溶酶体 细胞器；在植物细胞分裂 后 期与 细胞壁 的形成有关

图2-24　高尔基体

教师设计问题链：①高尔基体在植物细胞有丝分裂中有什么特殊作用？②高尔基体断裂形成的小泡可能是哪种细胞器？③细胞器衰老、死亡后如何处理？学生思考，联系到植物细胞有丝分裂过程：间期→前期→中期→后期（高尔基体与细胞壁的形成有关）→末期。教师总结：高尔基体断裂形成细胞"消化工厂"——溶酶体（见图2-25）。

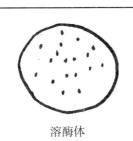	1.结构：由 <u>高尔基体</u> 发生断裂形成，具 <u>1</u> 层膜，内部有60多种 <u>水解酶</u> ，在 <u>动物、真菌和某些植物</u> 等细胞中普遍存在
	2.功能：消化细胞从 <u>外界吞入的颗粒</u> 或 <u>自身产生的碎渣</u>
溶酶体	3.其他：细胞凋亡

图2-25　溶酶体

教师设计问题串：①溶酶体为什么被称作"消化工厂"？②水解酶在哪里合成和加工？③举例说明溶酶体能够消化从外界吞入的颗粒。学生讨论，举例变形虫摄食或吞噬细胞吞入病原体等实例。

教师设计过渡：不管是变形虫摄食，还是细胞生长、分裂和分化，生物的生存时刻需要能量。哪些细胞器与能量转换有关？学生积极回复，踊跃发言。教师将发言权交给学生，由学生主持线粒体（见图2-26）和叶绿体（见图2-27）复习。

	1.结构：由内、外 <u>双层</u> 膜构成的，内膜向内折叠形成 <u>嵴</u>，增大表面积，可附着 <u>酶</u>，有利于 <u>细胞呼吸</u> 等生化反应的进行；
	2.功能：是细胞呼吸和能量代谢的中心。
线粒体	3.细胞需氧呼吸分为三个阶段： <u>糖酵解</u> 发生在 <u>细胞溶胶</u> 中； <u>柠檬酸循环</u> 发生在线粒体基质和嵴上； <u>电子传递链</u> 发生在线粒体内膜上。

图2-26　线粒体

教师追问：①若线粒体出现生理功能损伤，会对细胞产生什么影响？②若附着型核糖体大部分从内质网脱落，会有什么影响？教师引导学生形成生物体结构和功能相适应的生命观念。

细胞器种类繁多，功能强大，教师设计问题串，引出其余细胞器：①成熟植物细胞中有一类大型的细胞器，能够积累贮存代谢产物、调节渗透压；②除了核糖体以外，还有哪类细胞器无膜包被？③细胞器在形态上基本处于独立状态，在生理功能上有怎样的联系？学生思考、回顾，教师总结液泡和中心体等细胞器的结构和功能。

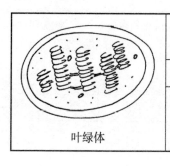

	1.结构：叶绿体属于质体中的 <u>有色体</u>，具 <u>双层</u> 膜，基质中有类囊体组成的 <u>基粒</u> 结构
	2.功能： <u>光合作用的场所</u>
	3.光合作用主要分为 <u>光反应</u> 和 <u>碳反应</u>（卡尔文循环）两部分；光反应发生在 <u>类囊体</u> 上，碳反应发生在 <u>叶绿体基质</u> 中

图2-27 叶绿体

设计意图：教师以板画的形式与学生一起复习巩固细胞器的相关知识体系，课堂的主体是学生，教师给予学生上台表演的机会，学生绘制细胞器的形态，并向大家讲说结构和功能，训练学生的实践能力，开发科学思维。整个过程中，板画教学形式新颖，能够吸引学生的注意力，提高学习积极性和学习效率。

（3）协调合作，动态展现

教师提问：①在抗体合成过程中，用 ^{15}N 标记氨基酸，细胞内检测到放射性的先后顺序？②在抗体合成、加工、运输和分泌过程中，相关膜面积的短时变化规律？教师分发手稿的形式的《导学案》（见附件），给予学生适当时间填写，深入理解不同细胞器之间协调分工合作，共同完成生理功能的意义。

（4）巩固拓展，真题链接

【例题1】图2-28所示甲、乙分别是两类高等生物细胞的亚显微结构模式图。请据图回答：

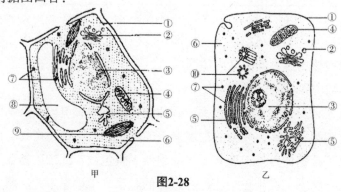

甲   **图2-28**   乙

1.甲是 <u>植物</u> 细胞，乙是 <u>动物</u> 细胞。

2.细胞需氧呼吸的主要场所是［④］　线粒体　；绿色植物进行光合作用的场所是［⑨］　叶绿体　；细胞内蛋白质的加工，以及脂质合成的场所是［⑤］　内质网　；与植物细胞壁的形成及动物分泌蛋白的加工、分类、包装有关的细胞器是［②］　高尔基体　；结构⑩存在于　低等植物　和　动物　的细胞，与细胞的　增殖（有丝分裂）　有关。

3.乙图中，分泌蛋白从合成到分泌依次经过的结构是⑦→⑤→②→①（填序号），提供能量的是　④　（填序号）。

教师分析：综合甲、乙图确定不同序号对应的细胞结构名称：①细胞膜；②高尔基体；③细胞核；④线粒体；⑤内质网；⑥细胞溶胶；⑦核糖体；⑧液泡；⑨叶绿体；⑩中心体。1.根据甲图细胞有细胞壁、液泡、叶绿体等结构，判断是植物细胞；乙中无细胞壁、叶绿体和液泡等，但有中心体，是动物细胞；2.细胞需氧呼吸在细胞溶胶和线粒体中进行，主要场所是［④］线粒体；绿色植物进行光合作用的场所是［⑨］叶绿体；［⑤］内质网是细胞内蛋白质的加工，以及脂质合成的场所；［②］高尔基体在植物细胞分裂后期与细胞壁的形成有关，在动物细胞中与分泌蛋白（胞外蛋白）的加工、分类和包装有关；［⑩］中心体存在于动物和低等植物的细胞中，与细胞的有丝分裂有关；3.乙图中，分泌蛋白（胞外蛋白）从合成到分泌依次经过的结构是［⑦］核糖体→［⑤］内质网→［②］高尔基体→［①］细胞膜，提供能量的是［④］线粒体。

设计意图：本题主要考查动、植物细胞结构的相关知识，意在考查学生分析和解决问题的能力，明确动、植物细胞之间的异同点。

【例题2】图2-29中一表示植物细胞亚显微结构，图二表示动物细胞某种活动情况。据图作答：

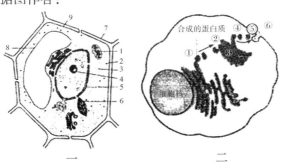

图2-29

1.图一细胞内完成能量转换的结构有　1 线粒体　、　3 细胞溶胶　和　6 叶绿体　（填标号和名称）。

2.研究图二细胞生命活动过程，一般采用的研究方法是　放射性同位素示踪法　。

3.若图二细胞表示动物胰脏内的细胞，⑥可能为 胰液（消化酶）。

4.从图二中可看出，通过形成囊泡形式相互转化的生物膜有　内质网膜和高尔基体膜　、　高尔基体膜和细胞膜　。

5.若图一是油脂腺细胞，参与油脂合成与分泌过程的细胞结构和参与图二所示物质的合成和分泌活动的细胞结构相比，不同的是　合成和分泌油脂不需要核糖体参与　。

教师分析：图一：1线粒体；2核糖体；3细胞溶胶；4核仁；5核被膜；6叶绿体；7细胞壁；8液泡；9细胞膜；图二所示为动物细胞合成、加工并运输分泌蛋白（胞外蛋白）的过程。1. 1线粒体是需氧呼吸主要场所，3细胞溶胶是厌氧呼吸的发生场所和需氧呼吸第一阶段（糖酵解）的发生场所，6叶绿体是光合作用场所，三者都能生成ATP，故图一细胞内完成能量转换的结构有1线粒体、3细胞溶胶和6叶绿体；2. 一般采用放射性同位素标记法研究分泌蛋白的合成与分泌过程；3. 若图二细胞表示动物胰脏内的细胞，⑥可能为胰液（消化酶）、胰岛素和胰高血糖素等需要分泌到细胞外的物质；4. 在分泌蛋白运输过程中，蛋白质进入内质网初步加工后，以囊泡形式再将其运输到高尔基体进一步加工、分拣，再以囊泡形式运输到细胞膜外，这些过程中发生生物膜的融合，体现膜的流动性；5. 油脂属于脂质，在内质网上合成，而不是在核糖体上合成。

设计意图：本题结合细胞结构示意图，考查细胞结构和功能，要求考生识记细胞中各结构的图像，能准确判断图中各结构的名称；识记细胞中各结构的功能，掌握分泌蛋白的合成与分泌过程，能结合所学的知识准确答题。

【例题3】图2-30是动植物细胞亚显微结构模式图，请据图分析：

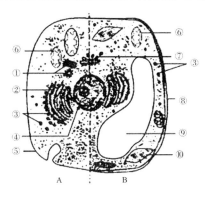

图2-30

1. A图细胞属于 <u>动物</u> 细胞，判断的理由是 <u>无细胞壁、叶绿体和</u><u>液泡等结构</u> 。如果B是植物的根毛细胞，则图中不应有的结构是 [⑩] <u>叶</u><u>绿体</u> 。AB细胞中具有双层膜的结构有 <u>④ ⑥ ⑩</u> （只写编号）。

2. 吞噬细胞能够摄取外来的异物（如细菌等），该过程体现了⑤的 <u>一定的流动性</u> （具体特性）。

3. 若A是昆虫的飞行肌细胞，则该细胞中的细胞器 [⑥] <u>线粒体</u> 较多，因为该细胞的生理活动需要能量多。

4. 若A是人体的肠腺细胞，那么与其合成消化酶直接相关的细胞器 [③] <u>核糖体</u> 含量会多一些，该细胞器的形成与细胞核内的 <u>核仁</u> 有关。

5. A图中不具膜结构的细胞器有 <u>中心体 核糖体</u> 。（只写名称）

6. 细胞代谢的主要场所是 <u>细胞溶胶</u> 。

7. 图A中 [②] <u>内质网</u> 向内与细胞核膜相连，向外与质膜相连，所以细胞内存在着一套复杂的膜系统。

8. 大肠杆菌不同于上述细胞的特点是 <u>无核膜包被的细胞核</u> 。

教师分析：A图：①中心体；②内质网；③核糖体；④细胞核；⑤细胞膜；⑥线粒体；B图：③核糖体；⑥线粒体；⑦高尔基体；⑧细胞壁；⑨液泡；⑩叶绿体。1. 植物和动物细胞最大区别是有无细胞壁，A细胞中没有细胞壁、液泡和叶绿体等结构，推测为动物细胞；若B为根毛细胞，不能进行光合作用，则无⑩叶绿体；细胞核、线粒体和叶绿体是具有双层膜的细胞结构，其中，线粒体和叶绿体是具双层膜结构的细胞器；2. 吞噬细胞摄取异物体现了细胞膜具有一定的流动性；3. 昆虫的飞行肌细胞需要大量能量所以线粒体较多；4. 核糖体是蛋白质的合成车间，核仁与核糖体的形成，即与组成核糖体的rRNA合成有关；5. A为动物细胞，中心体和核糖体是无膜包被的细胞器；6. 细胞代谢的主要场所是细胞溶胶，能量代谢的主要场所是线粒体；7. 内质网向内与细胞核膜相连，向外与细胞膜（质膜）相连；8. 大肠杆菌是原核细胞，动、植物为真核细胞，真核细胞和原核细胞最大的不同点是有无核膜包被的细胞核。

设计意图：本题主要考查动物和植物细胞的结构。题中对填写名称或序号的要求也训练了学生的审题严谨性。在3. 4. 题目举例体现了生物机体结构和功能有着密切联系的生命观念，学生进一步联想到一些人类疾病，如运动神经元病是由于体内线粒体功能缺陷造成的，也增强了社会责任感。

4. 教学反思

本课程以抗体为主角，以教师和学生合作做板画为亮点。教师熟练的绘画技能能够吸引学生的注意力，提起学习的兴趣，在巩固细胞器的结构和功能的同时，也顺带熟识复习了细胞呼吸、光合作用、遗传信息的表达和免疫等重要知识，初步建立起细胞层面及分子层面的概念模型。在整个教学环节中，始终发挥学生的主体地位，教师在其中起到引导作用。强化了学生对知识的归纳和概括能力，同时带领学生学会自主建立完备的知识体系，将不同教材中的内容结合起来。在整个过程中，建立了细胞质模型，形成知识逻辑，发展学生的科学思维能力，强化了生命观念。

第十节　基于生物学核心素养的概念教学在生物课中的实践探讨
——以"遗传信息的表达"的新课教学为例

　　摘　要：遗传信息的表达指基因转录成RNA，再由RNA翻译成蛋白质等一系列过程。本课程以问题作为教学引导，以动画视频作媒体资料，教师指导学生逐步思考、探索，自我构建遗传信息的表达模型。学生在明白转录和翻译过程的概念基础上，深入思考社会对某些遗传病患者的错误看法。本课程帮助学生形成遗传信息传递生命观念，培养学生的科学思维和探究能力，也增强社会责任感。

　　关键词：核心素养；转录；翻译；模型构建

1. 教材分析与设计思路

　　"遗传信息的表达"是浙科版《生物》教材必修二"遗传与进化"第三章"遗传的分子基础"第四节的内容，主要介绍RNA和蛋白质的合成过程。必修一教材中介绍了细胞内的有机化合物——蛋白质和核酸等结构与功能，必修二前半部分已经涉及遗传信息的相关应用，为遗传信息的表达内容作了基础铺垫。

　　本课程设计以"世界血友病日"做前言，指出血友病的病因，教导学生用平等的心态去关爱患者。血友病是遗传病，患者体内的凝血因子合成异常，本课程拟在遗传病的基础上深入了解遗传信息的表达过程，细化到凝血因子等蛋白质的正常合成过程。遗传信息的表达内容较为抽象化，是高中生物教学中的难点，本课程在课堂上留给学生充足的时间，为他们创造机会——设计一个遗传信息的表达过程：从设计DNA序列开始，转录形成对应RNA，再决定氨基酸的排列顺序，形成一条肽链，从中提起学习兴趣，也发展其科学探究能力。

2. 教学目标

　　①生命观念：理解遗传信息表达的物质基础，树立生物体遗传物质与

表现型内外联系的观点。

②科学探究：学会自主设计，模拟遗传信息的表达过程。

③科学思维：通过设计遗传信息的表达过程，体会生物体内各种生化反应的前后关系密切性。

④社会责任：理论联系实际，明白当遗传物质表达异常时，会影响到生物体的外在表现，养成平等待人的心态。

3. 教学过程

（1）创设情景，激发认知——新课引入

创设情景：每年的4月17日是"世界血友病日"，意义在于唤起大众对于血友病的正确认知。血友病（甲、乙型）是一类伴X染色体隐性遗传病，患者血液中缺少凝血因子，导致血液不易凝固而易死亡。

引出问题链：①伴性遗传病主要分为哪几类？②凝血因子的化学本质是什么？③血友病致病基因与凝血因子（蛋白质）之间存在什么关系？学生相互交流讨论，提出"基因起到控制作用"或"DNA指导蛋白质的合成"等猜测。教师展示视频"沃森的回忆（遗传信息指导蛋白质合成的相关猜测）"，指导学生做总结归纳。学生观看视频，初步总结：在某个机制的作用下，遗传信息从DNA转移到RNA，然后再由RNA指导蛋白质的合成。教师总结：沃森观点在研究验证后，即现在的"遗传信息的表达"过程——DNA通过一系列复杂的酶促合成过程，将遗传信息反映到蛋白质分子结构上，分为转录和翻译两个阶段。

设计意图：以浙科版《生物》教材必修二的遗传病血友病例作为导入，帮助学生明白凝血因子等各种蛋白质在生物体维持正常生命活动中的重要性，引导学生关爱社会上的血友病患者，增加其社会责任感。血友病是伴X染色体隐性遗传病，又间接体现了基因与表现型之间有某种关系，为遗传信息的表达，从DNA到蛋白质的内部关系设下一个问号。

（2）问题引导，培养思维——遗传信息的表达

①转录

教师展示视频："遗传信息由DNA转移到RNA上的过程"（见图2-31）。

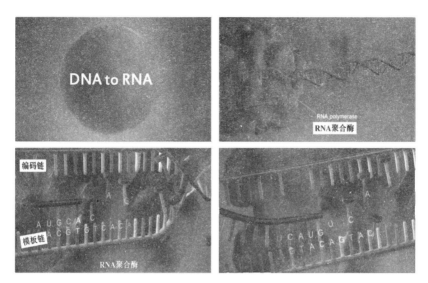

图2-31 遗传信息由DNA转移到RNA

　　教师设计问题串：a. 转录的概念意思是什么？b. 转录过程的第一步、第二步等各是什么？c. 在转录过程中，酶的参与？d. 转录的模板是什么？e. 转录原料有哪些？f. 转录的产物是什么？针对问题，教师提示学生阅读教材，结合视频内容做思考。通过学生回答问题，发现存在的知识缺陷，教师查漏补缺，强调关于转录过程中的重点：转录指遗传信息由DNA传递到RNA上的一系列过程，依次步骤为解旋、配对、连接和释放；RNA聚合酶参与到DNA解旋过程，断裂氢键；DNA双链一条名为模板链，即转录的模板，另一条称编码链；按照碱基互补配对原则（A→U，T→A，C→G，G→C），独立的核糖核苷酸与模板链配对，再形成磷酸二酯键连接成链状RNA。

　　教师追问：a. 转录的发生场所？b. 转录过程中是否需要能量？学生相互讨论，互相交流意见。教师提示叶绿体和线粒体中含有DNA等物质。学生思考、交流讨论。教师做总结：在生物的细胞核中、拟核区中，还有叶绿体和线粒体中均可以发生转录，遗传信息从DNA传递到RNA，整个过程需要能量。教师展示资料，拓展对转录的认识：RNA主要有信使RNA（mRNA）、核糖体RNA（rRNA）和转移RNA（tRNA）等类型，是以DNA的一条链为模板，以碱基互补配对原则，转录而形成的，主要功能是实现遗传信息在蛋白质上的表达，是遗传信息向表型转化过程中的桥梁（见图2-32）。

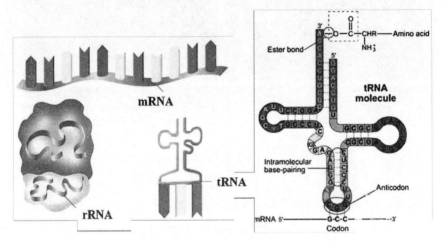

图2-32　各种RNA分子

　　教师继续提出问题链：a. 转录方向的判断/RNA聚合酶的移动方向如何判断？b. 转录形成的mRNA与原DNA长度上哪个更长？教师带领学生构建一个动态转录模型，指导学生观察转录区域以及方向的判断。教师鼓励学生自主设计DNA序列，再以此为模板转录相应mRNA。学生结合导学案，动手实践，巩固转录知识体系（见图2-33）。

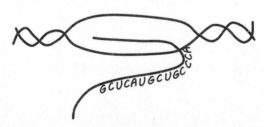

图2-33　模拟DNA转录

　　设计意图：通过播放视频的方式，让学生体会到转录的动态感，更加形象地了解分子层面上的生物运作。教师设计问题串，环环相扣，引导学生一步步摸索到转录过程中的奇妙之处。教师设计导学案，学生能够自主设计DNA序列，转录得到的mRNA序列各不相同，体会到转录的特异性。教师做适当启发，学生判断RNA聚合酶的移动方向和RNA的合成方向。教师以问题作为引导，培养学生的科学思维，提升科学探索精神，增强学习兴趣。

②翻译

RNA在细胞核内经加工成为成熟的mRNA，通过核孔复合体来到细胞质。教师展示视频："翻译"（见图2-34）。设计问题链：a. 翻译的名词概念是什么？b. 翻译的发生场所在哪里？c. 在翻译过程中出现了几种RNA，它们各有什么作用？d. 翻译的模板是哪种物质？e. 翻译的产物是什么？

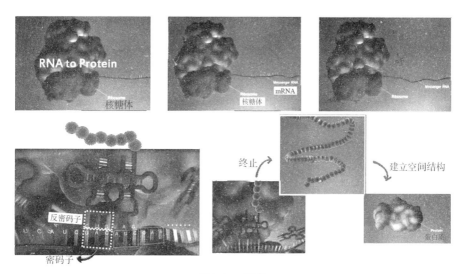

图2-34　翻译

学生观看视频，阅读教材的相关内容。教师总结：以mRNA为模板，合成具有一定氨基酸顺序的蛋白质的过程称为翻译；核糖体由rRNA和蛋白质组成，是合成蛋白质的场所，氨基酸发生脱水缩合形成蛋白质（肽），因此，翻译发生在核糖体上；在翻译过程中，以信使RNA（mRNA）为模板，转运RNA（tRNA）作为"搬运工"携带氨基酸，相互协调运作，共同参与到翻译过程中。

教师追问：mRNA是如何决定蛋白质种类（氨基酸排列顺序）的？学生思考，相互讨论做推理：1 个碱基决定1种氨基酸？2个碱基决定1种氨基酸？3个碱基决定1种氨基酸？教师做少许提示，引导学生发现遗传密码（见表2-10）。

　　学生在导学案中模拟翻译的过程（见图2-35），得出自己设计的DNA表达出的蛋白质差异（氨基酸排列顺序），教师使用"希沃授课助手"软件将部分学生的导学案公开展示。教师提问：第一个氨基酸是甲硫氨酸还是丙氨酸？学生观察、对比不同的翻译产物，交流讨论各自想法。教师总结：翻译都是从起始密码子开始的，GUG（缬氨酸）或AUG（甲硫氨酸）。

图2-35　模拟翻译

表2-10　遗传密码

第一字母 （碱基符号）	第二字母（碱基符号）				第三字母 （碱基符号）
	U	C	A	G	
U	苯丙氨酸	丝氨酸	酪氨酸	半胱氨酸	U
	苯丙氨酸	丝氨酸	酪氨酸	半胱氨酸	C
	亮氨酸	丝氨酸	终止	终止	A
	亮氨酸	丝氨酸	终止	色氨酸	G
C	亮氨酸	脯氨酸	组氨酸	精氨酸	U
	亮氨酸	脯氨酸	组氨酸	精氨酸	C
	亮氨酸	脯氨酸	谷氨酰胺	精氨酸	A
	亮氨酸	脯氨酸	谷氨酰胺	精氨酸	G
A	异亮氨酸	苏氨酸	天冬酰胺	丝氨酸	U
	异亮氨酸	苏氨酸	天冬酰胺	丝氨酸	C
	异亮氨酸	苏氨酸	赖氨酸	精氨酸	A
	甲硫氨酸(起始)	苏氨酸	赖氨酸	精氨酸	G
G	缬氨酸	丙氨酸	天冬氨酸	甘氨酸	U
	缬氨酸	丙氨酸	天冬氨酸	甘氨酸	C
	缬氨酸	丙氨酸	谷氨酸	甘氨酸	A
	缬氨酸(起始)	丙氨酸	谷氨酸	甘氨酸	G

设计意图：学生参照遗传密码，对自己设计的DNA序列依次模拟转录、翻译过程，得到相应的氨基酸排列顺序。教师设计的前半部分序列是固定的，学生易犯从GCU直接开始翻译的错误。教师强调翻译是从起始密码子GUG或AUG开始的，在终止密码子结束，及时更正易错点。学生自主设计了遗传信息表达的全过程，构建模型，切身领会到翻译的起始和终止关键点。

（3）回归情境，梳理思路——中心法则

血友病（甲、乙型）是一种伴X染色体隐性遗传病，患者的血液中缺少凝血因子这一蛋白质，导致血液不易凝固而易死亡。归根究底，部分遗传病是由异常的基因（DNA序列）导致的，异常的基因影响了转录和翻译等一系列过程，从而在生物体表现发生异常现象。

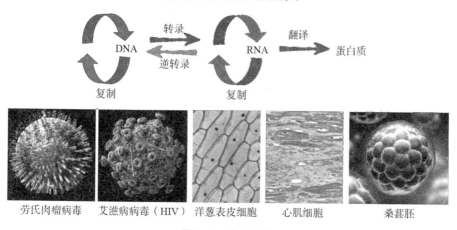

图2-36 中心法则

教师提问：归纳遗传信息的传递方向。学生思考，小组讨论。教师总结：中心法则最初由佛朗西斯·克里克于1958年提出，用以揭示生命遗传信息的流动方向或传递规律。随着生物遗传规律的进一步探索，中心法则也逐步得到完善和证实。教师展示中心法则的图示，详细做介绍并举例（见图2-36）。教师知道学生对遗传信息的复制、转录和翻译等过程做整理（见表2-11）。

表2-11　复制、转录和翻译

	复　制	转　录	翻　译
场所	细胞核、拟核、线粒体和叶绿体等	细胞核、拟核、线粒体、叶绿体等	核糖体
模板	DNA双链	DNA模板链	mRNA
原料	4种脱氧核苷酸	4种核糖核苷酸	20种氨基酸
酶	DNA解旋酶、DNA聚合酶	RNA聚合酶	多种酶
产物	DNA	RNA	蛋白质
合成方向	5′→3′	5′→3′	
原则	碱基互补配对原则	碱基互补配对原则	遗传密码

设计意图：回归血友病情境，呼吁关爱社会，增加社会责任感，同时在课程设计上首尾呼应。教师引导学生一步步探索整理遗传信息的传递方向，展示中心法则的发现史，向学生传输科学真理来之不易，要有坚韧不摧的意志力等思维理念。

（4）巩固拓展，真题链接

【例题1】图2-37表示细胞内遗传信息表达的过程，根据所学的生物学知识回答：

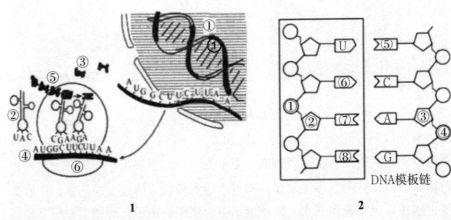

DNA模板链

1　　　　　　　　　　　　2

图2-37

1. 图2中方框内所示结构是　RNA　的一部分，它主要在　细胞核　中合成，其基本组成单位是　核糖核苷酸　。

2. 图1中以④为模板合成⑤物质的过程称为　翻译　，进行的场所是〔⑥〕<u>核糖体</u>，细胞内酶的合成<u>不一定</u>（填"一定"或"不一定"）需要经过该过程。

3. 若该多肽合成到图1中UCU决定的氨基酸后就终止合成，则导致合成结束的终止密码是<u>UAA</u>。

4. 从化学成分角度分析，与图1中⑥结构的化学组成最相似的是（<u>D</u>）

A. 乳酸杆菌　　　B. T₂噬菌体　　　C. 染色体　　　D. 流感病毒

5. 假若转录形成mRNA的基因中有一个碱基对发生了替换，导致该基因编码的肽链中氨基酸数目减少，其原因可能是基因中碱基对的替换导致<u>终止密码子提前出现，翻译提前终止</u>。

教师分析：图1中①DNA；②tRNA；③氨基酸；④mRNA；⑤肽；⑥核糖体。图2中：①磷酸基团；②核糖；③脱氧核糖；④磷酸基团；⑤含氮碱基A（腺嘌呤）；⑥含氮碱基G（鸟嘌呤）；⑦含氮碱基U（尿嘧啶）；⑧含氮碱基C（胞嘧啶）。

1. 观察发现图2方框内含有碱基U（尿嘧啶），是RNA特有的碱基，则方框内的结构表示RNA的一部分；转录可以在细胞核、拟核、叶绿体和线粒体等场所发生，根据图示可以判断该转录发生在细胞核中，形成RNA，基本组成单位是核糖核苷酸。

2. 图1中以④mRNA为模板合成⑤蛋白质的过程称为翻译，场所是⑥核糖体；由于酶的化学本质大部分是蛋白质，少数是RNA，故细胞内酶的合成不一定需要经过翻译过程；

3. 密码子是指mRNA上决定氨基酸的三个相邻的碱基，但终止密码不决定任何氨基酸，它终止蛋白质的合成，"图1中的翻译在UCU后就终止"，说明UCU后一个密码子是终止密码子，即得出UAA为终止密码子；

4. 核糖体主要是由蛋白质和RNA组成，乳酸杆菌包括水、无机盐、蛋白质、糖类、脂质和核酸等，染色体和噬菌体由DNA和蛋白质组成，流感病毒由RNA和蛋白质组成，因此，流感病毒与核糖体化学组成最相似。故选D；

5. 假若转录形成mRNA的基因中有一个碱基对发生了替换，导致该基因编码的肽链中氨基酸数目减少，其原因可能是基因中碱基对的替换导致终止密码子提前出现，翻译提前终止。

设计意图：本题考查DNA和RNA在结构上的区别及遗传信息的转录和翻译，意在考查考生理解所学知识的要点，把握知识间的内在联系的能力；能运用所学知识与观点，通过比较、分析与综合等方法对某些生物学问题进行解释、推理，做出合理的判断或得出正确的结论。

【例题2】图2-38表示某细胞中遗传信息传递的部分过程。请据图回答：

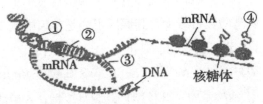

图2-38

1. 图中涉及的遗传信息传递方向为：___DNA→RNA→蛋白质___（以流程图的形式表示），图示过程可发生在___原核___生物的细胞中。

2. mRNA是以图中的③为模板，在___RNA聚合酶___的催化作用下，以4种游离的___核糖核苷酸___为原料，依次连接形成的。

3. 能特异性识别mRNA上密码子的分子是___tRNA___，它所携带的小分子有机物可通过___脱水缩合___反应用于合成图中___④肽___。

4. 由于化学物质甲磺酸乙酯的作用，该生物体表现出新的性状，原因是：基因中一个G—C对被A—T对替换，导致由此转录形成的mRNA上__1__个密码子发生改变，经翻译形成的④中___氨基酸种类、数目、排列顺序___可能发生改变。

教师分析：①RNA聚合酶；②DNA-RNA杂交区域；③DNA模板链；④肽。

1. 分析图像可知：细胞转录和翻译过程同时进行，所以是原核生物，遗传信息的传递方向是DNA→RNA→蛋白质；2. 转录需要RNA聚合酶，原料是4种核糖核苷酸；3. 能够识别mRNA的分子是tRNA，tRNA能转运氨基酸，通过脱水缩合形成多肽链，为图中的④；4. 由于基因中有一个碱基对发生替换，能导致1个密码子改变，翻译时可能会导致多肽链中氨基酸的种类、数目和排列顺序发生改变。

设计意图：本题考查遗传信息传递及基因突变的相关知识点，考查学生的识记及理解能力。

4. 教学反思

本课程以提问式教学展开，设计步骤环环相扣、逐层深入。遗传信息的表达是DNA的转录和翻译总过程，由于转录、翻译过程发生在分子层面上，对学生而言，该过程较为抽象，理解难度大。为帮助学生更易掌握，本课程以学生为主体，给予学生自主设计"遗传信息的表达"过程的机会，培养学生的科学思维，开发学生的科学探究能力，也让学生切身经历了遗传信息的表达等一系列过程，在这些情景中真正体会学习的无穷魅力，也不知不觉中建构起生物学模型，有助于深入理解其中的奥秘。通过本课程的学习，明白了遗传信息表达异常会造成生物体的外在表现出现改变，如血友病、镰刀型细胞贫血症等，使学生养成平等待人的心态，增加社会责任感。

第三章　科学思维

　　"科学思维"是指尊重事实和证据，崇尚严谨和务实的求知态度，运用科学的思维方法认识事物、解决实际问题的思维习惯和能力。学生应该在学习过程中逐步发展理性思维，如能够基于生物学事实和证据运用归纳与概括、演绎与推理、模型与建模和批判性思维等方法，探讨、阐释生命现象及规律，审视或论证生物学社会议题。

第一节 基于演绎与推理的"自由组合定律"的教学设计

摘 要： 本文以"自由组合定律"为例，阐述了应用演绎与推理思维进行课堂教学的过程。通过"现象→推理→假说"，对双因子杂交实验结果深度剖析；通过"假说→演绎→验证"，对自由组合定律实质严谨思辨，从而发展学生的科学思维。

关键词： 自由组合定律；假说；演绎

演绎与推理是科学思维的一种，即从一般性的前提出发，通过演绎，得出具体陈述或结论的过程。高中学习阶段，假说演绎是演绎与推理的主要形式，可以在研究遗传本质、解释遗传现象等方面发挥重要作用。假说演绎法是科学研究的一般方法，通常在观察现象的基础上，根据已有经验对现象进行深入分析，从而"推理"出解释现象的假说；并基于假说，对某预设过程进行说明和预测结果，即"演绎"。最终由实验结果来判断假说是否成立。演绎与推理思维能使学生的认识加深、思维逐步聚焦。具体操作流程是在观察和分析实验结果的基础上，通过推理提出解释现象的假说；然后根据假说进行演绎，提出预期结果；最后，对比实验结果与预期结果是否一致，验证假说是否成立。基于演绎与推理进行教学设计，即尊崇原有的科学事实，沿着科学家的研究之路感受科学研究的思维和严谨。

1. 教材分析和设计思路

"自由组合定律"是浙科版高中生物学必修2第1章第2节的内容，包括模拟孟德尔杂交实验、两对相对性状的杂交实验、对自由组合定律的解释、对自由组合现象解释的验证等主要内容。本节内容与分离定律以及减数分裂等内容共同阐述了"有性生殖中基因的分离与重组导致双亲后代的基因组合有多种可能"这一重要概念，自由组合定律是在分离定律被揭示的基础上研究得到的，也为接下来的遗传的染色体学说奠定了基础，是《遗传与变异》模块的教学重点。尽管经过分离定律的学习，学生已经对假说演绎法以及概率计算有了初步了解，但是由一对相对性状过渡到两对相对性状需要较强的分析推理能力，尤其在解释自由组合现象时，陌生的术语以及复杂的基因型和表现型都阻碍了学生的思维发展，如果在观察到9∶3∶3∶1的现象后，按照教材顺序，直接呈现孟德尔的假说，将不利于对孟德尔假说核心的理解，也会阻碍学生应用假说解释现象以及后面的演绎过程的开展。其实，教材中有从概率的角度分析单因子分离比与双因子分离比之间的关系的内容，只是这部分内容放在对自由组合现象的解释之后，目的是从理论计算方面说明孟德尔的假说是符合逻辑的，笔者认为完全按照教材顺序会干扰学生形成科学的研究方法，因为假说最终能否成立并不是看是否符合逻辑，而是需要实验验证的。

因此，笔者在设计本节教学时，对教材内容进行了一定处理，尝试将从概率的角度分析单因子分离比与双因子分离比之间的关系这部分内容置于对自由组合现象的解释之前，利用该内容进行充分的"推理"，以此提出假说。即在观察双因子杂交实验的现象之后，先计算每对相对性状的分离比，根据（3∶1）肯定了分离定律仍然存在，即形成配子时，等位基因分离；再通过分析单因子杂交实验分离比（3∶1）与双因子杂交实验分离比（9∶3∶3∶1）之间的联系，发现不同性状之间是自由组合的，由于受到分离定律实质的正向迁移作用，从而推测根本原因是非等位基因的自由组合，以此再现孟德尔的思维过程，从而引出孟德尔的假说核心：形成配子时，等位基因分离，非等位基因自由组合。接下来引导学生应用假说解释孟德尔双因子杂交实验的实验现象，在该环节中设计角色扮演活动，模拟F_1产生配子的过程，加强学生对自由组合定律实质的认知水平，为后续的演绎搭建支架。最后，通过学生活动：利用教师提供的标有基因的磁力片构建测交实验遗传图解，对假说进行"演绎"，并利用测交实验结果对演绎和推理进行检验，从而得出正确的结论。学生是学习的主体，教师是课堂的设计者和组织者，通过设计环环相扣的学习活动引导学生通过"推理"分析，充分感受孟德尔的分析推理过程，锻炼对问题的深度剖析能力；通过不同的角度对"等位基因的分离与非等位基因的自由组合"进行"演绎"，深化对自由组合定律实质的理解，逐步发展科学思维。

2. 教学目标

基于课程标准的内容要求、学业要求和学业质量标准，并围绕培养学生核心素养的要求，制订了如下教学目标。

①通过观察孟德尔的双因子杂交实验，概述实验中的研究对象及实验结果。

②通过对双因子杂交实验结果的推理分析，再现孟德尔的思维过程，阐述孟德尔关于双因子杂交实验的假说，发展科学思维。

③依据假说内容应用遗传图解解释自由组合现象，并通过角色扮演活动演绎自由组合定律的实质，深化所学内容。

④通过"活动：构建测交实验遗传图解"，对假说进行演绎，并根据实验结果对推理和演绎进行验证，进一步认识演绎与推理方法在科学研究中的深刻性和严谨性，提升学科核心素养。

3. 教学过程

（1）现象→推理→假说，对问题深度剖析

学生在观察到9∶3∶3∶1的现象之后，往往不知从何处着手对现象进行分析。因此，教师设计一系列的问题，引导学生从已知的分离定律入手，通过推理发现两者之间的联系，进而模仿孟德尔提出假说，实现对问题的深度剖析，锻炼学生分析问题的能力。

①观察实验现象，提出问题

教师呈现黄色圆粒豌豆与绿色皱粒豌豆，引导学生观察相对性状，引出主题（见图3-1）：这两对相对性状是如何遗传的呢？继而出示孟德尔的双因子杂交实验。学生观察孟德尔的双因子杂交实验，教师提出以下问题引导学生思考：a. 该实验研究了哪两对相对性状？b. 这两对相对性状中显性性状分别是什么？c. F_1自交，F_2出现几种性状？性状分离比是多少？

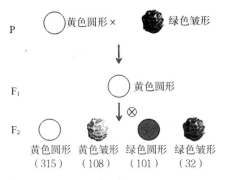

图3-1

通过教师的引导，学生明确双因子杂交实验研究的是种子的颜色和形状这两对相对性状。通过将两对性状分开来研究发现显性性状分别是黄色和圆形，初步形成分析两对相对性状的杂交实验时，可以将两对性状分开研究的思路。F_2出现了四种表现型，性状分离比是9∶3∶3∶1。

②分析实验结果，提出假说

孟德尔在解释自由组合定律时提出的假说是基于对实验结果的分析，引导学生像孟德尔一样分析实验结果，经历孟德尔的思维过程，更有利于学生理解假说的核心内容。

教师提出疑问：如果你是孟德尔，观察到9∶3∶3∶1的实验结果，你有什么想法？此时鼓励学生各抒己见，激发学生的思维，并趁着学生兴趣高涨之际，教师模仿孟德尔表达想法：我现在最想知道的是我之前辛辛苦苦研究出来的分离定律还存在吗？以此提问引起学生的共鸣，继而引导学生通过以下思维和步骤分析实验结果并提出假说核心（见图3-2）。

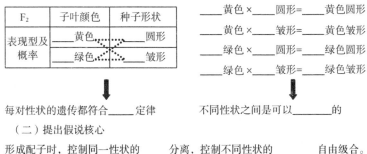

图3-2

教师通过设计学案，引导学生将两对相对性状分开来逐对研究，先单独计算每对相对性状的分离比，发现子叶颜色这对相对性状中，F_2有黄色和绿色两种表现型，分离比是3∶1；种子形状这对相对性状中，F_2有圆形和皱形两种表现型，分离比是3∶1，从而明确每对性状的遗传仍然符合分离定律，即形成配子时，控制同一性状的等位基因分离。然后，引导学生根据学案提示，从分离比（3∶1）×（3∶1）=（9∶3∶3∶1），发现黄色、绿色和圆形、皱形之间自由组合即得黄色圆形、黄色皱形、绿色圆形和绿色皱形，说明不同性状之间是自由组合的。此时，教师点拨：控制同一性状的基因为等位基因，那么控制不同性状的基因就称为非等位基因。此时，再现分离定律的实质：形成配子时，控制同一性状的等位基因分离。进而引导学生大胆作出假设：非等位基因自由组合导致了不同性状之间的自由组合。接下来，教师呈现孟德尔的假说内容，让学生的思维与遗传学之父产生共鸣，激发学生继续探究的浓厚兴趣。

③应用假说内容，解释现象

教师引导学生依据孟德尔的假说，逐步解释实验现象。解释F_2分离比的关键在于F_1产生配子类型及比例，而探究F_1产生的配子类型及比例即对孟德尔假说的具体应用。因此，设计一些问题引导学生厘清基因之间的关系，并通过角色扮演活动帮助学生深化自由组合的实质。

第一步：阅读课本第16页第二段文字，完善从P到F_1的遗传图解（见图3-3），从本质上解释F_1的表现型为黄色圆形。

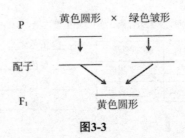

P　　　黄色圆形　×　绿色皱形

配子

F_1　　　　　黄色圆形

图3-3

教师引导学生通过该步骤明确两对等位基因的书写规范，即先书写一对等位基因，再书写另外一对，为接下来的学习活动搭建支架。

第二步：阅读课本第16页第三段文字，小组讨论，探究F_1（YyRr）产

生的配子类型及比例。在该活动中，教师设计学案，明确学生的讨论方向
（见图3-4）。

F₁形成配子时，必须分离的基因是____与____，____与____；

可以自由组合的基因是____与____，____与____，____与____，____与____。

因此，F₁可形成的配子类型是_____，比例是_____。

图3-4

角色扮演活动：为了加深学生对自由组合实质的理解，巩固新知，也
为后续的演绎搭建支架，设计了角色扮演活动，即邀请四位学生分别扮演
Y、y、R和r基因，模拟等位基因的分离以及非等位基因之间的自由组合。
并在该环节设计评价任务：根据孟德尔对两对相对性状的假设，YyRR产生
几种类型的配子，YyRrCc产生几种类型的配子？

第三步：填写棋盘，将基因型与表现型进行归纳，从本质上解释F₂的
分离比为9：3：3：1（见图3-5）。

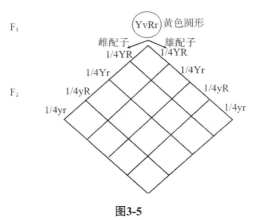

图3-5

教师设计学案，提供给学生棋盘，引导学生在棋盘中书写基因型和表
现型，并根据学案上的提示通过小组合作进行归纳。

____黄色圆形：____ _____+____ _____+____ _____

__+____ _____

____黄色皱形：____ _____+____ _____

____绿色圆形：____ _____+____ _____

____绿色皱形：____ _____

　　课堂教学过程中，为了让学生的学习任务更加明确且更有条理，充分体现学生的学习主体性，教师设计了学案，通过学案引导学生在探究的过程中环环相扣、步步为营，使探究的过程更加清晰，使探究活动更加具有操作性，在无形中渗透科学思维。

　　当学生完成了相应的学习任务之后，教师设计评价任务：现有高秆抗病和矮秆不抗病的纯合水稻杂交，产生的F_1全部表现为高秆抗病，F_1自交得到F_2，问：F_2中，矮秆抗病水稻占多少？其中能稳定遗传的矮秆抗病水稻占F_2的多少？考查学生对知识的迁移能力和应用能力。

　　（2）假说→演绎→验证，对实质严谨思辨

　　假说终归是假说，还需要实验验证。为什么测交实验能验证假说是否成立？需要学生对其进行有理有据的阐述，而这一过程就是"演绎"。学生对假说演绎得是否充分，不仅可以反映对假说的理解程度，还会影响验证方法的科学性。因此，该环节教师设计了学生活动，让学生利用标有基因的磁力片构建测交实验遗传图解，不仅丰富了学生参与学习活动的方式，也是对假说进行演绎的一部分。

　　①借助模型构建测交实验遗传图解，对假说进行演绎

　　通过分离定律的学习，学生对设计测交实验验证假说已经有了一定基础，但是对测交实验的巧妙之处及其意义的深度理解还需要借助"演绎"手段。即以假说为前提，通过小组合作，利用标有基因的磁力片构建YyRr与yyrr的测交实验遗传图解，并由学生代表进行展示解说，阐明以下要点：a. 如果孟德尔的假说成立，则YyRr形成配子时，等位基因分离，非等位基因自由组合，将形成YR、Yr、yR和yr四种类型的配子，且比例为1：1：1：1，双隐性亲本yyrr只产生一种配子yr。b. 雌雄配子随机结合，子代的基因型为四种，YyRr：Yyrr：yyRr：yyrr = 1：1：1：1，子代的表现型为四种，黄色圆形：黄色皱形：绿色圆形：绿色皱形 = 1：1：1：1。c. 如果测交实验结果中，子代出现四种表现型，黄色圆形：黄色皱形：绿色圆形：绿色皱形 = 1：1：1：1，则假说成立，反之，则假说不成立。

　　该"演绎"环节不仅要求学生对假说内容的深刻理解，还要求学生具有一定的语言表达能力，让学生言之有理、言之有据，充分表达自己的思

维过程，通过演绎发展科学思维。

②利用测交实验结果评判推理演绎，对假说进行验证

前面进行的一切学习活动都是基于假说进行的，到底假说是否成立呢？则要看测交实验的实际结果与预期结果是否一致。教师呈现课本表格1-3，学生对比实际结果与预期结果，从而肯定孟德尔的假说是成立的，即F_1形成配子时，等位基因分离的同时，非等位基因自由组合。

该环节主要引导学生形成严谨的科学研究意识，任何没有经过验证的假说都只能是假说，即使能完美地解释实验现象，也不能就因此被认定为科学，科学必定是经过实践检验过的。

4. 教学反思

《自由组合定律》是一节体现科学思维的内容，在学习前人研究成果的时候，让学生感同身受，身临其境地开展学习，是发展学生科学思维的重要保障。充分发挥学生的主体性，引导学生进行推理和演绎，不仅是学习本身，也是教师评价学习的方式。在本节教学设计中，以假说演绎法的操作环节为主线，让学生对现象→推理→假说→演绎→验证的研究流程有了整体认识，帮助学生初步形成了科学研究的方法论。此外，在推理、解释和演绎等环节设计了符合学生学情，有助于学生理解假说，发展科学思维的学习活动，循循善诱、层层深入，让学生在活动中逐步发展推理与演绎的能力。笔者还精心设计了学案，帮助学生化繁为简、明确学习目标，使学习活动环环相扣，帮助学生理清思路，逐步形成概念，发展科学思维。

第二节 基于科学思维的"细胞呼吸"第一课时教学设计

摘 要：本文以"细胞呼吸"的教学为例，就细胞呼吸的场所、条件、物质变化和能量变化展开基于科学思维的概念教学，以酵母菌为情境载体，通过提出问题、任务驱动、小组合作活动、评价学习过程和知识迁移应用等环节引导学生深度学习，深刻领悟细胞呼吸的复杂机制，提高解释或解决日常生活或生产实践上的问题的能力，发展学生核心素养。

关键词：科学思维；细胞呼吸；酵母菌

1. 教材分析与设计思路

"细胞呼吸"是浙科版高中生物学必修1《分子与细胞》第三章第四节内容，是细胞内物质转化和能量转化的枢纽，是细胞代谢的核心，也是学习其他生命活动及生命规律的基础。需氧呼吸涉及的化学反应多且复杂，大多数教师在教授时会借助多媒体采用指导读书法，让学生整理教材图解、写出分阶段反应式和总反应式，然后师生共同总结细胞呼吸概念。这在一定程度上调动了学生的主动性，有利于记住细胞呼吸本质。但由于学生缺乏对细胞呼吸复杂过程的主动探究与理性思考，只是被动接受细胞呼吸的本质变化，无法真正理解细胞呼吸内在的复杂性与联系，导致"死记硬背"反应式，无法灵活应用于解决实际问题，不利于学生核心素养的发展。

因此，笔者尝试基于科学思维的细胞呼吸概念教学。具体如下：以学生熟悉的酵母菌发面和酿酒为情境引入学习，通过分析"探究酵母菌细胞呼吸方式实验"，分别从能量变化和物质变化的角度了解细胞呼吸的本质：分解有机物，释放能量，尝试写出初步的反应式；再次提供一系列有关酵母菌的相关实验和科学史资料，引导学生从中得出观点，逐步完善需氧呼吸过程；学生通过绘制线粒体模型并在模型中构建需氧呼吸过程图来评价自己的学习，最后教师提出"如何延长种子和瓜果蔬菜的保存和保鲜"的新情境，使学生对所学知识进行迁移与应用。学生在参与细胞呼吸的场所、物质变化和能量变化的探索过程，激发了深层的思考，深刻领悟需氧呼吸的复杂机制，提高解释或解决日常生活或生产实践上的问题的能力，发展了学生的核心素养。

2. 教学目标

①通过"探究酵母菌细胞呼吸方式"的实验分析，说出细胞呼吸类型及物质和能量变化，能初步写出细胞呼吸反应式，认同物质与能量观。

②通过阅读资料和教材分析，能够基于证据归纳与概括需氧呼吸的反应场所和物质变化，绘出线粒体结构模型并在结构模型中初步构建需氧呼吸过程模型，认同结构决定功能。

③通过"进一步探究酵母菌需氧呼吸场所"的实验设计、分析和总结培养提问、方案设计和对结果的交流与讨论能力。

④运用细胞呼吸原理，提出延长果蔬保鲜和种子的储存方法，尝试给出合理化建议并能说明理由。

3. 教学过程

（1）情境导入，确定学习主题

教师图片展示面粉发酵制作面包和葡萄酿制葡萄酒，提出问题：发面与酿酒用到了哪种微生物，利用了该种微生物的什么生理过程？学生回顾旧知：利用酵母菌的呼吸作用可以酿酒和发面。教师揭示本节课的学习主题：细胞呼吸。

设计意图：选取的是学生日常生活中常见的食物，能让学生感受到细胞呼吸原来就在身边，从而激发他们浓厚的兴趣，让他们初步了解酵母菌的呼吸作用，并为这节课的学习确定探讨的方向。

（2）任务驱动，探讨需氧呼吸过程

教师以酵母菌为载体创设问题情境，提出任务，组织小组讨论，合作探究，探讨细胞呼吸的类型、本质和需氧呼吸的过程。

①细胞呼吸类型、本质探讨

提供"探究酵母菌细胞呼吸方式"的两套实验方案作为学生合作探究的情境。

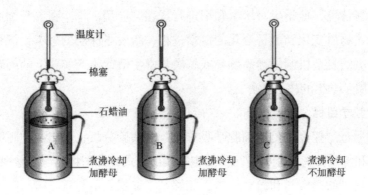

图3-6

实验一（从细胞呼吸能量变化的角度）

a. 取3只保温瓶，编号A B C，分别注入煮沸后冷却的质量浓度为0.1 g/mL葡萄糖液1 L。

b. 向A、B瓶中加入等量的酵母培养液，C瓶中不加入，向A瓶中注入液体石蜡。

c. 3个瓶中放入温度计，并用棉团轻轻塞上瓶口，插入温度计并保证保温瓶通气。

d. 24 h后观察并记录3个保温瓶温度数据。（见图3-6）

实验二（从细胞呼吸物质变化的角度）

a. 制备酵母液：在50 mL 5%葡萄糖溶液中加入10 g酵母干粉，搅拌均匀。

b. 将上述酵母培养液各10 mL分别注入甲、乙两个大试管中，并在甲试管中加少量液状石蜡，使浮于培养液表面，形成油膜，试管加塞。

c. 在1～4号试管中分别加入0.5%BTB溶液8 mL。

d. 参照图3-7搭建实验装置。

e. 甲、乙试管加塞后，于50 ℃水浴保温，并不时以洗耳球通过直导管缓缓向乙试管溶液内吹入空气。待培养液内有小泡逸出时，观察1和3号试管内溶液的颜色变化，分别记录两试管内溶液自通气开始至变色的时间（注：BTB试剂在不同pH的溶液中呈现不同的颜色：当pH<7时为黄色，pH > 7时为蓝色）。

f. 拔除甲试管口的塞子，闻一闻有什么气味？

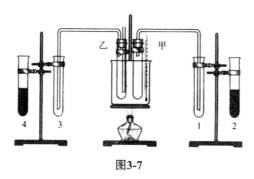

图3-7

教师提出问题。

问题1：实验一中A瓶中注入液体石蜡和实验二中以洗耳球通过直导管缓缓向乙试管溶液内吹入空气，为酵母菌细胞呼吸创设什么条件？实验结果如何检测？（读懂实验装置及操作）

问题2：酵母菌的细胞呼吸类型？（细胞呼吸有两种类型：需氧呼吸和厌氧呼吸）

问题3：根据实验一中温度计红色液柱的变化，推测酵母菌细胞呼吸的能量变化？（细胞呼吸释放能量，其中一部分转化为热能）

问题4：根据1、3试管的颜色变化和A保温瓶和甲试管能闻到酒味，推测酵母菌细胞呼吸的产物有哪些？（酵母菌需氧呼吸的产物有CO_2，厌氧呼吸的产物有CO_2和酒精）

通过以上问题讨论与分析，学生可形成"细胞呼吸的实质是分解有机物释放能量"的生物学概念。教师引导学生根据实验分析和旧知尝试写出酵母菌细胞呼吸的反应式：

$$C_6H_{12}O_6 + O_2 \rightarrow CO_2 + H_2O + 能量$$
$$C_6H_{12}O_6 \rightarrow CO_2 + C_2H_5OH + 能量$$

设计意图：以"探究酵母菌的呼吸方式"的相关实验作为问题情境，设置问题串分别从物质变化和能量变化的角度讨论、分析与解读细胞呼吸的实质，使学生更加直观地感悟细胞呼吸实质，增加了学生学习过程的体验性，避免死记硬背。

②需氧呼吸场所、过程探讨，完善反应式

学生根据物质和能量变化，初步写出需氧呼吸的反应式后，教师分析该反应式（见图3-8）。

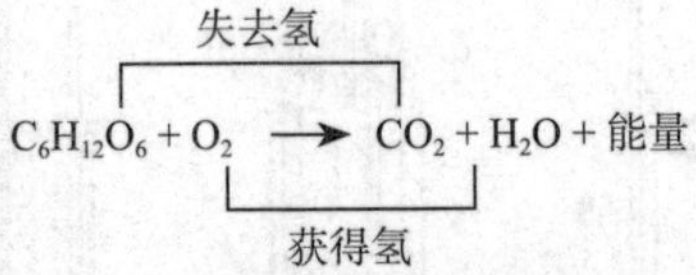

$$C_6H_{12}O_6 + O_2 \longrightarrow CO_2 + H_2O + 能量$$

图3-8

氢原子的得失就是氧化还原作用，在糖的氧化反应中，葡萄糖分子中发生了化学键的变化，化学键所贮存的能量通过氧化还原作用释放出来。那么葡萄糖如何失去氢生成CO_2，O_2如何获得氢生成H_2O呢？需氧呼吸发生的场所和过程又是怎样的呢？

问题5：酵母菌需氧呼吸的场所在细胞的什么结构？

引导学生思考将酵母菌细胞破碎离心处理成不同组分，各加入葡萄糖和氧气，分别观察实验结果以探明需氧呼吸场所（见表3-1）（资料一）。

表3-1

试管	甲	乙	丙
细胞不同结构	细胞溶胶（上清液）	细胞器（沉淀物）	酵母菌培养液
加入物质	均加入2 mL相同浓度的葡萄糖溶液，并通入O_2		
实验结果	丙酮酸	无反应	CO_2和H_2O

根据实验资料，要求学生分析实验结果，请推测：需氧呼吸可能的中间产物是？酵母菌需氧呼吸的场所？通过分析，学习可以得出需氧呼吸的中间产物为丙酮酸，酵母菌需氧呼吸的场所是细胞溶胶和某细胞器。

问题6：若要继续探究具体的细胞器，依据资料一的实验思想，设计实验思路？

资料一的实验思想是将酵母菌的各组分分离，单独研究其作用，学生不难想到可以将酵母菌的各种细胞器组分分离，分别加入中间产物丙酮酸，并通入氧气，检测二氧化碳（见表3-2）。

表3-2

试管	1号	2号	3号	4号	……
细胞不同结构	细胞溶胶	线粒体	高尔基体	内质网	……
物质	均加入2 mL相同浓度的丙酮酸溶液，并通入O_2				
实验结果	无CO_2	检测到CO_2	无CO_2	无CO_2	……

通过表格资料的分析，学生可以概括出酵母菌需氧呼吸的场所有细胞溶胶和线粒体，中间产物为丙酮酸，葡萄糖被分解产生丙酮酸的过程发生在细胞溶胶，丙酮酸进一步被分解的过程发生在线粒体。

教师给出科学史资料："1900年，德裔美国科学家米凯利斯（Michaelis）用染料健那绿B对活体肝细胞进行染色时发现，健那绿B可将线粒体染成蓝绿色。而氧气耗尽后，线粒体的颜色逐渐消失。染料的颜色变化是由于其氧化还原电位发生改变，说明氧气通过线粒体使染料保持氧化状态而呈蓝绿色，也说明了需氧呼吸先后在细胞溶胶和线粒体中进行。"进一步证明这一观点。

教师引导学生根据以上分析完善需氧呼吸过程：

$$葡萄糖\ C_6H_{12}O_6 \xrightarrow[\text{细胞溶胶}]{\text{酶}} 丙酮酸\ C_3H_4O_3 \xrightarrow[\text{线粒体}]{\text{酶}} CO_2+H_2O$$

问题7：丙酮酸作为中间产物和O_2在线粒体中又是如何生成CO_2和H_2O的？

教师展示教材73页图片"图3-13 细胞呼吸的3个阶段"，要求学生根据图示（见图3-9），小组讨论分析。

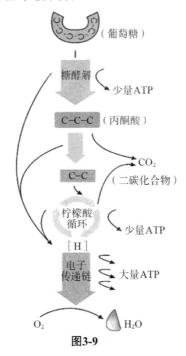

图3-9

根据图示分析：丙酮酸脱去二氧化碳产生一个二碳化合物，该二碳化合物进入柠檬酸循环，脱去两个二氧化碳并产生大量的还原态氢；在电子传递链中，还原氢与氧气结合产生水。

问题8：葡萄糖中的化学能是如何释放转移到ATP中的？

教师展示图片（见图3-10），引导学生分析。

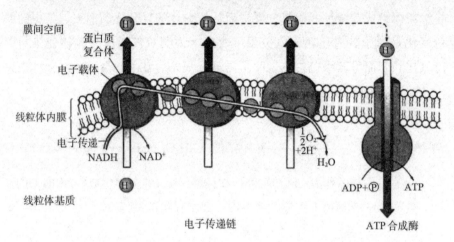

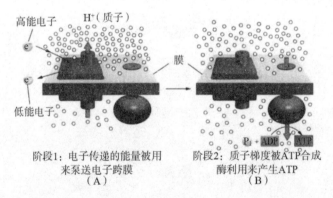

阶段1：电子传递的能量被用来泵送电子跨膜（A）   阶段2：质子梯度被ATP合成酶利用来产生ATP（B）

图3-10

葡萄糖在需氧呼吸过程中分解并产生NADH，NADH解离为H^+、e^-和NAD^+，e^-通过线粒体内膜上的电子传递链传递，即释放能量。释放的能量将H^+逆浓度梯度泵到线粒体内外膜之间。线粒体内外膜之间的H^+顺浓度梯度进入膜内，ATP合成酶利用H^+形成的质子势能促进 ADP磷酸化生成ATP，即合成ATP并储存能量。H^+与O_2结合生成H_2O。细胞正是基于膜的这种机制将有机物中的化学能转化为ATP中的化学能。

设计意图：通过引导设计探究实验、设置环环相扣的问题串和提供丰富的资料，使学生参与需氧呼吸过程的建构，在建构过程中，学生的科学思维得到了充分训练。

（3）构建过程模型，评价学习

学习完需氧呼吸的发生场所和过程后，为了评估学生的学习情况或者教学目标是否达成，教师设计了如下评价任务：

①绘制线粒体结构模型并说明线粒体的哪些结构特点有利于需氧呼吸的发生。

②在绘制的线粒体模型中用文字和箭头初步构建需氧呼吸过程概念图并作必要的说明。

为了帮助学生把握需氧呼吸主要在线粒体进行的本质，教师列举了原核生物这一反例（无线粒体）。

问题9：某些需氧型原核生物的需氧呼吸场所在哪？

通过讨论分析，学生能够认识到线粒体作为需氧呼吸的主要场所的本质原因是因为有与细胞呼吸有关的酶，并让学生明白只要有相应的酶和合适的条件，不受场所的限制。同时，学生能更好地理解内膜折叠增大膜面积，有利于酶的附着，进而有利于需氧呼吸。

设计意图：通过绘制线粒体模型并将需氧呼吸过程构建在该模型中，是对所学内容的深化，使学生把反应过程与场所结合起来，使知识结构化。再通过引出原核生物，从反例使学生理解需氧呼吸主要发生在线粒体的本质原因。

（4）创设新情境，迁移应用新知

"迁移"是经验的扩展与提升，"应用"是将内化的知识外显化、操作化的过程。通过创设新的情境，使学生将所学知识应用于生活实践。

教师以目前陆续上市的荔枝好吃而不易保鲜的特点引入新情境，提出任务：如果有人向你请教，怎么能长期储存蔬菜或水果，你能利用所学的细胞呼吸原理，提供一些有价值的建议或措施吗？

这个问题实际上是要学生分析如何控制储藏室的环境因素，即储藏条件。要解决这一问题，学生需要分析蔬菜或水果如果呼吸速率快会引起有机物的大量消耗，造成储存量减少且影响品质；细胞呼吸产生的水会造成储存环境湿度增大；呼吸放出的热量会使储存环境温度升高；高湿高温的环境有利于细菌和霉菌大量滋生，导致蔬菜或水果腐烂变质；同时，高湿高温的环境又进一步加快呼吸速率。因此，需要降低呼吸速率，而酶是调控糖的氧化分解的关键因素，同时酶又受到诸多因素影响，学生即可得出需要低温（抑制酶的活性）。同时为了降低呼吸速率还需低氧、低湿（为了防止滋生细菌和霉菌）。

教师提出问题10：是不是氧气浓度越低，细胞呼吸速率就越低，越有利于储存？引出冲突，为厌氧呼吸的学习进行铺垫。同时教师还引导学生分析储存农作物种子与蔬菜水果的区别。

设计意图：通过创设新情境，引导学生将所学知识应用到生产生活实践中，一方面使学生在应用的过程中使知识进一步内化，另一方面可以培养学生的综合能力、创新意识，进而发展核心素养。

4. 教学反思

这节课主要依据深度学习的五个特征来处理教师、学生、知识等教学核心要素间的关系。关于酵母菌的细胞结构和用途是学生已有的知识，但对酵母菌用于酿酒的生化原理是不明确的，通过以酵母菌为载体提供学习资源，提出问题，设计学生活动，使学生根据当前的学习活动去联想、调动、激活以往的经验，对学习内容进行组织，进而建构出自己的知识结构。设计评价任务使学生对自己的学习进行评价；提供真实情境（储藏蔬菜水果），引导学生将所学知识转化为综合实践能力，使学习真正得以发生，进而发展学生的核心素养。

第三节　基于科学思维的"体液免疫"教学设计

摘　要：以抗体、体液免疫过程为主要内容，创设契合主题的情境、通过环环相扣的任务设计和学生活动，引导学生对情境问题进行剖析和解决，以期在构建体液免疫、制备单克隆抗体的过程模型和解决实际问题的同时，领悟特异性免疫的特点和过程，使知识结构化，提升一轮复习效率，进而发展学生科学思维。

关键词：科学思维；一轮复习；抗体；体液免疫

科学思维是建构概念、形成生命观念的重要方式，是高考生物的重点考查内容。科学思维能够支持学生获取新知识，学会如何使用知识，建构并评价假设和观点。具备科学思维的学生能够成为独立的学习者，能够自主地为自己的问题寻求答案。科学思维的过程是促进知识学习的过程。如何在高中生物一轮复习教学中发展学生的科学思维，一线教师都在关注和摸索。基于目前高三生物一轮复习的低效现状，在高三生物一轮复习教学中，通过编制预习案进行前测，进行错误情况分析并结合质量检测的大数据分析，帮助教师掌握班级的整体情况和学情。在了解学情的基础上，课堂上创设契合主题的情境、通过环环相扣的任务设计和学生活动，引导学生对情境问题进行剖析和解决，实现教学评一致的课堂教学模式，充分发挥了学生主体地位和教师主导作用，有效引导学生自主学习。课后精编精选有针对性的习题让学生进行巩固练习并收集错题进行错题再做。整个一轮复习过程中，学生学习过程体现课前、课中、课后的发展和联系，促进学生主动积极地投入复习，查漏补缺并逐步构建知识网络，将知识结构化和系统化，使一轮复习更具有效性。

1. 教材分析及设计思路

"体液免疫"是浙科版高中生物必修3《稳态与环境》第3章第2节的内容之一。本节内容是在"非特异性免疫"和必修1"蛋白质结构和功

能""细胞增殖、分化和凋亡"及必修2"基因的表达与调控"的学习基础
上，着重认识特异性免疫是维持内环境稳态的重要调节方式之一。该部分
内容相对复杂和抽象，同时又涉及很多复杂的生物学专有名词，教学难度较
大。在教学过程中应充分体现课前、课中、课后的发展和联系，通过精心设
计学生活动，引导生生互评等模式，使学生真正参与到课堂中来，达到深度
学习的目的，进而发展学生核心素养。本节课前先编制预学案进行前测，通
过预学案学生答题情况的分析，了解学情，并根据学情制订学习目标和设计
课堂教学；课堂教学中通过设计问题串，学生活动，引导学生通过小组合作
学习进行模型建构，并通过展示和组间互评等方式修正模型，进而根据所
构建模型对体液免疫进行列表小结，使知识结构化和完整化；课堂上精选
例题进行目标评价，课后精编精选习题使学生对所学知识达到巩固提升。

2. 教学目标

基于课程标准的内容要求、学业要求和学业质量标准，并围绕培养学
生核心素养的要求，制订了如下教学目标。

①通过小组合作学习，讨论分析相关问题，能够运用结构决定功能等
观点说明抗体的产生及作用机理。

②通过讨论分析有关体液免疫过程的问题串，小组合作构建体液免疫
过程模型；通过生生互评修正模型，并根据模型列表总结体液免疫的相关
知识，提升分析与归纳能力，培养批判性思维，进而提升科学思维。

③通过制备单克隆抗体过程的方案设计、论证和总结，培养提问、方
案设计和实施以及对结果的交流与讨论能力。

3. 预学案前测，剖析学情

为了提高一轮复习课课堂教学效率，教学目标的确定和教学活动的设
计都应基于学生的学情。根据课程标准的内容要求、学业要求和学业质量
标准，编制预学案进行前测，以期得到学生在该模块内容的迷思概念。基
于迷思概念，进行有针对的教学设计，使课堂教学有的放矢，使学生进行
深度学习。在这节课中，笔者编制一系列判断题作为预学案进行前测。

4. 课堂教学过程

（1）情景导入，提出核心任务

以电影《战狼》中关于埃博拉病毒的片段作为导入，提出核心任务：如何大量制备埃博拉病毒的抗体。为了完成这一核心任务，笔者将该任务分解为三个子任务：①关于抗体的相关知识；②体液免疫过程中如何产生抗体；③如何大量制备单克隆抗体。

设计意图：通过学生熟悉的电影片段导入，并从电影情境中提出核心任务，激发了学生的学习兴趣和求知欲望，并直指这节课的学习主题。

（2）子任务一：设计问题串，学生思维不断深入

在抗体的学习过程中，笔者提出以下问题："抗体的化学本质是什么？抗体由什么细胞合成并分泌？一个抗体可以同时结合几种几个抗原？抗体与抗原结合后有没有直接清除抗原？"分别从抗体的化学本质、产生细胞、作用机理等方面进行由浅入深的设计，前两个问题学生能很快找到答案，后两个问题在解决过程中发现新的问题。笔者为学生提供抗体的模型图（见图3-11），引导学生识图，从图中，学生不难发现抗体分子基本结构是Y形的，两臂上有同样的结合位点，每一种抗体两臂的结合位点是相同的，因此，只能与一种抗原匹配。进而在不断的讨论分析和教师的讲解中逐步认识了抗体的作用机理：抗体与细胞外的病原体和毒素结合，致使病毒一类的抗原失去进入寄主细胞的能力，使一些细菌产生的病毒被中和而失效，还可使一些抗原（如可溶的蛋白质）凝聚而被巨噬细胞吞噬。

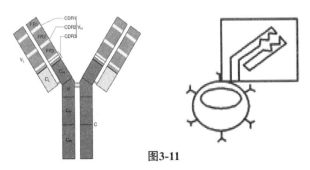

图3-11

抗体学习后，笔者精选课堂例题1评价学生的学习情况和检测学习目标的达成。

例题1：图3-12所示细胞中最可能为效应B细胞的是

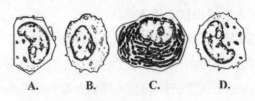

图3-12

该题需要学生运用结构决定功能的观点，分析得出效应B细胞合成并分泌抗体需要发达的内质网和高尔基体，故选C。

设计意图：通过层层递进的问题串，由易入难使学生思维不断深入；并通过课堂例题对学生的学习情况进行评价，有利于教师根据学生的答题情况调整教学设计。

（3）子任务二：学生为主体，建构模型

①问题串作为支架，初步建构模型

在体液免疫的过程模型建构中，基于学情，通过设置问题串的形式为学生建构模型提供支架。笔者以逆向的形式提出了以下几个问题：

a. 抗体分子由什么细胞合成与分泌？

b. 效应B细胞是由什么细胞分裂分化而来的？

c. B淋巴细胞如何被致敏？

d. 致敏的B细胞分裂的启动还需什么信号？

e. 这种信号分子是由什么细胞产生的？

f. 辅助性T细胞如何被活化？

g. 巨噬细胞如何处理呈递抗原？

h. 抗体免疫的主要对象是？

要求学生两人为一小组对这些问题进行思考讨论并利用信封中的卡片用文字、箭头共同完成体液免疫过程图的构建。在卡片的设置时为了使学生辨析清楚"病原体和抗原的关系"，增加了一张"病原体"的卡片，为学生的模型建构增加了难度。

②间接性评价，修正建构模型

间接评价方式是指教师并不直接对学生建构的模型做评价，而是借助于学生或学生群体的评价表达其评价。让全班同学对某一个或几个模型版本进行评价，或就近以小组的形式进行讨论，然后由一个代表总结本组的评价结果；在讨论过程中随时就学生的讨论征求学生意见，以推动共识的逐步形成。

各小组完成模型建构后，展示其中一组的模型，要求全班学生对该模型进行评价和修正（见图3-13）。

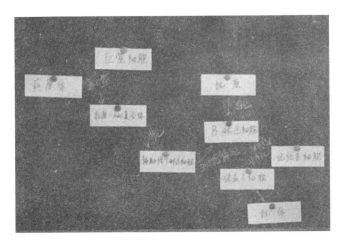

图3-13

教学片段：

生1：我们认为B淋巴细胞应该是被抗原致敏的，病原体应该是被巨噬细胞吞噬然后呈递出抗原–MHC复合体的。

师：你们同意这组同学对你们模型的修改吗？（对提供模型小组提问）

生2：同意。

师：那抗原和病原体有什么关系呢？

引导学生思考，仔细观察教材中图示和说明，理清"抗原是一种物质，一个病原体可能带有多种抗原"的关系。

生3：这幅图缺少了二次免疫的过程。

最后对模型进行了修正，全班达成了共识。通过这样的评价方式，引导学生参与到评价过程中，为学生提供了发现、研究、探索的空间。学生在评价过程中，倾听别人发言，进行评价交流，深入学习，让学生在学习过程中"学"有体会。

为了检测学生是否已达成学习目标，笔者对2018届湖州市一模试题进行了改编，有针对性地对学生的学习情况进行了评价，改编题如下。

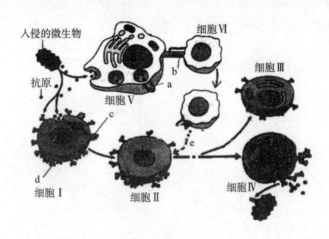

图3-14

A.上述细胞中，只有Ⅳ表面没有该抗原的特异性识别受体

B.抗原进入细胞Ⅴ被降解为肽，转移到细胞表面与MHC形成抗原–MHC复合体

C.细胞Ⅰ致敏后细胞分裂的启动还需物质e的作用

D.Ⅳ合成和分泌的物质能直接消灭抗原

E.上述细胞中只有Ⅳ能合成抗体

该题分别针对本节课的知识点进行了考察，比较有针对性，能够很好地反映出学生这节课的学习效果。

根据艾宾浩斯的遗忘曲线，学习也是和遗忘作斗争的过程。除了课堂中把握高效，在课堂小结或复习课中也需要引导学生利用概念图、思维导图等方式进行知识的概括和归纳，串联重组知识点以建立网络化的知识结构，促进知识的结构化。

学习完抗体和体液免疫的过程等知识点后，课堂上给定两分钟复习时间进行知识点巩固，并以表格的形式进行知识点的归纳总结。

（4）子任务三：论证方案，提升思维

根据子任务二的学习，学生认识到一个病原体可能会带有多个抗原决定簇，每个抗原决定簇都能被相应的B淋巴细胞识别，并产生相应的抗体，因此，一般在抗血清中的抗体是一群识别不同抗原部位的抗体混合物，称为多抗。而单抗具有特异性强、灵敏度高的特点，如何大量制备单抗来治疗"埃博拉"，是这节课的任务三。

论证教学是将论证活动引入课堂。"论证"策略的运用让学生经历类似科学家评价资料、提出主张、为主张辩驳的过程，既培养了学生科学的思维方式，引导学生主动在实验证据与推理的基础上建构和完善科学观点，又在质疑和论证中培养了学生的实验科学素养。在任务三中，笔者为学生提供资料，要求学生对制备抗埃博拉病毒VP40蛋白的单克隆抗体的过程进行论证，并对论证方案过程中出现的问题进行解决。

任务三：写出制备抗埃博拉病毒VP40蛋白的单克隆抗体的过程

根据单克隆抗体制备过程的各阶段图解（见图3-15），请你用箭头把代表各图解的字母按顺序连接起来表示单克隆抗体的制备过程填在表格中（见表3-3）。

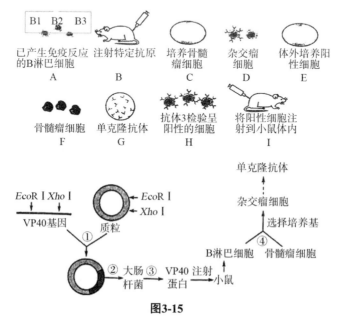

图3-15

表3-3

免疫类型	体液免疫
核心免疫细胞	
作用对象	
免疫物质	
作用方式	

学生以小组为单位进行初步方案书写，先进行组内论证。组内论证后，教师组织某一小组展示自己的方案，其他小组进行评价，提出自己的观点和理由。学生在论证过程中，对筛选的次数产生了分歧。教师提出以下问题，进行了引导。

问题1：将骨髓瘤细胞和免疫的B淋巴细胞和灭活的病毒培养在培养液中，一定时间后你认为以下哪些细胞会在培养液中检测到？

资料链接1：灭活的病毒能使细胞膜上的蛋白质分子和脂质分子重新排布，细胞膜打开，不需要识别，细胞发生融合。这样形成的杂交细胞在有丝分裂后仍能形成两个完整的杂交细胞。

问题2：我们需要的是杂交瘤细胞，如何筛选出杂交瘤细胞？

资料链接2：HAT选择性培养液是在普通的动物细胞培养液中加次黄嘌呤、氨基蝶呤和胸腺嘧啶核苷酸。动物细胞中的DNA合成有两条途径：一条是"D途径"，而HAT培养液中氨基蝶呤是一种叶酸的拮抗物，可以阻断DNA合成的D途径；另一条是"S途径"，是利用次黄嘌呤-鸟嘌呤磷酸核苷转移酶和胸腺嘧啶核苷激酶催化次黄嘌呤和胸腺嘧啶生成相应的核苷酸。未融合的效应B细胞和两个效应B细胞融合的D途径被氨基蝶呤阻断，但因缺乏在体外培养液中增殖的能力。骨髓瘤细胞以及自身融合细胞而言，自身没有S途径，且D途径又被阻断，不能增殖而很快死亡。只有骨髓瘤细胞与效应B细胞相互融合形成的杂交瘤细胞，既具有效应B细胞的S途径，又具有骨髓瘤细胞在体外培养液中长期增殖的特性，因此，能在HAT培养液中选择性存活下来，并不断增殖。

问题3：筛选出的杂交瘤细胞就是我们所需要的产生抗埃博拉病毒VP40蛋白的单克隆抗体吗？如何筛选？如何保证纯度？

资料链接3：在单克隆抗体的生产过程中，由于B淋巴细胞的特异性是不同的，经HAT培养液第一次筛选出的杂交瘤细胞产生的抗体存在多样性，必须对杂交瘤细胞群进行第二次筛选，才能选出针对目标抗原具有特异性的杂交瘤细胞。二次筛选通常采用有限稀释法，将杂交瘤细胞多倍稀释，接种在多孔细胞培养板上，使每孔不超过一个细胞，通过培养让其增殖。然后检测各孔上清液中细胞分泌的抗体的特异性，上清液可与特定抗原结合的培养孔为阳性孔。阳性孔中细胞还不能保证是来自单个细胞，需要继续进行有限稀释，一般重复3~4次，直至确信每个孔中增殖的细胞为单克隆细胞。

问题4：如何大规模克隆产生并分泌单一抗体的杂交瘤细胞？

资料链接4：

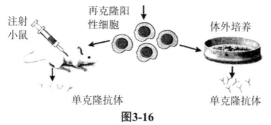

图3-16

从细胞培养液或小鼠腹水中提取大量的"拉曼拉"单克隆抗体（见图3-16）。

最后构建杂交瘤技术制备单抗的流程（见图3-17）。

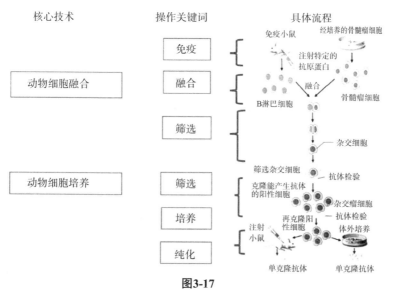

图3-17

设计意图：高中生物学课程中的模型建构活动，其主要价值在于让学生通过尝试建立模型，体验建立模型中的思维过程，领悟建模方法，并获得或巩固有关生物学概念。模型建构式教学方式有利于调动学生全员参与到教学活动中，有利于培养学生主动学习和创造性学习的精神，加深其对科学知识的理解，提高课堂教学效率。

4. 教学反思

当教师的教学设计脱离了学生的真实生活，将学习与"真实情境"割裂，容易让学生陷入程序化的知识获取，无法激发学生的学习积极性和主动性，也使学生难将知识迁移到解决实际问题中来。体液免疫和单克隆抗体的制备原理和相关技术较复杂难懂，学生较难理解和内化并进行应用，因此，通过创设真实情境，将要解决的问题蕴含在特定的情境中，基于真实情境提出核心任务，并组织学生开展有目的的自主、合作、探究等学生活动，同时呈现合作学习的成果，初步完成核心任务。通过以上过程帮助学生在深度学习过程中逐步发展核心素养。

第四节　基于科学思维发展的"种群的特征"的教学

　　摘　要：基于学生科学思维的发展来设计教学活动，让全体学生通过资料分析、概念图的构建、模拟实验、合作讨论等多种活动形式来学习种群的特征，培养学生分析问题和解决问题的能力，进而促进学生科学思维的发展。

　　关键词：种群的特征；科学思维；模拟实验；概念图

　　核心素养是基础教育界近些年来关注的热点，生物学学科核心素养的探讨也是生物教育界的讨论焦点。科学思维是生物学核心素养"能力"因素的关键部分，它是指尊重事实和证据，崇尚严谨和务实的求知态度，运用科学的思维方法认识事物、解决实际问题的思维习惯和能力。学生应该在学习过程中逐步发展科学思维，如能够基于生物学事实和证据运用归纳与概括、演绎与推理、模型与建模、批判性思维、创造性思维等方法，探讨、阐释生命现象及规律，审视或论证生物学社会议题。关键在于运用生物学事实、概念进行思维，运用证据、逻辑进行论证。

　　1. 教材分析和设计思路

　　《种群的特征》这节内容是浙教版必修三第四章第一节内容，本节是承上启下之篇，在前面三章学习了个体这一层次的生命系统内部的调节机制以及与环境的关系的基础上，转变视角，进一步从宏观、群体水平来认识生命活动的规律与本质，即从种群、群落、生态系统等各个层次来研究生命，不断丰富对自然界生命系统的多层次的认识。种群也是群体水平上研究生物的基本单位。通过本节的学习，对种群的概念、特征具有明确的认识，为群落、生态系统及人类与环境等生态学知识的学习奠定基础。教材还注重科学方法教育，引导学生通过模拟实验、资料分析、模型建构等活动来领悟。

　　本节的设计思路是从问题出发，创设情境，明晰核心概念；通过模拟实验，运用类比迁移的思想来理解标志重捕法，培养学生模型建构能力，增强跨学科思维，深入理解概念，明晰种群数量与种群密度的关系以及研究种群密度的实际意义；在引导学生思考抽样调查的随机性原则及相关的误差分析中，强化问题迁移的能力，增强学生思维的灵活性；在此基础上提供资料，引导学生分析实际问题，拓展学生的思维，进一步培养学生分析和解决问题的能力，最后引导学生分析种群的数量特征之间的内在关系，通过概念图的构建，深化所学知识，初步形成归纳与概括能力，发展科学思维。

2. 教学目标

基于课程标准的内容要求以及学业水平和学业质量标准，并围绕培养学生核心素养的要求，制订了如下教学目标。

①通过种群及种群的特征相关概念的学习，培养学生形成概念和运用概念进行判断和推理的思维能力。

②通过模拟实验，初步学会调查种群的密度的方法，发展科学探究的能力。

③通过概念图的构建，分析种群的特征之间的内在关系，深化所学知识，初步形成归纳与概括能力，发展科学思维。

④通过资料分析，能用种群特征去描述身边的种群，并能对种群的研究提出有建设性的看法，培养学生全面地分析问题和解决问题的能力；关注人口问题，认同计划生育国策、关注濒危动物种群数量的变化及措施，进一步提升学生的生物学核心素养。

3. 教学过程

（1）创设情境，明晰概念

生长在黄海中的黄鱼以其肉嫩味美而闻名于世，但市面上越来越少、越来越贵；无锡太湖的银鱼也是一道美味佳肴，但餐桌上越来越难见其"身影"。究其原因，那就是人们无节制地滥捕。对于某水体中的鱼，何时捕捞，捕捞多少？才能既不会使资源枯竭，又使资源得到充分利用？以此创设情境，设置悬念，引入新课，提出种群的概念，激发学生学习的好奇心和求知欲望，使学生一上课就融入新知学习和问题探究的氛围中。

在此基础上，引导学生分析一个池塘中全部的鱼、一个公园里全部的细菌、蝗灾发生地上东亚飞蝗的全部幼虫、一块草地里全部的蒲公英等群体中哪些是对种群的正确描述，并请同学列举身边的例子；同时通过引导对其中的反例进行讨论，学生关于"种群的概念"会进一步明晰：种群作为宏观和群体水平上研究生物的基本单位，它绝不是个体的简单累加，种群内的个体之间通过特定关系构成一个整体。明确"种群是物种的具体存在单位、繁殖单位和进化单位"这一概念的本质。

（2）模拟实验，构建模型

表3-4　标志重捕法模拟实验数据统计表

组别	标记个体数	重捕个体数	重捕中标记个体数	种群总个体数

提出问题：某10万m³的池塘里鲫鱼的数量有多少只？对于这样数量较多、运动范围较大的种群，直接统计它们的个体数量很困难，那我们怎样才能既简便又准确地获得统计数据呢？

模拟实验：教师在每组的桌面上预先放置了完成模拟实验所需的材料，有白色棋子若干，大烧杯一个；用白色棋子代表鲫鱼，烧杯代表鱼塘。小组合作完成模拟实验，从烧杯中取出30粒白色棋子，用记号笔做上标记，再将其倒入烧杯中，充分搅拌，将标记的白色棋子和未标记的白色棋子混合均匀；从烧杯中随机抓取n粒白色棋子，放入培养皿中，数出其中有标记的白色棋子m粒；同时将实验数据记录到黑板上的表格中，并根据表格中的数据，计算白色棋子的数量。引导学生思考，计算值与烧杯中白色棋子的真实值是否相近？有哪些因素会对计算结果产生影响？怎样做能够减小误差呢？

学生基于数学中的比例原理自主构建标志重捕法的数学模型：标记个体数/种群总个体数=重捕中标记个体数/重捕个体数，则种群总个体数=标记个体数×重捕个体数/重捕中标记个体数（$=30n/m$），用类比迁移的思想来理解标志重捕法，深入理解概念，培养学生模型建构能力，增强跨学科思维。

假如对上述某10万 m³的池塘里的鲫鱼进行标志重捕，第一次捕捞到100只，做标志后原地放回；一定时间后重新捕捞，得到90只，其中有10只是有过标志的。则该池塘里鲫鱼的数量是多少？该池塘里鲫鱼的种群密度有多大？要得出相对准确的结论，至少要捕捞几次？多捕捞几次的估算结果会不会更准确些？如果要做第三次捕捞，那第二次捕捞上来的鱼作何处理？给鲫鱼带标记的标记物有什么要求？第一次捕捞和第二次捕捞之间需不需要时间间隔？每一次捕捞的数量有没有具体的要求？标志重捕法是否适用于所有种群？

在此基础上进一步明晰种群数量与种群密度的关系：种群密度=种群数量/空间（面积）的大小，种群密度是种群数量的最基本特征，同时引导学生去思考抽样调查的随机性原则及相关的误差分析，强化问题迁移的能力，增强学生思维的灵活性，培养学生分析和解决问题的能力，以及交流和合作的能力。

（3）分析资料，拓展思维

教师提供以下资料，引导学生分析问题。

资料一：2017年海宁市国民经济和社会发展统计公报发布数据（见图3-18）表明：

①据2017年5‰人口变动抽样调查，截至2017年末，海宁市常住人口为84.36万人，比上年末增加0.86万人。

②年末户籍总人口690 323人，按性别分为男性337 389人，女性352 934人，人口性别比为95.60（以女性为100）。

③全市人口出生率为9.60‰，人口死亡率为6.79‰，人口自然增长率为2.81‰。

④城镇化率为61.5%，比上年提高2.7个百分点。

图3-18

教师提出以下问题：

a. 资料一中反映了哪些种群特征？

b. 死亡对种群来说一定是坏事吗？我国计划生育政策以及二孩政策主要控制的是什么？

c. 所有种群的性别比都是1∶1吗？性别比是如何影响种群数量的？在农业生产上如何应用？

资料二：嘉兴市海宁市卫计局发布——2016年末，海宁全市户籍人口中，老年人口（60周岁及以上）为17.18万人，占总人口的25.2%，也就是说，海宁大约每4人中就有1名老人。同比上升了0.84个百分点，人口老龄化进一步加剧。嘉兴市是浙江省老龄化系数最高的地级市，海宁市居嘉兴市第三。

教师提出以下问题：

a. 资料二反映了哪一种群特征？如何以图形形式同时反映海宁全市人口中各年龄组个体数以及每个年龄组中男女个体数在总人口中的比例？所有种群都有生殖后期吗？

b. 年龄结构有哪几种类型？海宁市人口属于哪一种？中国人口属于哪一种？日本以及欧洲呢？只要保持替补出生率人口就会保持零增长吗？

c. 海宁市常住人口增长较快的原因有哪些？

在对以上资料进行分析、问题讨论与推理的基础上，展示资料三。

资料三：据统计局相关工作人介绍，海宁市常住人口增长较快主要有这些原因：一是由于经济发展，引来大量外来人口涌入，在海宁定居人数增多。比如融杭接沪的大环境影响，越来越多的人选择来海宁工作生活；二是随着高校进入海宁，学生常住人口增多。

除此之外，二孩政策也是影响常住人口数量的一个原因。据了解，2016年末，二孩总人数为3 671人，出生总数为7 974人，占比46.03%；2017年末二孩总数为3 343人，出生总人数为6 588人，占比50.74%。也就是说，二孩的出生数量已经超过一孩的出生数量。相关负责人介绍，受二孩政策影响，二孩的出生率已经连续5年保持增长状态。

引导学生在讨论的基础上归纳、概括：地区经济发展不平衡，对迁入、迁出率影响很大；国家的人口政策、人们的生育观念等在很大程度上影响着人口的出生率；影响人口出生率和生物种群出生率的因素不完全相同。

利用身边的实例来创设问题情境，引导学生基于事实和证据，采用适当的科学思维方法揭示生物学规律或机制，在给定情境中，运用生物学规律和原理，对可能的结果或发展趋势作出预测或解释，并能够选择文字、图示或模型等方式进行表达并阐明其内涵。在面对生活中与生物学相关的问题并作出决策时，利用多个相关的生物学重要概念或原理，通过逻辑推理阐明个人立场。

（4）归纳概念，提升思维

种群的各数量特征及各特征之间的内在逻辑联系和层次区分是本节课的教学难点之一。种群的很多特征是种群内个体特征的统计值，如出生率、死亡率、年龄组成和性别比例等，而种群密度则是种群所特有的，加深学生对"种群不是个体的简单累加"的理解。可结合前面资料分析，与学生开展讨论：什么是种群最基本的数量特征？直接决定种群密度大小的是什么因素？为什么年龄组成可以预测种群未来数量的动态信息？喷洒害虫的性引诱剂是如何达到种群密度明显下降的目的的？

通过对这些问题的分析，引导学生讨论与种群密度有关的因素并画出知识概念图。然后让学生代表用实物投影仪展示、汇报、交流，师生共同修正和完善。教师强调各种群特征之间的内在逻辑关系及层次之分，进一步使学生理清思路，帮助其形成知识体系。

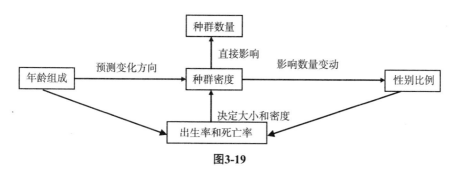

图3-19

在合作与交流中明确种群密度、年龄组成、性别比例、出生率和死亡率都会影响种群数量的变化，但年龄组成是通过影响出生率和死亡率影响种群数量变化的，而性别比例是通过影响出生率影响种群数量变化的。

4. 教学反思

本节课基于培养学生生物学科核心素养，尤其是促进学生科学思维的发展来设计整堂课，根据《普通高中生物学课程标准（2017年版）》对教材进行了灵活处理，在明晰种群概念的基础上，先学习种群密度，并通过模拟实验、建构数学模型来理解标志重捕法，同时充分利用本地资源，从学生比较熟悉的事例入手，引导学生学习种群的其他特征，最后引导学生归纳、概括，构建种群的特征的概念图。引导学生基于事实和证据，采用适当的科学思维方法揭示生物学规律或机制，并在给定情境中，运用生物学规律和原理，对可能的结果或发展趋势作出预测或解释，并能够选择合适的方式进行表达并阐明其内涵。在面对生活中与生物学相关的问题，利用相关的生物学概念或原理，通过逻辑推理阐明个人立场，有效地培养了学生的学科核心素养，尤其是科学思维的发展。

参考资料：

[1] 海宁日报2018.03.02第A0007版.

[2] 邵丹玮. 以"错误"为线索进行"种群的特征"一节的教学设计 [J]. 生物学教学, 2017, 042（006）: 54-55.

[3] 刘刚. 基于"种群的特征"核心概念的多层级教学设计 [J]. 中学生物教学, 2016（23）.

[4] 中华人民共和国教育部. 普通高中生物学课程标准（2017版）[S]. 北京: 人民教育出版社, 2017.

第五节　基于科学思维发展的"细胞膜和细胞壁"的教学

摘　要：充分利用科学发现史，基于学生科学思维的发展来设计教学活动，让全体学生通过对细胞膜结构发现史以及质膜结构模型的探讨，利用分析、综合、比较以及模型建构等科学思维方法来学习细胞膜和细胞壁，培养学生分析问题和解决问题的能力，进而促进学生科学思维的发展。

关键词：科学思维；细胞膜；模型建构；科学发现史

1. 教材分析和设计思路

"细胞膜和细胞壁"一节内容选自浙科版高中生物必修一第二章第二节，主要讲述了细胞膜的组成成分和功能、流动镶嵌模型以及细胞壁的成分和功能等内容。细胞膜是细胞的边界，其功能对于维持细胞的生命活动起着重要作用，是后面学习物质的跨膜运输和具有膜的细胞器等内容的基础，也是后续学习 "细胞呼吸"和"光合作用"的重要基础，因此，本节内容在整个必修一的生物学习中有着非常重要的地位。

从学生方面来看，学生在初中时期已经知道有细胞膜和细胞壁的存在，加上前面学习了细胞化学成分后，对细胞化学成分及其作用有了较为全面的认识，这为本节新知识学习做好铺垫。但各种化学成分并不能单独表现出生命活动，对于组成细胞膜各种化合物如何有序组合而形成完整结构，以及表现出结构特点和与结构相适应的功能这些内容是学生首次接触，而细胞膜的结构和细胞壁的结构又都是肉眼看不见的，需从微观领域来了解和认识，学生还缺乏抽象思维能力，尤其对科学的探索过程以及结论的形成缺乏正确的认识，需要进一步地完善，且结论性知识较多，要让学生以极大兴趣、较高效率来掌握，需对教学设计下一番功夫。

本节课由实验导入，以细胞膜模型发现史为主线贯穿始末，引导学生沿着科学的逻辑思维路线，对问题进行分析、推测和探究，环环相扣，让学生也像科学家一样亲身经历细胞膜的模型建构过程，体验科学家探究之路,最终得到符合逻辑的结论。在突出学科特点的同时渗透了"结构决定功能""结构与功能相统一"的生命观念。这样不仅强化知识结论的形成过程,完成对所学知识的意义建构,使学生能感受到形成知识的乐趣,更有利于培养学生科学的思维方式和能力,同时也有利于知识掌握。

2. 教学目标

基于课程标准的内容要求以及学业水平和学业质量标准,并围绕培养学生核心素养的要求,制订了如下教学目标。

①通过对质膜结构模型的探讨,利用分析、综合、比较的科学思维方法,通过实验和演示能分析现象、得出结论,提高解决问题的能力,树立生物体结构与功能相统一的生命观念。

②分析磷脂分子在不同条件下的排列方式,提高运用和处理信息的能力。

③通过探讨细胞膜结构的发现史,尝试一步一步地分析科学家的实验和结论,亲历科学家探索的历程,切身感受科学的魅力,认同科学技术发展的日新月异,并加深对科学过程和方法的理解。

④体验建立模型是解决问题的科学方法之一。

3. 教学过程

(1)动手实验,验证细胞膜的选择透性

事先为每组学生提供两个培养皿甲和乙(甲中放着两粒泡涨的玉米籽粒,乙中放着两粒泡涨并煮熟的玉米籽粒),稀释20倍的红墨水,镊子,刀片,装有清水的烧杯和废液缸。现在请大家动手将这两组玉米种子的胚进行染色,它们的结果是否相同?

在等待染色结果期间,教师利用多媒体呈现:科学家用显微注射器将一种叫作伊红的物质注入变形虫体内,伊红很快扩散到整个细胞,却不能逸出细胞。伊红为什么不会逸出细胞?此实验说明了什么?

待实验现象呈现,展示验证活细胞吸收物质的选择性的实验结果。

教师提出问题:为什么这两组籽粒的胚着色情况不同?是不是周围物质都不能进入到活细胞内部?

学生回答教师引导,共同得出:活细胞吸收物质具有选择性。活细胞吸收物质具有选择性与在细胞最外层的细胞膜（质膜）有关的。体会实验是解决生物学问题的常用方法。

（2）沿着科学家的足迹，探寻细胞膜的结构

结构与功能是相统一的，质膜的选择透性到底是如何实现的呢，这需要从它的结构谈起，科学家常常会通过实验设计并建立一些模型来解释。

材料一：1895年，欧文顿曾用500多种化学物质对植物细胞的通透性进行过上万次的实验，发现细胞膜对不同物质的通透性不一样：凡是可以溶于脂质的物质，比不能溶于脂质的物质更容易进入细胞膜。你可以得出什么结论？

学生思考、讨论、推理分析、得出结论。多媒体展示欧文顿的结论：细胞膜是由一层连续的脂类物质所组成。

多媒体展示：磷脂分子示意图，告知磷脂是细胞膜上主要的脂质分子。它是一种由甘油、脂肪酸和磷酸所组成的分子，磷酸是"头"部，具有亲水性，脂肪酸是"尾"部，具有亲脂性。并在黑板上粘贴用彩色软磁片剪成的磷脂分子，说明亲水头部和亲脂尾部。

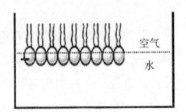

图3-20　磷脂在空气—水界面上

多媒体展示磷脂分子和空气—水界面单分子层示意图（见图3-20）。请运用相关的化学知识，解释为什么磷脂在空气—水界面上铺展成单分子层？

问题引导：生命活动离不开水，细胞生活在液体环境中，细胞的内部也是液体的。内外都是水的情况下，磷脂分子如何排列？

探究磷脂分子在不同条件下的排列方式，运用信息于处理问题中，提升学生的推理分析能力。在此基础上讨论欧文顿的结论：细胞膜是由一层连续的脂类物质所组成，是否成立？为展示资料二打下伏笔。

材料二：1925年，E.Gorter和F.Grendel两位荷兰科学家用有机溶剂丙酮从人的红细胞中提取脂质，在空气—水界面上铺展成单分子层，测得单分子层的面积恰为红细胞表面积的两倍。你能推测出什么结论？

根据材料推结论：细胞膜是由脂双层组成，并不是一层脂类物质所组成，也不是多层组成。由脂双层组成的膜称为单位膜，脂双层中的任何一层都不能称为膜。由此可见，欧文顿的结论说细胞膜是由一层连续的脂类物质所组成并不准确。

多媒体展示：哺乳动物成熟红细胞细胞膜会被溶解脂质的物质溶解，也会被蛋白酶分解的事实。

教师提出问题：从上述实验结果你对膜的化学成分在种类上的认识是否还有新的结论？在此实验中为什么要选用红细胞膜来进行分析？

多媒体展示：哺乳动物红细胞细胞膜的组成成分：蛋白质约40%，脂质约50%，糖类2%~10%。

提出问题，引发学生思考，通过资料分析，主动获取知识，归纳观点，得出细胞膜的主要成分是脂质分子和蛋白质分子的结论，建立"仅有推理分析得出结论是不够严谨"的观点，同时让学生体会到实验材料的选择好坏对一个实验是否能够成功有着密切的关系。

蛋白质位于细胞膜的什么位置呢？请学生推测。

材料三：电子显微镜用电子束照射被检样品。由于电子与不同物质发生碰撞而产生不同散射度。由于蛋白质电子密度高，所以显暗带，磷脂分子则电子密度低呈亮带（见图3-21）。

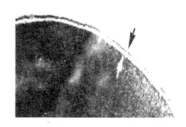

图3-21　超薄切片技术获得的细胞膜照片

1959年，罗伯特森提出了质膜的"单位膜"结构模型，认为生物膜是由"蛋白质—脂质—蛋白质"构成的三层静态统一结构。

展示草履虫分裂生殖动画和温度升高到一定程度，细胞膜厚度减小面积增大的动画。

请观察细胞的活动，想想细胞膜是静止的吗？

学生推论：细胞膜应该是流动的，"蛋白质—脂质—蛋白质"构成的三层静态统一结构的模型建构不符合实际。尝试一步一步地分析科学家的实验和结论，亲历科学家探索的历程，从而切身感受科学的魅力，并加深对科学过程和方法的理解。

在此基础上，讲述冰冻蚀刻电子显微法：科学家将质膜冰冻，然后将其撕裂，发现撕裂面上有许多颗粒，即蛋白质（见图3-22）。后来通过相关研究表明，蛋白质镶嵌、覆盖或者贯穿于脂双层中，内在膜蛋白露出膜外的部分含较多的极性氨基酸，属亲水性，与磷脂分子的亲水头部邻近；嵌入脂双层内部的膜蛋白由一些非极性的氨基酸组成，与脂质分子的疏水尾部相互

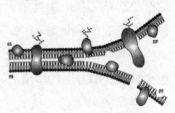

图3-22 冰冻蚀刻电子显微法

结合，因此，与膜结合非常紧密。得出结论：蛋白质在膜中的分布是不对称的，蛋白质镶在、嵌入、横跨在脂双层中。

（3）细胞膜的流动性

材料四：展示1970年弗雷和埃迪登的人-鼠细胞融合实验：荧光标记蛋白质（注意：应在不破坏细胞结构，保持细胞活性的情况下观察）（见图3-23）。

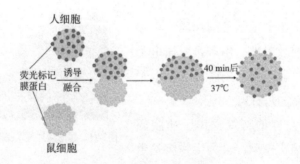

图3-23 人-鼠细胞融合实验

教师提出问题：人细胞与鼠细胞为什么能融合？这个过程发生了什么变化？是进行怎样的结果？这个实验反映了细胞膜的什么特点？

磷脂分子能侧向滑动，蛋白质分子也可以移动，所以质膜就像是流体一样，具有流动性。这是细胞膜的一大结构特点。

磷脂分子和蛋白质分子的这种移动，会不会使质膜的结构变得很不稳定呢？我们前面学过，质膜中还有一类脂质？

教师讲述：胆固醇不像磷脂和蛋白质分子那样会移动，它在细胞膜中是一种"刚性"的成分。刚性的胆固醇夹杂在细胞膜中，限制了磷脂的流动。所以，质膜具有流动性，但这种流动性是有限度的，我们称其为一定的流动性，同时质膜又是比较坚实的。

让学生理解膜上的蛋白质分子是可以移动的，体现结构与功能相适应的观点。使学生理解膜上的磷脂分子也是可以移动的，从而得出细胞膜具有流动性的结论。

（4）流动镶嵌模型

根据今天所获得的信息，你能否构建一个细胞膜模型？

学生活动：画出细胞膜的结构模型简图（流动镶嵌模型）。

材料五：1972年，桑格和尼克森构建模型：流动镶嵌模型（见图3-24）。

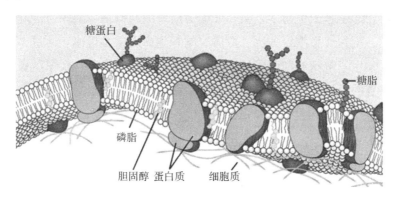

图3-24　质膜的流动镶嵌模型

提出问题：跟你们所画出的模型一样吗？在生物膜模型的建立和完善过程中，你受到哪些启示？生物膜的流动镶嵌模型是否已经完美无缺？

2003年度诺贝尔化学奖授予两名研究细胞膜的美国科学家阿格雷和麦金农，以表彰他们在细胞膜物质运输的通道方面所做的贡献——人类对自然界的认识永无止境，对膜的研究将更加细致入微。

从细胞膜的位置和结构以及其特点分析细胞膜的功能及各种组分的作用。指导学生阅读膜中各种组分的作用。

（5）细胞壁

流动镶嵌模型把细胞膜形容为细胞的弹性边界。但是植物细胞、真菌、细菌和一些原生生物还有一层边界——细胞壁。

自学教材31～32页，回答以下问题：联系细胞的发现史，人类最早观察到的细胞结构是什么？哪些生物的细胞有细胞壁？细胞壁主要由什么物质组成？细胞壁的功能是什么？它与细胞的选择透性有何关系？

通过自学，从有关材料中获取有效信息，归纳总结能力得到提高。形成动物细胞没有细胞壁，不同类型细胞的细胞壁成分不同，只有植物细胞的细胞壁以纤维素为主要成分，细胞壁具有支持细胞保护细胞的功能等观点。

4. 教学反思

本节课通过学习科学家对细胞膜结构的探索历程以及大量的实验和观察，引导学生基于生物学事实和证据运用归纳与概括、演绎与推理、模型与建模、批判性思维等方法，探讨、阐释生命现象及规律。通过本节课的学习，学生了解到对细胞膜的认识经历了旧模型被推翻、新模型被建立的反复演变的过程，明白科学发现的过程是一个长期发展的过程，在这一发展过程中，对已有的模型和知识不拘泥、不盲从的批判意识起重要作用；认同技术进步对科学发展的促进作用，体验建立模型是解决问题的科学方法之一。有利于培养学生尊重事实和证据，崇尚严谨和务实的求知态度，运用科学的思维方法认识事物、解决实际问题的思维习惯和能力。其实课堂上如果有时间或课后还可以通过分组合作制作细胞膜结构模型来加强学生合作交流，及时了解学生掌握知识情况。

参考资料：

[1] 李文林, 孙平新, 吕林洁, 张树忠.通过加强细胞生物学发展史的教学培养学生的科学思维.中国继续医学教育, 第7卷 第19期.

[2] 江生.高中生物"细胞膜和细胞壁"教学设计.

[3] 普通高中生物学课程标准(2017年版).人民教育出版社.

第六节　基于科学思维的"DNA的分子结构和特点"教学设计

1. 教材分析及设计思路

"DNA 的分子结构和特点"是浙科版高中生物学《遗传与进化》第3章"遗传的分子基础"第2节的内容，主要内容有DNA的分子结构、DNA分子的结构特点和制作DNA双螺旋结构模型。教学重点是DNA的双螺旋结构物理模型：主链与碱基对的构成方式、排列位置、动态变化等；教学难点是DNA分子的结构特点（即模型要素）分析，即解释 DNA 分子结构的稳定性、特异性和多样性三个特点。本节内容承前能促进学生对孟德尔定律和染色体与遗传等知识的深入理解，启后为学生进一步学习遗传信息的传递和表达、生物的变异、生物的进化和遗传与人类健康等现代分子遗传学，以及相关内容的学习和理解奠定基础。学生通过初中《科学》和必修1"分子与细胞"的学习，学生对DNA的分子结构已有粗浅了解，对生物大分子有一定的认识，且在高中化学学习中对物质分子结构、化学键和氢键的知识有了一定储备。学生也已经尝试制作过"真核细胞的模型"等，初步具备了模型的想象和建构能力。学生可联系的知识和经验，使其具有进一步探究DNA分子结构的内源动机。

笔者尝试基于科学思维的"DNA的分子结构和特点"的概念教学。具体如下：教师以DNA的"基本单位→单链结构→平面结构→空间结构"为主线，通过创设情境，设计任务，收集提供科学史资料驱动学生初建模型、发现问题、分析讨论领悟科学史、修改完善物理模型。引导学生观察分析物理模型，进而构建DNA分子结构中核苷酸数量关系的数学模型，理解DNA分子多样性、特异性的结构特点。并通过创设真实情境，引导学生关注社会议题，参与讨论并作出理性解释。学生通过以上的学习过程，有利于学生逐步发展归纳与概括，模型与建模、批判性思维并审视和论证生物学社会议题，进而发展科学思维。

2. 教学目标

①通过初建模型、发现问题、讨论分析相关科学史资料解决问题，学生能够建构正确的DNA分子结构模型、体验DNA结构模型的构建历程、领悟模型方法的运用，初步发展归纳与概括、模型与建模等科学思维。

②通过建构DNA分子结构模型，学生能概述DNA分子结构的特点，阐明DNA多样性与特异性的原因，初步形成DNA的结构与功能相统一，多样性与特异性相统一。

③通过对相关科学史资料的讨论分析，认同人类对DNA结构的认识是不断深化和完善的过程。

④通过对社会议题的讨论与分析，学生能够从多角度审视生物学社会议题。

3. 教学过程

（1）创设情境，唤起旧知

以公安部建立打拐DNA库，通过DNA鉴定和比对，为被拐儿童找到父母为情境，引起学生思考DNA检验技术为什么能进行个体识别、亲缘关系认定，揭示本节课的学习主题——DNA的分子结构和特点。

教师引导学习回忆：DNA分子的组成单元、脱氧核苷酸的组成成分。要求学生在学案上绘出脱氧核苷酸的结构简图；思考脱氧核苷酸的种类取决于什么？学生在绘制简图时存在困难，教师借助图片重点讲解碱基连接在脱氧核糖的1号碳、磷酸基团连接在5号碳。

设计意图：以社会现象为情境，引导学生关注社会议题，激发学生探究DNA分子结构的动机和兴趣。回顾旧知，为DNA分子模型建构奠定基础。

（2）模拟探究历程，构建结构模型

教师展示三张照片：1952年沃森和克里克在实验室讨论DNA双螺旋结构模型；1953年发表在《自然》上的论文《核酸的分子结构：脱氧核糖核酸的一个结构模型》；1962年沃森、克里克和威尔金斯等荣获诺贝尔奖，指出当时的科学背景是"DNA分子是由许多核苷酸连接而成的长链"后，即让学生边讨论边尝试构建DNA结构模型，在活动过程中学生会发现许多不能解决的疑难问题。教师及时组织学生提出问题并汇总学生生成的问题："磷酸基团与脱氧核糖的什么位置相连？DNA分子有几条链？这些链的位置关系是怎样的？DNA中什么排列在外侧，什么排列在内侧？碱基如何排布？

面向需要解决的问题，教师提供先行组织的科学史材料，让学生对这些科学史事实进行深度加工，讨论分析，从中提炼出有用的信息和方法。教师展示两位科学家通过学习和请教得到的史料，鼓励学生向科学家一样思考。

关于脱氧核苷酸之间的连接方式，教师结合图片分析磷酸二酯键的形成过程（见图3-25）。

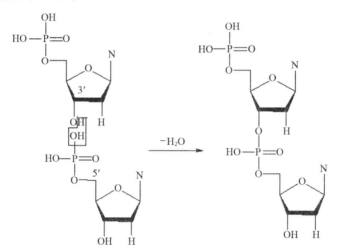

图3-25　3′，5′-磷酸二酯的形成

在DNA中一个脱氧核苷酸脱氧核糖上第3位的羟基与下一个脱氧核糖上第5位的磷酸羟基脱水缩合成酯键，该酯键称3′，5′-磷酸二酯键。

教师提供资料一和资料二。

资料一：二战后，电子显微镜测定出DNA分子直径约为2 nm，威尔金斯推算出只有2条链或3条链的DNA直径才可能是2 nm。（DNA分子可能为双链或三链）

资料二：富兰克林指出按照3条链的DNA模型，推测出的含水量只有实际测得的1/10。（DNA分子为双链）

学生通过以上资料分析得出"脱氧核苷酸之间由磷酸二酯键连接；DNA由两条链构成"的结论后，再次以小组为单位动手制作模型（见图3-26）。这时，学生将再次遭遇困难：两条链的位置关系是怎样的？学生动手、思考讨论后可得出多种方式。

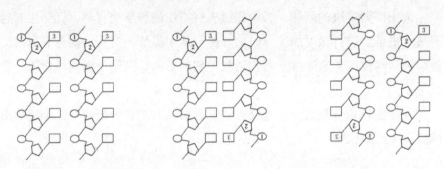

图3-26

在面对多种双链排布方式难题，教师在肯定学生前期成果的同时，激励学生应该像科学家一样坚持不懈并及时提供"沃森和克里克收集到的资料"：

资料三：富兰克林指出，碱基疏水，脱氧核糖和磷酸亲水，而DNA在细胞中是处于水环境中，回忆磷脂双分子层结构，亲水的头部和疏水的尾部的分布。

资料四：戴维逊指出，4种碱基分子大小不同，嘌呤是双环化合物，占有空间大；嘧啶是单环化合物，占有空间小（见图3-27）。

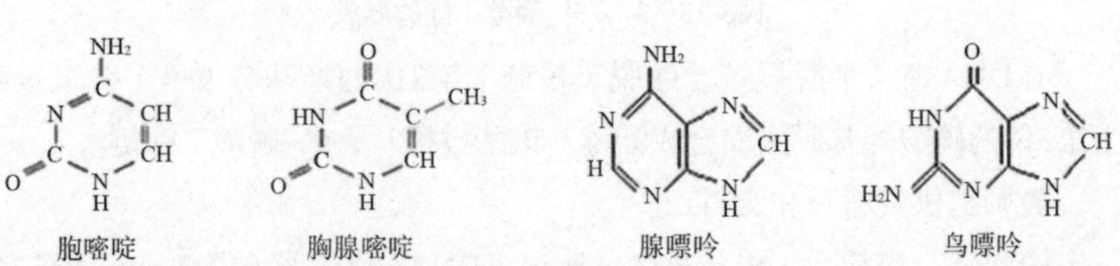

胞嘧啶　　　　胸腺嘧啶　　　　腺嘌呤　　　　鸟嘌呤

图3-27

通过资料三和四的分析，学生可获取信息：碱基位于内侧，脱氧核糖和磷酸位于外侧；嘌呤与嘧啶配对。

教师提问：腺嘌呤（A）是与胞嘧啶（C）配对还是与胸腺嘧啶（T）

配对呢？这个问题使学生又一次形成了认知冲突，这时教师提供资料五和资料六。

　　资料五：生物化学家卡伽夫利用紫外分光光度法结合纸层析等技术，对多种生物DNA做了碱基定量分析（见表3-5）。

表3-5　DNA样本中每种碱基的百分数

样本来源	A	G	C	T
人肝脏	30.3	19.5	19.9	30.3
人胸腺	30.9	19.9	19.8	29.4
青鱼精子	27.8	22.2	22.6	27.5
酵母	31.7	18.2	17.4	32.6

　　资料六：数学家格里菲斯通过计算碱基间的吸引力发现，似乎是A吸引T，G吸引C。

图3-28

　　学生在独立思考、自主学习后，开展小组合作与讨论，教师引导学生分析、整理、归纳，通过对信息的整合与加工，对磷脂双分子层等知识的迁移应用，得出：碱基位于内侧，脱氧核糖和磷酸位于外侧，碱基A与T配对，G与C配对。教师直接给出另一资料：佩鲁兹指出DNA是单斜晶，具有C2对称性，这意味着两条链沿着相反的方向行进，是反向平行的。在此基础上，学生将手中的模型拆开重建，教师及时渗透沃森和克里克当时也是建了拆，拆了又建，最终获得成功。图3-29是学生构建的DNA分子的平面结构。

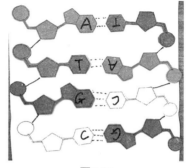

图3-29

最后教师提供资料七，引导学生根据资料七分析DNA分子结构的立体结构。

资料七：1952年，英国女科学家富兰克林通过X射线衍射拍摄到一张举世闻名的B型DNA的X射线衍射照片（见图3-30），图3-31可能有助于理解DNA的X射线衍射照片。

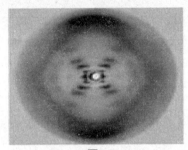

图3-30

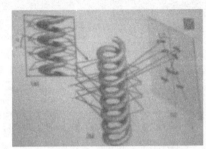

图3-31

根据资料七中两张图片的类比，学生不难发现，DNA是一种规则的螺旋结构，因为由两条反向平行的脱氧核苷酸链组成，因此，DNA是一种规则的双螺旋结构。

（3）巩固新知，评价学习

待学生完成模型建构后，教师展示科学的DNA结构模型，引导学生分析比对，再次修正得出正确结论，要求学生从不同层面概述DNA分子结构。教师精选例题及时评价学生的学习情况，例题如下。

找出图3-32中存在的几处错误。

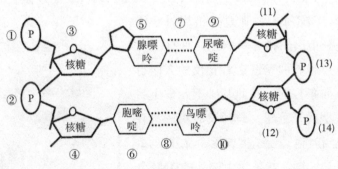

图3-32

（4）观察模型，探究DNA结构特性

教师指导学生仔细观察自己搭建的模型，思考以下几个问题：

①每组制作的模型都相同吗？若不同，差异在哪里？（碱基排列顺序体现了遗传信息，DNA分子结构存在特异性）

②你认为DNA片段模型中，第一对碱基有几种可能？

③某DNA片段有n个碱基对，则该DNA片段可能的碱基排列顺序有多少种？（DNA分子结构存在多样性）

④在DNA片段模型中，A+G与T+C、A+T与G+C的数量关系如何？通过与其他组的比较，你得出了什么规律？（DNA分子中嘌呤数等于嘧啶数，卡伽夫法则）

学生通过对自建模型进行观察和探究，使其对DNA结构特性的认识更加直观具体，更易理解。

设计意图：根据DNA分子模型建构的历程，从"组成单位—单链—平面—立体"四个维度，引导学生建构模型，展示评价，发现问题，讨论分析科学史资料，修正模型，像科学家一样亲身经历DNA双螺旋结构模型构建过程，体会多学科知识的相互渗透。教师有意让学生在动手中产生认知冲突、生成问题，旨在引发学习的注意，激发探究的欲望，培养提出问题的能力，初步发展归纳与概括、模型与建模、批判性思维等科学思维素养。

（5）创设新情境，审视社会议题

学生通过DNA分子结构和特点的学习，可以很好地理解公安部建立打拐DNA库，主要通过对DNA分子的测序和比对进行个体识别、亲缘关系认定。此时教师提出新情境：两会上有委员提议建立新生儿DNA库，那么在给被收买儿童上户口时，公安机关就可以通过比对数据库中的DNA信息，确认儿童的真实身份，及时解救被拐卖和被收买的儿童。引导学生审视该议题。

设计意图：通过创设新情境，引导学生能够关注社会议题，参与讨论并提出理性观点。引导学生尝试着从不同角度去看待问题：如DNA数据库管理问题；信息保存与隐私权保护的问题；DNA采集和比对引起家庭伦理问题等。

4. 教学反思

模型建构方法在中学生物学中应用广泛，且是生物学学科核心素养的培养中科学思维的一种。本节课教师基于学生认知冲突，以"DNA双螺旋结构模型的发现"科学史为载体，引导学生沿着科学家的足迹一步一步地构建DNA的结构模型。生命科学发展史对于培养学生的生物学科的核心素养有着独特的、不可替代的价值。它不仅能激发学生探索生命奥秘的兴趣和热情，更能让学生从中学习和领会科学的思维方法和工作方法。在模型建构过程中，教师有意让学生在动手中产生认知冲突、生成问题，旨在引发学习的注意，激发探究的欲望，培养提出问题的能力，初步发展归纳与概括、模型与建模、批判性思维等科学思维素养。

第七节 基于科学思维开展"生长素的发现"的论证式教学

摘 要：本文以"生长素的发现"为例，阐述以达尔文父子、波森·詹森、拜尔、温特、郭葛等几位科学家发现生长素的科学史资料为主线，就生长素的发现、作用、横向运输等展开论证式教学，通过提出问题、引发猜想、分析资料、得出结论、模型建构等环节，发展学生的科学思维。

关键词：生长素；论证式；表达

论证式教学是当前国际科学教育及其研究领域所关注的一个新方向，成为国内外科学教育研究的热点之一。它通过将论证活动引入课堂，让学生经历类似科学家的评价资料，提出主张，为主张进行辩驳等过程，从而培养学生科学的思维方式。通常，教师基于具体的教学目标提出有价值的问题，学生在已有经验基础上提出观点猜想或思路，并提供证据证明猜想或思路的合理性，使猜想或思路上升为结论。开展论证式教学时，教师需要提供相关资料给学生，引导学生从资料中寻找证据展开论证。论证式教学对学生在理解与表达能力、获取与处理信息的能力以及综合运用能力方面有更高的要求，也是提升学生能力的有效途径。

1. 教材分析和设计思路

"生长素的发现"是浙科版高中生物学必修3第1章第1节的内容，主要内容为达尔文父子、波森·詹森和温特等科学家经过不断的探索，发现了植物生长素，揭示了生长素促进细胞生长的作用，并解释植物的向光性。生命科学是在不断发现、不断探索、不断质疑、不断验证的过程中曲折前行的。生物科学史是培养学生科学思维的良好素材。通过科学史的学习，学生能够沿着科学家的研究历程去了解生命现象的本质、体验科学研究的方法和思维、感悟科学研究的严谨态度。然而教材中涉及的科学史较简洁，而且是跳跃式呈现，不利于学生的深度思考与分析。

因此，笔者尝试挖掘并完善科学史资料，针对每段科学史设计问题，引导学生利用科学史资料进行论证式教学，以期帮助学生吃透教材的同时把握科学研究的整体脉络，发展科学思维。其实在温特研究之前，拜尔也做了实验，排除了明胶的影响，证明了生长素促进生长的作用，这个实验资料增加进来有利于培养学生的批判性思维。温特对向光性的研究不仅仅是教材中涉及的实验，他还利用燕麦弯曲试法在当时不能提取生长素的条件下对生长素进行了定量研究，并且发现了生长素的横向研究，笔者认为这部分内容也是培养学生科学思维和科学探究能力的良好素材。

2. 教学目标

基于课程标准的内容要求、学业要求和学业质量标准，并围绕培养学生核心素养的要求，制订了如下教学目标。

①通过对科学史资料的分析，概述生长素的发现过程，说明生长素促进生长的作用，发展科学思维和科学探究的能力。

②通过构建概念模型，深化所学知识，解释植物的向光性，提升学科核心素养。

3. 教学过程

教师展示均匀光和单侧光照射下的两株同种植物幼苗的图片，介绍植物的向光性特性。讲述：经过科学家的研究，植物的向光性与生长素有关。那么生长素是如何被发现的？它为什么可以引起植物的向光性？其实，最先对植物向光性进行研究是我们熟悉的科学家达尔文。

（1）达尔文父子的实验

教师提供达尔文父子的三个实验资料。

资料一：达尔文（Charles Robert Darwin）英国生物学家，进化论的奠基人。曾经乘坐贝格尔号舰进行了历时5年的环球航行，对动植物和地质结构等进行了大量的观察和采集。1859年出版《物种起源》，提出了生物进化论学说。1868年发表《家养动物和培育植物的变异》。1871年发表《人类起源和性选择》。1872年发表《人类和动物情感的表达》。19世纪70年代发表五部关于植物的著作。1880年，达尔文与儿子弗兰克斯（Francis Darwin）发现禾本科植物（如水稻、小麦、玉米等）的幼苗能够向光弯曲生长，表现出向光性，他们对此特性做了相关的实验，结果如图3-33所示。

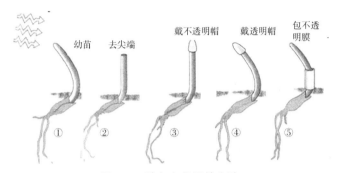

图3-33 达尔文父子的实验

教师提问：①②对照，说明什么问题？①③④对照，说明什么问题？①⑤对照，说明什么问题？引导学生利用变量法对达尔文父子的实验结果进行分析，得出实验结论：向光性与幼苗尖端有关，感光部位在尖端，不在尖端下部。此处引导学生利用变量分析实验，也为后续分析搭建支架。观察到此，那么尖端下部与向光性有何关系呢？引发学生猜测。

资料二：等间距实验，在幼苗尖端和尖端下部画上等间距的标记，并将幼苗置于单侧光之下，一段时间后发现尖端的标记之间间距不变，而尖端下部标记之间的距离变大，且背光侧的间距大于向光侧的间距，如图3-34所示。学生通过观察，发现弯曲部位在尖端下部。尖端下部会弯曲的原因是什么呢？再次激发学生猜测。

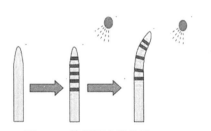

图3-34 等间距实验结果

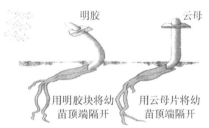

图3-35 苗的背光面细胞生长较快

资料三：达尔文父子对弯曲部位制作切片，通过显微镜观察，结果如图3-35所示。引导学生观察向光侧细胞与背光侧细胞的不同，从直观上解释植物的向光性：背光侧细胞伸长快、细胞大；向光侧细胞伸长慢、细胞小。

该教学环节共提供给学生三个实验资料，通过补充等间距实验将教材中的达尔文父子实验和弯曲部位的切片实验串联起来，引导学生层层深入，逐步观察、逐步发现。

（2）波森·詹森的实验和拜尔的实验

达尔文父子通过研究推测有某种化学物质传递到了下面，是否真的有这种化学物质？

结合课本内容，教师提供更为具体的波森·詹森的实验资料：1913年，波森·詹森进一步对达尔文的推测进行了验证。他选择了两种实验材料：能让化学物质透过的明胶，不能让化学物质透过的云母。他切下幼苗的尖端，在切面上放上一层明胶，再把尖端放回去，幼苗的向光性保持不变。但是如果在中间放的是云母片，向光性就消失了，实验结果如图3-36所示。

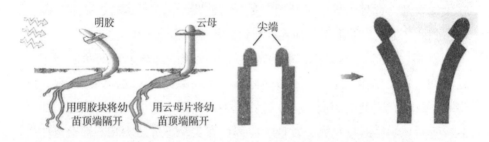

图3-36　波森·詹森的实验　　　　图3-37　拜尔的实验

教师提问：波森·詹森的实验能否证明化学物质的存在？为什么？

学生通过小组讨论，一部分认为的确有一种化学物质由苗尖端向下传递，但也有部分学生认为波森·詹森的实验并没有排除明胶的作用。学生根据资料进行论证并在这一环节培养批判性思维，同时激发学生带着疑问继续参与学习。如何排除明胶的干扰作用呢？引发学生猜想。

教师提供拜尔的实验资料：1918年，拜尔在黑暗中进行了实验：切下幼苗的尖端，移至一侧，幼苗弯向没有放置尖端的一侧生长，实验结果如图3-37所示。教师提问：通过拜尔的实验能得出哪些结论？学生通过分析实验结果，得出结论：的确有一种化学物质由苗尖端向下运输，而且该物质能促进生长。这种化学物质是什么呢？能够分离出来吗？

（3）温特的实验

教师提供温特的两个实验资料。资料一：1926年，温特（Fritz Went）首次用一个简单的办法分离出了这种能促进生长的化学物质。他切下幼苗的尖端，把它放在琼脂块上，一段时间后移去苗尖端。他设想苗尖端中的化学物质会扩散到琼脂块中，于是就可以用琼脂块代替苗尖端。然后在黑暗中，把这些含有化学物质的琼脂块放到幼苗切面正上方，结果发现，这个幼苗垂直生长，与完整的幼苗完全一样；若将这些琼脂块置于切面一侧，则幼苗弯向没有琼脂块的一侧生长；相反，如果放置一块未放过苗尖端的琼脂块，切去尖端的幼苗就几乎不伸长。实验结果如图3-38所示。

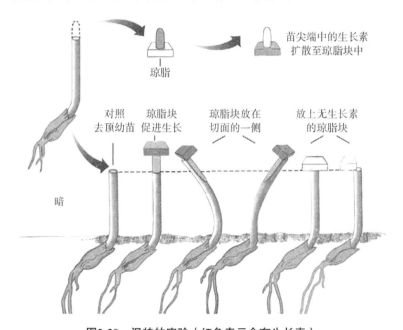

图3-38 温特的实验（红色表示含有生长素）

教师提问：

①实验中的空白琼脂块的作用是什么？

②第1组，第2组，第5组实验对比，得出什么实验结论？

③第1组，第3、4组，第6组实验对比，得出什么实验结论？

④为什么该实验在黑暗中进行？

通过教师的引导分析，得出结论：苗尖端中确实存在一种能促进生长

的化学物质,且生长素分布不均匀导致了弯曲生长。由于这类物质在苗尖
端产生后随即转移到其他部位发挥作用, 所以在当时认为应属激素类物
质,后来被命名为生长素。

此时设计评价任务:在5个相同的琼脂块上分别放置1~5个水稻幼苗尖
端,几小时后将这些琼脂块分别放在5个切去尖端的幼苗切面一侧,在黑暗
下培养后,测定幼苗弯曲角度,图3-39中,横坐标表示幼苗尖端的数量,
其中正确的是( )

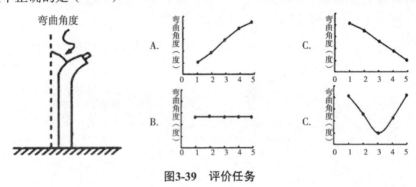

图3-39 评价任务

学生根据温特的实验结论分析评价任务,教师提供温特的另一实验,
材料二:温特最大的贡献是发明了生长素的定量试验方法,即弯曲试法
(如图3-40所示)。他把渗透了生长素的琼脂块放在切去尖端的幼苗切面
的一侧,在黑暗中,幼苗将向另一侧弯曲。如此,在黑暗中生长一定时间
后,测定幼苗的弯曲度α,在一定范围内幼苗的弯曲度α与生长素的含量成
正比,即幼苗越弯曲,则说明琼脂块中的生长素含量越多(用的苗尖端越
多)。以此材料对学生的分析进行肯定,并使学生从内心获得成就感。

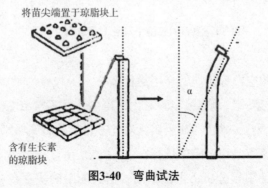

图3-40 弯曲试法

教师过渡：单侧光照作为外界刺激能使植物表现出向光性，而向光性的原因是生长素的分布不均匀，那么单侧光照是如何影响生长素的分布的？激发学生提出各种猜想，继而提供温特的另一个实验资料，让学生的思维与科学家的思维碰撞，带着追求真知的渴望参与学习。

材料3：温特还利用弯曲试法进行了如图3-41所示实验，研究了单侧光对生长素分布的影响发现无论是否有单侧光照射，生长素的总量基本不变；在没有单侧光照射时，生长素均匀分布；单侧光照射下，背光侧的生长素含量几乎是向光侧的两倍。

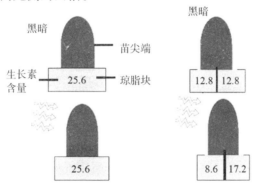

图3-41　单侧光对生长素分布的影响

教师引导学生从生长素的总量、黑暗中向光侧与背光侧的生长素分布、单侧光照下向光侧与背光侧的生长素分布三个角度进行分析，从而得出结论：单侧光照几乎不影响生长素的总量，但是会使生长素从向光一侧向背光一侧运输，即横向运输。

（4）构建模型，解释植物的向光性

模型即用物质形式或思维形式再现原型客体的某种本质特征，能准确地用模型解释生命现象是一种科学思维能力，有助于思维沉淀，使所学知识进一步内化。在分析了与生长素的发现有关的一系列科学史之后，在教师提供的模型基础上进一步完善建构，完整地解释植物的向光性（见图3-42）。最后，展示学生的学习成果，并请学生代表进行说明。

经过以上内容的学习，学生沿着科学史对生长素的发现有了较全面的认识，究竟生长素是什么物质？教师继续提供关于郭葛的实验资料：1934年，郭葛（K.Kogl）及其同事首次从人尿中发现并提取出了生长素，然后又从一些植物中分离出了这种物质。后来经过鉴定，确定了生长素是一种小分子有机物——IAA（吲哚乙酸）。细胞内，IAA由色氨酸合成。

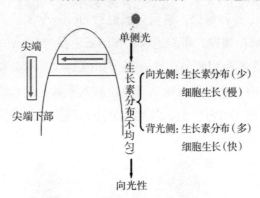

图3-42　解释植物向光性的模型建构

在本节内容的教学过程中，从观察到向光性现象到生长素的功能和本质被逐步发现，学生利用教师提供的科学史资料进行论证，由一个问题过渡到另一个问题，一个发现推动另一个发现，深刻感受到了科学研究道路的曲折，也锻炼了学生的质疑精神和批判思维。那么，生长素都是促进生长吗？最后以该问题结尾，启发学生在课后继续思考，并为第二课时的学习定下主题。

4. 教学反思

浙科版生物教材中有大量的科学史，科学史传递的不仅是知识本身，更是一种在不断地质疑和批判中曲折前行的科学探究精神。通过查阅文献，充分挖掘并利用科学史资料设计成学案提供给学生，以科学史的发展脉络为主线贯穿课堂，并针对每段科学史资料设计问题引导学生对前人的研究历程进行分析和论证，从思维上重走科学家的探索之道，从而培养学生的科学思维，提升学科核心素养。当然，针对不同的教学内容，如何将科学史转变为教学资源是值得深思的，需要根据不同的教学目的进行合理的取舍和加工处理。此外，开展论证式教学的关键在于留有充分的时间让学生去资料中寻找证据，对自己的观点进行论证。

参考文献：

[1]张晓玲.植物生长素的发现历史[J].生物学通报，1988（03）：7-8+51.

第八节　基于科学思维的微专题的教学设计
——以"神经细胞的生命活动与物质运输"教学为例

摘　要：本文以"神经细胞的生命活动与物质运输"为例，利用"神经细胞"作为贯穿本节复习课的载体，以"基础生理活动""特殊生理活动"两大块内容开展教学，侧重对物质进出细胞的各种方式加以复习，通过科学思维、层层递进深入复习，不断构建、完善神经细胞上物质出入方式的模型建构，明确各种物质出入细胞的不同方式对于生命活动的意义。

关键词：神经细胞；科学思维；物质；离子

论题是论证得以产生的基本前提，证据是进行论证的依据，思维的共享、交锋是论证的核心环节，达成较为可以接受的结论是论证的目的。据此，我们认为，论证是共同围绕某一论题，利用科学的方法收集证据，运用一定的论证方式解释、评价自己以及他人证据与观点之间的相关性，促进思维的共享与交锋，最终达成较为可接受的结论的活动。而科学思维已经成为生物教学中的重要组成部分，但探究如果仅仅停留在锻炼动手能力、让学生参与到探究实验的层面，而忽视对探究过程等因素的论证，是不利于学生科学思维形成的。

创造一种基于证据论证的课堂氛围，创建一个体现科学本质的教学过程。论证活动引入学科学习，可以培养学生的论证能力与科学思维能力，加深学生对科学概念及其本质的理解，提高学生在解决问题时判断和决策能力。基于图尔敏的"论证图式"，结合生物学科的教学特点，实施论证式教学，可实现教师与学生的有效互动，有效达成教学目标。

1. 教材分析和设计思路

物质出入细胞的方式，神经冲动的产生、传导和传递是历年高考命题的重点之一，在5年高考中分别考过20次和29次。神经细胞膜两侧离子分布不均而引发的不同种物质出入细胞的方式，结合物质转运速率、静息电位和动作电位的大小等知识，通过多种形式，如直接叙述、模式图、表格等，考查考生对知识的综合分析和运用能力。

2016年的考试说明将"物质出入细胞的方式"和"神经冲动的产生、传导与传递"均定为Ⅱ类要求，就是要理解所列知识与相关知识之间的联系和区别，并能在较复杂的情境中综合运用其进行分析、判断、推理和评价。

以神经细胞为载体，从细胞生理活动的需求出发，将物质、结构、功能三者建立统一关系，通过引导学生比较异同，建构物质出入细胞的模型，通过思考讨论—交流表达—比较归纳—自主建构—内化新知，培养学生综合分析、运用的能力，深化科学思维的过程。

2. 素养与教学目标

基于课程标准的内容要求、学业要求和学业质量标准，并围绕培养学生核心素养的要求，制订了如下教学目标。

①通过构建基础知识网络，概述细胞呼吸过程中，细胞对物质的转运方式。

②通过建立细胞模型，阐述神经冲动产生、传导、传递过程中物质的转运方式，学会解决问题的科学方法。

③通过模型比较异同，提升对问题的思考分析，提高综合运用能力，体会建立模型是解决问题的科学方法之一。

④通过辩证思维，分析并处理有效信息的能力，鼓励学生积极参与探究活动，提升科学素养。

3. 教学过程

课堂教学中，教师应是资源的设计者和组织者，高三复习课也不能一味地简单重复，需要加大思维量，注重能力的培养。在本节课的教学过程中，分解为三个环节进行。

（1）视觉刺激直奔主题

捷克教育家夸美纽斯说："一切知识都是从感官开始的"，情境的创设，有助于学生从形象的感知上升到理性的顿悟。

图3-43

课堂一开始，独立展示一个神经细胞的结构模式图（见图3-43），从视觉感官上将学生的思维集中到神经细胞上，同时提出问题：神经细胞作为一个细胞，它具有和其他细胞共同的基础性生命活动，如细胞呼吸、物质交换，另外作为一个神经细胞，它又有其特有的生命活动，如神经冲动的产生、传导和传递。

以此引入本节内容，开门见山，直击问题核心。本堂课围绕着神经细胞展开相关知识点的复习和衍生拓展。

（2）旧知新构补充框架

苏霍姆林斯基说过，"每一个孩子都是独一无二的"。关注个体差异，关注每一个学生，确定学生的主体地位是新课程的核心理念。因此，抛出问题，引导学生思考、交流、表达、建构将是本节课的主旋律。

①基础生理活动——细胞呼吸

回顾细胞呼吸涉及的物质，追问：这些物质出入细胞的方式分别是什么？同时以神经细胞为载体，让学生建构相关物质出入细胞的模型，然后分类比较物质出入的不同方式（见图3-44所示）。

表3-6

跨膜运输	被动转运			主动转运
	扩散	渗透	易化扩散	
方向	顺浓度梯度			逆浓度梯度
能量	不消耗能量			消耗ATP
载体			载体蛋白协助（种类数量）	载体蛋白协助（种类数量）
物质	小分子物质	水分子	红细胞吸收葡萄糖	小肠绒毛细胞吸收葡萄糖、无机盐离子

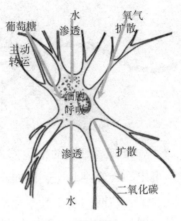

图3-44

学生思考回答，然后建立模型，并在此基础上列表比较各种跨膜运输的异同（见表3-6），建立其自身的知识网络。最后引导学生展开想象，知识链接到相关的激素，完成片段知识的对接。

胰岛素：促进细胞摄取、利用葡萄糖。

胰高血糖素：抑制细胞摄取、利用葡萄糖。

生长激素：减少糖的利用。

甲状腺激素：促进物质代谢。

②特殊生理活动——神经冲动

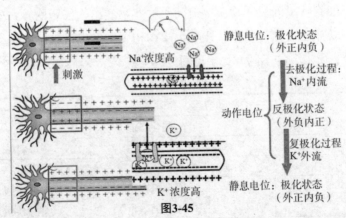

图3-45

在完成基础生命活动——细胞呼吸、物质运输的复习后，指出其特殊的生理活动在于神经冲动的产生、传导和传递上。然后结合图示复述神经冲动产生、传导的过程（见图3-45），追问：膜内外正负电荷发生变化的原因是什么？最后让学生以文字的形式简要表述。

这一过程中，学生通过思考、讨论、表达等环节，师生补充，图文结合，从果到因，由表及里地完成知识点的复习，明确神经冲动产生、传导是Na^+、K^+通道开关所造成的结果。

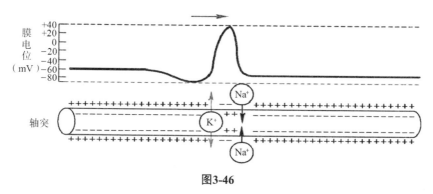

图3-46

在此，教师引导学生回归课本，利用课本原图引导学生参与知识点的运用分析：分析图中各区段相关离子的转运情况以及引发细胞出现的不同状态的原因（见图3-46）。

学生结合教材相关内容，结合图示分析获取知识。

图3-46中轴突段上的神经冲动沿着神经纤维向右传导，左边膜电位-60 mV区段已经回复静息电位状态，-60～+40 mV区段K^+通道打开，正在发生复极化的过程，+40～0 mV和0～-60 mV区段Na^+通道打开，分别处于反极化状态和去极化的过程中，右边膜电位-60 mV区段表示神经冲动还没有传导到此处，仍处于极化的静息电位状态。

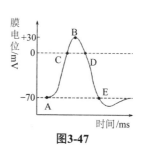

图3-47

展示相似的曲线图（见图3-47），并提问：这张曲线图的含义是什么？和之前的图意义一样吗？

比较分析后，明确图中各区段的意义：

A—C段Na^+通道打开，正在发生去极化的过程；

C—B段Na^+通道打开，神经纤维出现反极化状态；

B—E段K^+通道打开，正在发生复极化的过程。

从图3-47中，还能获取神经细胞的静息电位是-70 mV，A—E区段神经细胞正在进行兴奋的传导过程。

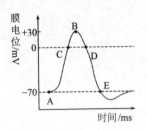

图3-48　动作电位产生示意图

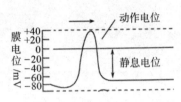

图3-49　动作电位传导示意图

这一过程中，学生结合图片、思考、讨论、回答，然后师生进一步补充。最后以表格的形式区别出两张曲线图的不同含义，以帮助学生完成两个难点知识的区别比较与联系。

动作电位的产生图与传导图的区别（见图3-48、图3-49）：通过两张相似图的比较，学生更加明确每张图的意义，也确定不同区段代表着不同离子的转运，科学思维的不断加深，模型建构的不断完善，学生对于零碎知识点的层层递进，有助于对图文的结合理解，帮助学生更好地完成完善的知识体系。

完成比较后，提问：在神经冲动产生、传导过程中，钠、钾离子进出细胞的方式是什么？然后追问：在神经细胞上，这两种离子只有这么一种转运的方式吗？引导学生思考，在神经细胞上是否存在钠、钾离子的主动转运？图示神经细胞膜上的钠钾泵以及钠、钾离子通道（见图3-50），比较神经细胞膜上两个不同的离子运输方式。同时让学生思考：图示过程的神经细胞是处于神经冲动的何种状态？达到前后知识的复习巩固和综合运用。

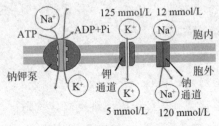

图3-50

图示过程中展示了作为神经细胞，在神经调节过程中Na^+、K^+通道对于神经传导的作用，并且拓展展示了，细胞膜上对于Na^+、K^+主动转运方式进出的图示，帮助学生明确到神经细胞作为一种特殊的细胞，对于正常过程中离子的转动转运方式。另外，图中还反映出，此时K^+通道打开，大量K^+外流，但是Na^+通道关闭，说明图示过程为复极化过程。达到之前复习知识点的快速运用。

在理清楚钠钾离子不同运输方式对神经细胞的不同作用后，继续追问：适当提高外界溶液的Na^+浓度，或者添加Na^+通道阻滞剂对膜电位有什么影响，在复习的基础上，引导学生通过科学思维，将知识点内化，同时达到综合知识的理解和运用。

这一过程中，学生思考、讨论、回答以上问题，归纳：钠钾离子通过主动转运维持细胞膜两侧正常的浓度差，而钠钾离子通道实现神经冲动的产生与传导。

③神经冲动的传递的复习

神经冲动在单个神经细胞上以局部电流的形式完成传导，但是如何跨越到下一个细胞呢？利用图3-51所示将神经细胞间的接点不断放大，展示突触结构，学生复述突触中各个结构的名称。然后追问：神经冲动如何传递到下一个神经细胞上？

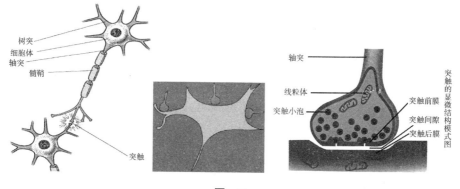

图3-51

这一过程中，学生在独立思考的基础上，采用小组合作交流方式，反馈补充，完成神经冲动传递过程的阐述（见图3-52）。

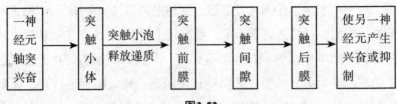

图3-52

提出问题：在神经传递过程中涉及哪种物质的运输？运输的方式是何种？穿过几层生物膜？

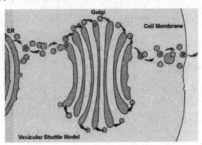

图3-53

学生思考成熟后以图示的方式来演示胞吐的过程，追问：神经递质到达突触后膜后，接下去怎么办？重新描述神经冲动在神经细胞上的传递过程，让学生充分暴露存在的问题，并及时加以修改、完善，在科学思维的过程中，构建属于自己的知识网络体系。

针对学生的知识漏洞，补充细胞膜上受体的作用，以此作为知识点的链接。

神经传递过程中，神经递质的受体，是一个细胞分泌后通过组织液直接作用于下一个神经细胞的。

激素调节过程中，激素的受体，是特殊细胞分泌激素后进入体液，通过血液循环，作用于全身有相应受体的细胞。

免疫过程中，抗原抗体的作用，是效应B细胞分泌特殊抗体到体液中，与相应的抗原起作用。

（3）完善模型达成运用

最后回到最初的神经细胞图上，再次回顾细胞上发生的物质运输方式及其对神经细胞生命活动的意义（见图3-54）。学生完成学案上的反馈练习，实现知识点的巩固。

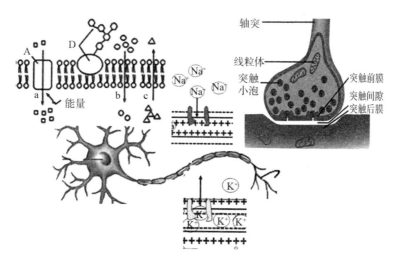

图3-54

4. 教学反思

（1）以学生为中心，注重学生能力的发展

本节课以神经细胞为载体，从细胞生命活动对物质的需求出发，把教学内容进行有机地整合，并以生命活动的开展来贯穿各个知识点，引导学生思考讨论，交流表达、自主建构。通过学生的表达交流暴露问题，通过生生互评以及教师评价予以纠正，从而调动学生参与的热情。尊重了学生的个性发展，有助于使预设课堂变为生成性课堂。同时也注重回归教材基础知识，培养学生综合运用的能力。

课堂教学是有限的，学习是无限的，学生通过对问题的思考、总结、归纳，亲历知识的建构过程，能从有限的课堂中学会对问题的无限探究。

（2）围绕主线展开教学活动

明确的教学主线，可以让教学活动形散而神聚，帮助学生将零散的知识、点滴的收获串联起来，进而实现学习思路清晰化，教学活动线索化，促使教学活动在层次的递升中、外延的拓展中实现彼此照应、前后融通，展现内通外联的圆融之美。

第九节　基于科学思维的论证式教学的教学设计
——以"甲状腺激素调节"教学为例

摘　要： 本文以探索"体液调节"中的"甲状腺激素调节"为例，利用科学史的资料、通过病例分析，共同总结归纳甲状腺的生理作用，通过资料分析、探究性实验设计，建构甲状腺激素调节模型，在科学思维的基础上进一步完善调节模型，运用模型分析问题，设计探究性实验活动，达成学生的科学思维提升。

关键词： 论证式教学；甲状腺激素调节；科学思维

论证式教学是当前国际科学教育及其研究领域所关注的一个新方向，是课堂教学发展的新图景，成为国内外科学教育研究的热点之一。论证教学实质是将科学领域的论证引入课堂，使学生经历类似科学家的论证过程，理解科学概念和科学本质，并促进其思维发展的探究式教学模式。在生物教学中实施论证式教学，有利于扭转科学思维教学"形式化"的趋势，使课堂教学成为融合知识学习、思维发展、科学本质观深化的学习过程。

1. 教材分析和设计思路

"甲状腺激素调节"是浙科版高中生物学教材必修3第二章第三节的内容，上连神经调节。本节内容主要讲述的是内分泌系统与激素调节的知识，着重说明激素对生长、发育、生殖、新陈代谢等基本生命活动具有重要而显著的调节功能。教材将激素调节放在本章的最后，目的是强调人体生命活动主要受到神经调节的影响，其次才是激素调节，使学生对生命活动调节有一个完整的认识。但教材按照内分泌系统介绍器官的结构和功能，并没有对甲状腺激素分泌过程加以连贯性的阐述。在教学过程中，教师采用读书指导法，让学生阅读教材内容并识记整个过程。这在一定程度上有利于学生的短暂记忆，但是学生缺乏对专业名词的理解，缺乏片段知识的系统性建构，缺乏知识点的理解运用，无法利用所学知识解决生活实际问题，不利于学生科学思维的发展。

因此，笔者尝试开展基于科学思维发展的"甲状腺激素调节"的论证式教学。通过内分泌系统介绍器官的学习，完成调节过程的模型建构。以病例分析为基础，提供内分泌系统的功能，分泌激素的主要作用，发展学生的科学思维，引导学生建构甲状腺激素调节的模型，提高学生解决实际问题的能力。

2. 教学目标

基于课程标准的内容要求、学业要求和学业质量标准，并围绕培养学生核心素养的要求，制订了如下教学目标。

①通过病例分析，掌握甲状腺激素的生理作用。

②通过资料阅读和分析，发展科学思维能力，论证材料内容，构建甲状腺激素分泌调节机制。

③通过模型建构，尝试运用反馈调节的原理，解释致病机理，形成归纳和概括能力，提升和内化学生的核心素养，形成健康的生活状态。

3. 教学过程

（1）甲状腺的生理作用

教师提供病例资料，引导学生归纳：甲状腺激素的生理作用？

资料一：早期甲状腺功能的临床观察：

大约在1830—1832年间，在欧洲就有文献报道，地方性甲状腺肿发生在饮水缺碘的地区。

现在知道，地方性甲状腺肿是由于甲状腺对缺碘的代偿性反应，而且由于缺碘可能引起甲状腺机能减退症状，即呆小症。这是在1871年Fagge曾经描述过的病症。

1873年，Gull描述了另一种病症，叫作黏液性水肿。其表现症状为成年人的面部和手肿大，过去认为是黏液在组织中积聚，故名；其实是由于皮下结缔组织加厚。这种病人基础代谢率比正常人低25%，体温过低，智力逐渐减退。在用手术切除地方性甲状腺肿的数月之后，发现患者也会出现上述症状。这些临床发现使人们认为呆小症、成年人黏液性水肿和甲状腺切除后的症状都是由于甲状腺机能衰退所引起的。

Murray在1891年报告，对切除甲状腺后引起的黏液性水肿的病人，用只服甲状腺提取液治疗，得到成功。20世纪初有人发现，服用甲状腺激素过多，可引起甲状腺机能过盛。

以上可见，人们是从临床观察和治疗甲状腺疾病开始认识甲状腺的机能，但是单靠临床观察还是不能深入了解甲状腺的机能，学生沿着科学史发现甲状腺的功能，动物实验对于认识甲状腺的机能起了重要的作用。

资料二：1827年，Cooper第一次报告了切除动物甲状腺的实验。切除甲状腺的后果与动物的种类和年龄有关。

（小）蝌蚪 ——切除甲状腺→ （大）蝌蚪

（小）蝌蚪 ——切除甲状腺→ （大）蝌蚪 ——饲喂甲状腺→ 青蛙

（小）蝌蚪 ——饲喂甲状腺／短时间内→ （小）青蛙

结论：甲状腺能促进幼年动物的生长发育；促进物质代谢和能量转换。

学生在总结结论的基础上，运用科学思维，开展实验设计的教学，探究各实验组设计的目的，各组之间的对照和自身前后对照的相互关系，分析相互变量的比较，为自己开展实验设计奠定基础。

资料三：人们又分别切除幼年哺乳动物和成年哺乳动物的甲状腺，出现了相应的症状。1882年，Schiff发现甲状腺的移植可以消除甲状腺切除的后果，代谢恢复正常。

未成年犬 ——摘除甲状腺→ 身体发育停止、基础代谢率降低

成年犬 ——摘除甲状腺→ 身体臃肿、食欲不振和体温过低 ——移植甲状腺→ 代谢恢复正常

结论：甲状腺能促进幼年动物的生长发育；促进物质代谢和能量转换。

学生分析实验设计的自变量，考察自变量的数量及其设定数量的目

的，考虑科学性而言，是否需要增加实验设计的组别？学生通过实验设计，提升科学思维，不断探索的过程中加强知识与能力的共同提升。

综上所有资料和开展的实验，注重学生对实验过程的理解和设计意图的理解，针对各实验的结论，引导学生初步总结归纳甲状腺的生理作用。甲状腺激素的作用包括：促进幼年动物的生长发育，促进物质代谢与能量转化，促进骨骼成熟，促进中枢神经系统（包括大脑）的发育，提高神经系统的兴奋性。

资料四：1895年，Bauman发现甲状腺含碘量最高，进一步分离得到了结晶的甲状腺素。1951年，Gross和Pitt-Rivers发现并合成了另一种甲状腺激素。

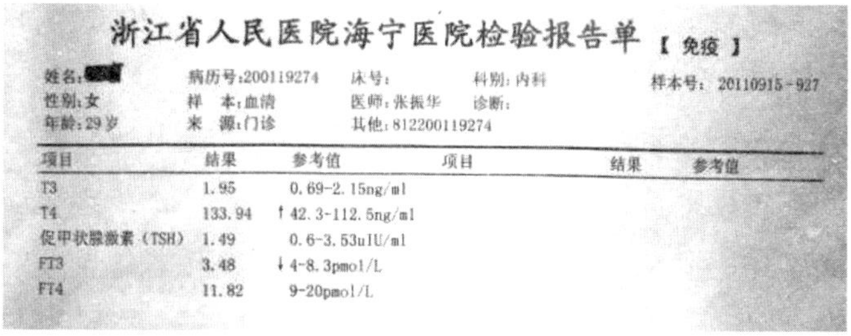

图3-55

利用自己的甲状腺相关激素的验血报告单（见图3-55），结合甲状腺激素发展史上的资料，由此知道甲状腺激素的化学本质是一种含碘的氨基酸衍生物，包括甲状腺素（T_4）和三碘甲腺原氨酸（T_3）两种。利用科学思维引导学生明确科学事实，甲状腺分泌的甲状腺激素是一类激素，其中包含的种类是科学研究不断前行的过程。

（2）建构甲状腺激素调节模型

教师提供以下资料，引导学生分析问题。

资料五：垂体甲状腺兴奋激素（TSH），亦称作促甲状腺激素。促甲状腺激素是腺垂体分泌的促进甲状腺的生长和机能的激素，具有促进甲状腺滤泡上皮细胞增生、甲状腺激素合成和释放的作用。TSH与滤泡外表面上甲状腺细胞浆膜受体结合，是影响和控制T_3和T_4形成的整个序列反应所必需的。

资料六：促甲状腺激素释放激素（thyrotropin-releasing hormone，TRH）由下丘脑分泌的一种三肽，TRH释放至下丘脑和垂体之间门脉系统，与垂体前叶促甲状腺细胞上的特异TRH受体结合，引起TSH系列释放。其生理功能是通过一系列途径使垂体前叶细胞内储存的TSH释放，血中TSH及T_3、T_4含量增高。

问题1：资料中涉及的内分泌腺是什么？

问题2：内分泌腺分泌的激素分别是什么？

问题3：分泌的激素其作用分别是什么？

学生通过资料分析获得以上三个问题的答案，并能引发学生深入思考，探索科学的思维过程。教师引导学生思考：腺垂体分泌的促甲状腺激素，促进甲状腺合成、分泌甲状腺激素；下丘脑分泌的促甲状腺激素释放激素，促进垂体合成、分泌促甲状腺激素的释放。

教师进一步利用资料四，引导学生获取信息：甲状腺合成、分泌两种甲状腺激素；再根据资料二、三的实验，分析甲状腺的生理功能，分析获得甲状腺激素作用遍及全身所有的器官。归纳总结甲状腺合成、分泌的甲状腺激素，作用到全身所有的细胞。

图3-56

问题4：这三种内分泌腺和分泌的激素之间有何种关系呢？

利用以上所有资料和实验设计过程，学生围绕这一论题，收集证据，运用一定的论证方式解释、评价自己以及他人证据与观点之间的相关性，促进思维的共享与交锋，最终达成较为可接受的结论的活动。通过学生的思考、分析和讨论，教师的引导，学生建构甲状腺激素调节机制的初步模型，掌握甲状腺激素相关分泌腺的前后顺序和相互关系，论证甲状腺激素分泌调节机制的相互关系，训练科学的思维过程，感受生命的意义。

（3）完善甲状腺激素的反馈调节模型

提供以下资料，引导学生分析问题。

资料七：甲状腺作用机制是与受体结合形成激素受体复合体，诱导基因转录过程，并且有负反馈调节机制。激素分泌过多会反过来抑制下丘脑和垂体减少激素的分泌，能够促进新陈代谢、加速物质转化、产生热量等，维持机体正常体温（见图3-57）。

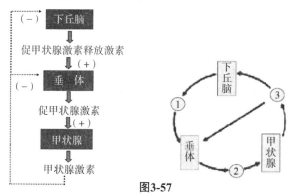

图3-57

问题5：通过下丘脑和垂体的调节，甲状腺激素分泌量增多，如何达到激素的相对平衡状态？

根据资料二、三提供的信息，利用甲状腺激素调节模型，教师提出科学思维的方向，按照甲状腺激素调节模型，甲状腺激素不断积累增多，血液中的甲状腺激素过多，引发"甲亢"，引导学生完善反馈调节的模型。并要求学生针对模型加以描述内容，掌握相关新的专业名词。

学生在科学思维的基础上完善了整个模型建构，但是并不确认学生掌握程度如何？教师展示另一模型，学生分析巩固相关知识点，同时进一步完善科学思维过程，知识与思维并驾齐驱，内化学科素养。

（4）运用甲状腺激素调节模型分析问题

提供病例资料，引导学生分析问题。

资料七：甲状腺素包括甲状腺素（T_4）和三碘甲状腺原氨酸（T_3），是人体内两种含碘的激素，成人每天的需碘量约为70μg，青少年为150～200μg。在一定剂量范围内甲状腺激素的合成随碘供应的增加而上升，但如果碘供应量超过一定限度（正常人5 mg/d，甲亢患者2 mg/d），则可出现相反的结果。

单纯性甲状腺肿是甲状腺功能正常的甲状腺肿，是以缺碘、致甲状腺肿物质或相关酶缺陷等原因所致的代偿性甲状腺肿大，不伴有明显的甲状腺功能亢进或减退，故又称非毒性甲状腺肿，其特点是散发于非地方性甲状腺肿流行区，且不伴有肿瘤和炎症，病程初期甲状腺多为弥漫性肿大，以后可发展为多结节性肿大。

引导学生利用建构完善的甲状腺激素调节模型，回答相关问题。

"大脖子病"的病理分析：人体内缺少碘，不能合成甲状腺激素，引起甲状腺激素分泌不足，反馈调节，刺激下丘脑和垂体，分泌过量的促甲状腺激素释放激素和促甲状腺激素，从而导致甲状腺肿大，被称为"大脖子病"。因此，让学生认同我国自1995年起全面实施的食盐加碘政策，以消除碘缺乏病。

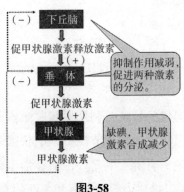

图3-58

模型的建构是学生在科学思维的基础上，学生自主构建形成的，旨在培养学生整合所学知识的能力，实现对科学思维能力的培养。

生物学科是"理科中的文科"，除需记忆大量的专业术语外，还要学会运用归纳与概括、演绎与推理、模型与建模及批判性思维等方法探讨生命现象及规律，这些都需要严谨的理性思维过程。而在课堂教学中，理性思维的养成需要的不能仅仅是纸上谈兵，更需要学生亲自动手操作、体验，这样学生才能形成自己的思维过程。对于思维的培养本身就是一个循序渐进的过程，需在潜移默化中逐步达成这一内隐目标。

（5）设计实验探究甲状腺激素调节的相关器官

根据资料，分组设计探究实验，书写相关实验思路。

资料八：科研实验表明，切除垂体后，甲状腺激素合成与释放均明显减少，甲状腺也萎缩，及时补充甲状腺激素，可使甲状腺机能恢复正常。

探究1：垂体是动物重要的内分泌腺，现以犬为对象设计实验，探究垂体对甲状腺分泌激素、代谢及发育的影响。

说明：具体的观测方法不做要求。基础代谢率是单位时间内维持清醒状态的生命活动所需的最低能量。

实验思路：

①取生长状况相似的幼犬若干只，随机均分成三组，分别设为A、B、C组。测定甲状腺激素的量和基础代谢率，观测犬的生长发育状况。

②A组不做处理，B组切除垂体，C组假手术处理，在相同且适宜的条件下喂养一段时间。

③测定甲状腺激素的量和基础代谢率，观测犬的生长发育状况，记录分析。

资料九：1969年分别从几十万头猪、羊的下丘脑中分离提纯出以毫克计的第一个下丘脑促垂体激素——促甲状腺激素释放激素。

资料十：如果先给犬注射抗促甲状腺激素释放激素的血清，以消除促甲状腺激素释放激素的作用，则不能引起血液中甲状腺激素的增加。

探究2：下丘脑是动物重要的神经中枢，现以犬为对象设计实验，探究下丘脑如何控制垂体分泌的实验。

①将下丘脑与垂体之间的神经联系阻断，犬没出现甲状腺激素缺乏的症状。

②将下丘脑与垂体之间的血管联系阻断，犬出现甲状腺激素缺乏的症状。

实验证明：垂体分泌活动是受下丘脑分泌的物质所控制的。

4. 教学反思

本节课内容对于学生而言，比较陌生、抽象和生疏，而且专业术语名称多而长，需要学生在记忆的基础上，理解运用。因而在教学内容的处理上，通过学生对一系列资料的分析讨论、观看图片等活动，进行探究及合作学习，利用科学发现史作为背景资料，运用实验设计增加课堂的探索性，联系生活实例开展分析、解决问题，激发学生的科学思维能力，增加学生课堂教学的参与度，注重以学生的发展为课堂教学的中心，提升学生的科学素养。

问题的合理设计是培养学生独立思考问题能力的基本保证，注重每一个环节的细节，问题设计得简练、到位和合理，对于课堂上生成性问题加以合理地引导，增加知识点的深层次理解和深度教学，才能更好地培养学生的科学思维能力，高效地完成自主学习。

参考文献

[1] 张刘祥, 金其生. 新课程理念指导下的课堂教学策略[M]. 上海:华东师范大学出版社, 2004.

[2] 凌鹏飞. 内隐与外显:教学目标的二种存在形式[J]. 教育导刊, 2014, 000 (012): 58-60.

[3] 柳夕浪. 从"素质"到"核心素养"——关于"培养什么样的人"的进一步追问[J]. 教育科学研究, 2014(3): 5-11.

[4] 施久铭. 什么是核心素养——为了培养全面发展的人[J]. 人民教育, 2014 (10): 13-15.

[5] 蒋桂林. 基于高中生核心素养培养的生物学科素养的思考[J]. 中学生物学, 2015, 031(010): 9-10.

[6] 魏玮, 沈浩宁. 论证式教学在高中生物教学中的应用——以"植物生长素的发现"一节为例[J]. 中学生物学, 2016(3): 11-12.

[7] 崔小亮. 论证式教学的尝试[J]. 教育, 2014, 000(028): 62.

第四章　科学探究

　　"科学探究"是指能够发现现实世界中的生物学问题，针对特定的生物学现象，进行观察、提问、实验设计、方案实施以及结果的交流与讨论的能力。在探究中，乐于并善于团队合作，勇于创新。

第一节 基于科学探究核心素养的项目式学习的教学设计
——以"细胞膜"复习教学为例

摘　要：本文以"细胞膜"的复习教学为例，就细胞膜的结构、功能、联系及研究意义展开项目式学习。项目式学习通过围绕一个核心问题的科学探究展开，通过探究小组探究，返回合作小组交流，自主建构知识体系，培养学生科学探究等核心素养。

关键词：科学探究；核心素养；项目式学习；教学设计；细胞膜

自《普通高中生物课程标准（2017年版）》正式出版后，在生物学课堂教学中培养和提升生物学学科核心素养，已是一线教师不断尝试与深刻反思的一项重点内容。只有精准合理的教学设计，才能在教学过程中最大限度地培养和提升学生的生物学学科核心素养。科学探究作为核心素养之一，是指学生能够发现现实世界中的生物学问题，针对特定的生物学现象进行观察，提问，实验设计，方案实施以及对结果进行交流与讨论的能力。"探究"常用于新课教学。项目式学习，以真实的项目为任务，促进学生通过学习研究问题，得出结论，从而获得知识和技能。本文以"细胞膜"的复习教学为例，尝试引导学生通过项目式学习，进一步巩固知识和技能的同时，侧重培养和提升学生的科学探究核心素养。

1.教材分析和设计思路

"细胞膜"是浙科版高中生物学教材必修一第2章第2节的内容，教材本节内容包括一个活动"验证活细胞吸收物质的选择性"、细胞膜有选择透性、质膜的结构模型和细胞壁，它作为帮助学生达成对概念二"细胞各部分结构既分工又合作，共同执行细胞的各项生命活动"的第1个重要概念，是本章的教学重点，也是学考和选考必考内容，在必修一内容复习中举足轻重。同时，为了让学生在微观层面上更深入地理解生命的本质，了解细胞的结构与功能的统一，生物体部分与整体的统一，在复习时可以结合必修一第2章其他部分内容和第3章第2节"物质出入细胞的方式"等其他相关内容引导学生深化理解细胞膜的结构和功能，建构知识体系。

因为是复习课，如果再按教材内容安排直接进行简单的知识再现，老生常谈，学生一方面兴趣不浓，不专心地听课仍旧发现不了自己的知识漏洞，另一方面也不利于学生知识的构建，更没法应对目前强调知识应用情境的命题特点，因此，在复习教学中融入科学探究内容，引导学生针对高中已经知道的生物学现象或知识，追根究底并尝试挖掘内在联系，交织成知识网络，无疑是引导学生打破简单重复和章节界限，在全面学习基础知识的基础上，了解收集多方信息，进行科研、生产和生活的多角度知识整合的过程。为了实践这种复习观念，我尝试开展了基于科学探究核心素养的项目式学习的教学设计，即将相关内容拆解成四个项目，每个项目围绕一个核心问题展开科学探究，通过系列核心问题的解决完成项目的整体研究，最后通过讨论评价交流总结归纳构建细胞膜的相关知识体系。以达到培养提升学生科学探究核心素养的同时，锻炼科学思维，深化对生命观念的理解和认同。

2. 科学探究和教学目标

基于课程标准的内容，要求和浙江省相应的考试说明，并围绕科学探究等核心素养的相关内容，制订了如下教学目标。

①通过对项目一和项目二的科学探究，重建细胞膜的结构与功能相关知识体系，形成结构与功能观。

②通过对项目三的科学探究，体会细胞内各部分之间的直接和间接联系，能进一步认识生物体部分与整体的统一，独特性与复杂性并存，初步形成一定的科学自然观。

③通过对项目四的科学探究，能从根本上形成造福人类的态度和价值观，能基于生物学的认识，积极运用生物学知识和方法，结合本地资源开展科学实践，尝试解决现实生活问题。

④通过对项目学习内容的实施交流，评价整合，在科学探究中尝试运用归纳与概括等方法，建构细胞膜的知识体系，并进一步发展科学思维和科学探究素养。

3. 教学过程

（1）项目式学习主题的分解与规划

细胞膜的复习中，细胞膜的结构和功能是重点，根据课标和考试说明相关的内容要求，将该部分内容的复习拆解成四个项目如表4-1。

表4-1　"细胞膜"复习项目学习规划

项目名称	内容
细胞膜的结构探究	结构发现史与流动镶嵌模型内容，结构特性及实例分析
细胞膜的功能探究	细胞的边界作用、细胞控制和细胞通信等功能，细胞膜的功能特性及实例探究
细胞膜与其他结构的联系探究	细胞膜与其他生物膜在结构功能上的联系及实例探究
研究细胞膜的意义探究	细胞膜研究在工业、农业和医学等领域的意义探究（结合高中生物学内容）

由于各项目任务较多，其中，第三、四个项目的部分内容需借助资料查阅进行收集整理，另外，需学生课前收集积累细胞膜相关经典错题。故该部分内容的完成最好安排在周末，以任务单作业完成。项目一、二的全程学习可以课堂完成，除去课下完成的项目内容收集整理，围绕"细胞膜"复习的项目学习和交流评价，需安排至少三个课时，并设计好每个项目的项目学习任务单，项目学习成果记录单，知识体系框架导图以及评价量表。课堂教学第1课时，安排各探究小组活动交流，各小组据任务单完成小组的项目内容学习。第2课时安排各探究小组成员持学习内容返回合作小组交流各自学习内容（按探究小组学习流程侧重交流项目一和二的内容），完成项目一和二的学习，第3课时继续按探究小组学习流程在合作小组交流项目三和四，收集整理信息，项目整合后，归纳概括并结合知识体系框架导图完善细胞膜知识体系。

（2）项目式学习的课堂实施

本项目式学习采用一般项目学习的流程，按分组准备→项目探究→项目交流→完善体系→总结评价的基本流程实施课堂教学，具体如下。

①分组准备

课前将全班同学划分成4人一组的合作小组，若学号是按成绩排列的，则按学号顺序1~4号为一组，其他以此类推。组内4位同学按学号从小到大依次编号ABCD，所有的A同学重组为项目一探究小组，以下为描述方便，简称A组，所有的B同学重组为项目二探究小组，简称为B组，其他同理，重组为项目三、四探究小组，简称为C组、D组。若无例外，各探究小组以及合作小组中均安排各组学号最小的为组长（教师最好事先面授相关注意事项及主要内容，让组长把握主干，再在探究中互补细枝末节），便于以后的组内和组间交流合作、呈交作业以及管理评价。

②项目探究

课堂初始，教师开门见山提出"细胞膜"复习课堂教学的观念：通过小组合作探究，摸清细胞膜的结构和功能以及细胞膜与细胞其他结构的联系，了解细胞膜研究的意义，并能回到原合作小组给同伴清楚讲解，那么，千变万化的题目也就迎刃而解了。让同学们有明确的学习目的和完成学习任务的欲望，并由ABCD探究小组的组长领取本组核心问题和项目学习任务单、项目学习成果记录单以及相应的参考资料。各组长根据核心问题和项目学习任务单以及参考资料，组织本组成员学习，完成探究任务，并记录学习成果。

A组项目探究主题：细胞膜的结构探究（见表4-2）

核心问题分解：科学家如何发现并得出细胞膜的结构？目前大家公认的细胞膜流动镶嵌结构模型如何？该结构有何特点？高中所学能反映该特点的事实有哪些？

表4-2　A组项目探究活动设计及意图表

探究活动	活动内容	活动意图
1	阅读打乱的有关细胞膜研究的科学实验，根据科学探究的一般思路，提出引发相应科学实验的问题，并排序	通过阅读排序以及对引发相应科学实验的问题的归纳，体会科学探究的一般思路
2	选1~2位同学给同组同学讲述细胞膜的结构模型内容及特点，同时回答同组其他同学的相关问题（要求每人针对模型提出至少一个问题）	通过讲述、提问及回答，培养学生对特定生物学现象（质膜结构）观察、表述并提问等科学探究素养

探究活动	活动内容	活动意图
3	组内交流高中生物学中能体现细胞膜结构特点的事实，并交流收集相关的经典易错题	在事实交流中发现问题，解决并巩固相关问题的情境应用，提高实践能力

B组项目探究主题：细胞膜的功能探究（见表4-3）

核心问题分解：细胞膜有哪些功能？细胞膜如何实现控制物质出入（提示：结构基础）？有哪几种方式？特点如何？细胞膜的功能特性是什么？体现在哪些方面？如何设计实验验证细胞膜的功能特性（提示可从教材相关实验出发）？通过细胞膜实现的细胞通信方式有哪些？结合高中生物所学举例说明？

表4-3 B组项目探究活动设计及意图表

探究活动	活动内容	活动意图
1	组长讲述细胞膜功能（细胞的边界、细胞控制、细胞通信，并解释内涵）	通过讲述规范文字表述和探究方向
2	合作探究搭建物质出入细胞的方式知识网络图（提供印有出入方式名称、相关划分标准、特点、实例和曲线的不干胶打印纸彩纸一份、印有知识网络树干的8K白纸1张、剪刀）	在给出知识网络树和所有内容的基础上通过对知识的检索和信息整理，完善物质出入方式知识网络，暴露问题的同时，提升归纳与概括能力，锻炼科学思维
3	交流各自收集的体现细胞膜选择透性的素材，设计实验验证细胞膜的功能特性（重点在于教材两个活动思路重现交流，要求每人针对实验目的、原理、思路、结果和结论某方面至少一问）	一方面，在事实交流中发现问题，解决并巩固相关问题的应用，提高实践能力；另一方面重温实验设计和方案实施以及结果交流和讨论的程序，进一步掌握科学探究的基本思路和方法，提升素养
4	探究细胞通过细胞膜实现的细胞通信类型（活动由教师提供印有精卵识别、胰岛B细胞分泌胰岛素作用于肝细胞、突触传递三幅图，小组合作解释三种通信，并归纳建模，分享其他相关实例和经典例题）	细胞膜与细胞通信有关，是学生知道的事实，但不成体系，通过三个实例，引导学生在比较分析的基础上，打开思路，回顾所学，并通过分类、归纳建模以及实例收集分享等发展科学思维和科学探究能力

C组项目探究主题：细胞膜与其他结构的联系探究

核心问题分解：细胞膜与细胞内哪些结构有直接联系？细胞膜与细胞内哪些结构有间接联系？体现这些联系的经典例题或实例有哪些？

设计活动：小组成员各自收集细胞膜与其他细胞结构有直接或间接（如通过囊泡）联系的教材证据，图片证据，实例证据，交流分享。

设计意图：通过证据收集，强化阅读熟悉教材，收集处理信息的能力，通过证据分享交流补充，进一步体会细胞膜与细胞结构间存在的直接或间接联系。体会细胞在结构和功能上的统一，形成生命观念的同时，进一步提升团队合作探究能力。

D组项目探究主题：细胞膜研究的意义探究

核心问题分解：细胞膜的结构和功能在农业上有何拓展应用？细胞膜的结构和功能在工业上有何拓展应用？细胞膜的结构和功能在医学上有何拓展应用？

设计活动：小组成员交流课下收集的相关信息，交流分享。

设计意图：通过信息收集和处理分类，体会科学探究的基本技能和方法，提升实践能力，同时了解生物技术和发展服务于社会各行各业，培养和提升学生的社会责任核心素养。

③项目交流

各学习小组的同学，回到最初的合作小组，编号A的同学向合作小组内其他成员介绍探究小组A组的项目研究成果，为避免遗漏，尽可能围绕A组项目学习任务单上的核心问题分解及项目学习成果记录单进行较为详细的交流。编号BCD的同学聆听学习并提问、补充和完善。然后编号BCD的同学依次介绍自己所在探究小组的活动成果，互相交流学习。

④完善体系

引导学生以合作小组为单位，融合4个探究小组项目学习的学习成果，结合教师下发的，知识体系框架导图，以思维导图的形式完善知识体系，并鼓励同学们在知识体系中插入经典例题或实例应用，通过典例收集与相互排疑解难，实现相应知识的迁移与应用。在整理过程中融合小组学习智慧，且因项目学习中的围绕知识的整合与科学探究任务的牵引，学生不得不对项目进行深入思考和应用，是一个不断深度学习的过程。

⑤总结评价

整个复习教学过程是一个教师引导下的、有目的的科学探究与知识整合的过程，该过程依赖于小组合作中不断暴露盲点并完善，对小组成员的学习主动性要求较高，因此也必须包含过程评价和结果评价，具体如表4-4所示。

表4-4 "细胞膜"项目学习评价表

评价类型	评价对象	内容标准	自我评分	小组评分	教师评分	总分
过程评价（每项按表现从低到高为1、2和3分，下同）	探究小组	1. 课前资料和典例准备比较充分				
		2. 积极围绕核心问题分解收集信息，并参与交流				
		3. 能较好地完成探究任务，认真完成项目学习任务单并记录				
	合作小组	1. 能向小组成员介绍项目学习成果内容，逻辑清楚，无理解错误				
		2. 能倾听他人学习成果，并提出补充或完善建议				
		3. 能合作构建较完善的思维导图				
结果评价	探究小组	项目活动任务单任务完成良好，记录较完善				
	合作小组	思维导图形式的知识体系脉络清楚，收集的实例经典全面，设计合理				

4. 教学反思

（1）亮点

本专题以细胞膜的结构和功能为核心内容，覆盖必修一、必修三以及部分选修三的内容，跨度较大，内容也较多。课堂教学打破传统，将其分解为四个项目开展教学。每个项目都围绕一个主题多个分支问题展开探究，最终整合项目活动内容自主构建知识体系，学生再进一步意识到细胞膜结构与功能的统一，以及细胞膜与其他细胞结构之间直接或间接联系构成统一的整体。最难能可贵的是在这样三节课的教学内容中，学生任务"繁重"，一改往日复习课教师艰难讲，学生轻松听，一听就懂，一做就错的被动学习。而是被项目任务驱动，不断地通过一个又一个活动内容进行科学探究，完成知识的重组重建。同时，学生还要将探究小组的学习成果按一定逻辑加工后，回到原合作小组给组员讲解一遍，在培养和提升学生的科学探究核心素养的同时，还锻炼了科学思维和小组合作能力。实现了对知识的意义建构和深度学习。

另外，在合作小组的最后活动环节中，学生对知识进行整合构建思维导图，完善知识体系的过程中，通过比较分析并补充典例的做法，活跃并发展了科学思维。且项目四探究任务的完成也能让学生深刻地认识到细胞膜研究的意义，提升社会责任感。

（2）待改进处

在教学过程中，A组项目探究任务难度尚可，毕竟大多数资料由教师提供，且教材内容比较集中，收集整理较容易，学生互助合作效果较好。B组项目探究任务尽管已分解成4个小活动，但在活动2任务单完成时已出现了较大的差距，如曲线与转运方式的匹配，信息交流实例收集以及证明细胞膜功能特性的实验设计等都差距明显。虽然有小组成员合作攻坚，但回到原合作小组交流时，部分小组成员存在交流困难，以致这些小组最后汇报的知识体系及典例呈现明显较差。因此，如何让这批学生在探究学习中更主动吸取相关知识技能还有一定的难度。

总之，本复习课堂教学中将零散的知识以各种载体引导学生完善知识体系，是深度学习所必需。基于科学探究核心素养的项目式学习打破了原有知识呈现顺序，将记忆的内容和有关实验复习以探究活动的形式引导思考、提问、分类、归纳及建构知识体系能在较好地提升科学探究核心素养的同时，发展科学思维等其他素养。

参考文献:

[1] 中华人民共和国教育部制定. 普通高中生物学课程标准 [S]. 北京: 人民教育出版社, 2018: 25.

[2] 许明. "探究鸡卵的秘密"一节的项目式学习. 生物学教学, 2019, 44 (9): 16-17.

[3] 殷亚妮. 基于培养学生科学探究素养的生物学实验设计. 2019, 44 (9): 46-47.

[4] 张莹, 李艳梅. STEM理念下微生物实验室培养的项目式教学. 2019, 44 (9): 42-43.

[5] 闵凡芹. 在实验教学中培养学生科学思维和科学探究能力初探. 2019, 44 (9): 40-41.

第二节　基于生物学核心素养的深度学习教学设计
——以"遗传信息主要储存在细胞核中"的教学为例

　　摘　要：基于生物学核心素养，通过小组课前自主学习、课堂合作探究和展示，依托思想实验的设计和分析、模型的制作和分析及思维导图的构建和展评等进行深度学习，最终归纳出细胞核是遗传和细胞代谢的控制中心，细胞核结构与功能相适应。

　　关键词：核心素养；深度学习；结构与功能

　　新课程标准高度关注学生学习过程中的实践经历，强调学生学习的过程是主动参与的过程，让学生积极参与动手和动脑的活动，通过探究性学习活动或完成工程学任务，加深对生物学概念的理解，提升应用知识的能力，培养创新精神等。本节课以此为指导，在提供丰富史料的基础上，让学生通过思想实验的设计和分析、模型的制作和分析，思维导图的构建和展评来带领学生进行深度学习，为学生创设手脑联动的契机，给学生搭建科学探究、深度思维和小组合作等活动平台，从而形成结构与功能相适应的生命观，形成科学思维的习惯，掌握一定的科学探究思路和方法，具有合作精神的社会责任意识。

1. 学习内容和学情分析

（1）学习内容分析

　　"细胞核"为浙科版必修一第二章第4节内容。新课程标准是在主要概念"1.2细胞各部分结构既分工又合作，共同执行细胞的各项生命活动"的内容下的次位概念"1.2.3阐明遗传信息主要储存在细胞核中"。放在细胞膜和细胞器的教学之后，因此，对于结构的学习具有连续性，同时为后面学习细胞增殖、遗传的分子基础打下一定的基础。故在教学设计时，更加需要挖掘教材，让学生通过深度学习明确结构与功能之间的关系，局部与整体之间的关系。同时教材所提供的伞藻实验正好可以还原科学家实验过程中的真实现象，从而让学生能深入了解实验的真谛，形成质疑和释疑的思维过程。

（2）学情分析

本节课的授课对象为高一的学生。高一的学生仍保有初中生喜欢积极参与课堂活动的特性，这对于小组活动的开展具有积极的一面；高一的学生已具备一定的获取信息能力、分析问题的能力，但是深度的科学思维能力和建模能力方面还有所欠缺，故采用小组合作和教师引导的形式对于课堂的推动具有很好的效果。在前知识方面，学生已学习了核酸的知识，在初中时已学习过真核细胞和原核细胞等知识，但是对于染色质和染色体，细胞核结构的具体认识方面还比较抽象；同时，对于细胞核控制遗传的理解上也存在一定的难度。故在教学设计时采用最近认知原则，以小组课前自主学习教师提供的科学史实让学生对于细胞核的功能有一个具象的认识，再通过课堂上的思想实验、模型构建等来突破认知上的难点，最终由具象的科学史实提炼为生物学概念。

2. 素养与教学目标

①通过小组合作学习科学史实初步知道细胞核的功能（以特定的生物学事实为基础形成简单的生物学概念，并用文字表达出来的科学思维素养）。

②通过分析伞藻嫁接实验和小组合作设计伞藻核移植实验进一步体会细胞核的功能（根据提出的生物学问题，设计探究实验方案，在小组学习中能主动合作的科学探究素养）。

③通过质疑伞藻核移植实验和模型的建构来探究细胞核的结构（基于事实和证据，运用归纳的方法对可能发展的趋势做出预测的科学思维和科学探究素养；主动参与小组的探究和模型构建的实施，并提出自己的见解和承担自己的工作的社会责任素养）。

④结合构建的模型、科学家探究的过程、自己设计的伞藻核移植实验和构建思维导图分析得出细胞核结构和功能的相适应（能运用结构和功能相适应的观念分析和解释情境中的生命现象的生命观念素养；能够在新的情境中，基于事实和证据采用适当的科学思维方式解释其内涵的科学思维

素养；具有通过科学实践解决真实问题的意识和想法的社会责任素养）。

3. 教学过程

（1）引课

采用课前教师提供美西螈核移植实验、蝾螈受精卵横缢实验、变形虫去核及核移植实验和伞藻嫁接实验材料，通过学生分小组自主学习，得到相应的实验结论。教师通过学生自主学习情况的反馈，发现学生能够按照教师设计的导学稿完成相关设问的回答，但是在伞藻嫁接实验所得出的结论中，超过80%的学生认为细胞核控制了伞帽的形状。因此，在课堂上学生展示课前自主学习的成果后，教师引入"思想实验"，仍用伞藻进行进一步的探究。

（2）探究细胞核的功能

①实验材料的介绍

对于生物学实验来说，实验材料的选择是非常重要的，在研究细胞核功能的时候浙科版教材上以伞藻的嫁接实验为例。为什么选择伞藻为实验材料呢？教师呈现有关伞藻的资料和图片让学生分析原因。

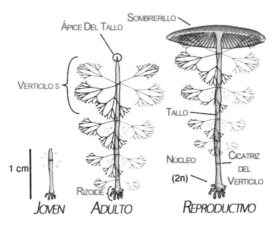

图4-1　伞藻

资料1：伞藻是一种生活在海洋里的单细胞藻类，每个伞藻细胞大约2～5 cm高，可分为"帽""柄""足"三部分。细胞核在"足"内，此属中不同伞藻的"帽"的形状不同，是最大的单细胞生物之一。伞藻是研究基因表达与形态建成关系的良好材料，实验时易操作，易观察，具有肉眼可区分的形状，具有很强的可再生能力。

设计意图：学生对于伞藻比较陌生，通过图片和文字介绍可以让学生了解这种特殊的单细胞大型植物，并且知道它具有肉眼可区分的形状和很强的再生能力，认同实验材料的选择是实验成功必不可少的条件之一，同时也对于后面思想实验的开展很有帮助。

②伞藻嫁接实验

教师和学生一起用磁力贴来展示伞藻的嫁接实验的操作方式，在整个展示过程中需要跟学生一起分析实验设计的对照原则和单一变量原则，并且简单解释"思想实验"。同时，让学生思考大家在课前对伞藻嫁接实验下结论是否合理。

设计意图：学生在对于伞藻嫁接实验下结论时会出现"细胞核控制了伞帽的形状"这样错误的结论，之后过渡到让学生设计"伞藻的核移植实验"，同时通过展示提醒学生实验设计需要遵循的原则，为学生设计伞藻核移植实验做铺垫。

③伞藻核移植实验

学生根据教师提供的地中海伞藻和细圆齿伞藻模式图，分小组设计相关实验来证明细胞核控制伞帽的形状。在学生的操作过程中，教师注意收集不同小组的设计的情况。学生操作完成后把所有小组的作品进行展示，并让学生分析哪组设计最科学；教师需要引导学生从实验设计的原则上去考虑。

设计意图：学生在设计实验时往往会忽视单一变量原则，仅交换了两种伞藻的细胞核，对于细胞质是否一致会忽视。通过分组设计实验和展评来锻炼学生设计实验的能力和内化实验设计的对照原则和单一变量原则，逐步形成科学探究和社会责任意识。

④韩默灵的实验

过渡：韩默灵在做伞藻实验时看到的现象真的像我们做的伞藻实验一样吗？展示韩默灵的实验。

资料2：如果一种伞藻的"足"和"帽"都被去除，并与另一种伞藻的"足"相连，也会长出新的"帽"，但是这个新"帽"的结构会同时带有两种伞藻的特征。如果新"帽"再被去除，重新长出来的"帽"则与提供细胞核的伞藻形状、特征相同。发现这一现象的科学家是韩默灵（Hammerlin），但他也不知道为什么第一次长出来的"帽"同时具有两种伞藻的特点，而第二次长出来的"帽"则与提供细胞核的伞藻完全一样。

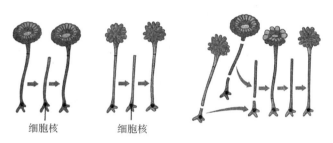

细胞核　　　细胞核

图4-2　Hammerlin实验图片1

教师设问：这个实验是否说明伞帽的形状是细胞核和细胞质共同决定的？通过分析学生会得出是细胞核决定伞帽的形状的结论。

教师可以再追问，可以设计什么实验证明不是细胞质决定的呢？学生探讨后可以展示汉麦林（Hammerlin，美国版课本英译为韩默灵，本文均采用美国版教材音译）的实验。如图4-3所示，将单细胞的地中海杯状藻先在近核处切断，再在近杯处切断（a），此中间的茎（b）置于海水中可再生一杯（c），但将此杯切断后，不能再生第二。

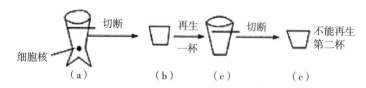

切断　　　　再生　　　　切断　　　　不能再生
细胞核　　　　　　　一杯　　　　　　　　　　　第二杯
（a）　　　　（b）　　　（c）　　　　　（c）

图4-3　Hammerlin实验图片2

从上述谈论中可以得到，细胞核与细胞质之间存在某种联系，推测细胞核中有某些控制形状的物质进入到细胞质。

设计意图：与所学知识产生冲突，引发新的思考，对于实验的真实性产生怀疑，进入到深度学习。并且明确生物学是一门实验类的学科，生物学事实的得到需要通过实验来证明。同时，也引出细胞核的结构，核质之间的联系，结构和功能之间的关系。

（3）探究细胞核的结构

①细胞核模型制作和展示

学生根据教师提供的材料（各小组之间略有差异），自主探究和建构细胞核模型，再由小组发言人讲述细胞核的结构和该结构的功能，本组的特点，与其他组的区别等等。在小组制作的过程中，可以每组派1~2名组员去其他小组交流。

设计意图：教师在提供材料的时候，细胞膜颜色相同的两个组细胞膜上核孔复合体的数目不同，染色质的条数不同，核仁的大小不同，数目不同。然后，让学生组间交流时发现不同，产生认知冲突，从而引起深度学习和对于结构的进一步研究。

②深入认识细胞核结构

学生通过细胞核立体模式图识别细胞核的结构，并且绘制细胞核结构的平面图。在绘制平面图时，学生会遇到不少的难题，尤其是核膜的绘制上。故有必要时教师可以现场解剖细胞核，让学生体会到不同的剖面投影的平面结构是不一样的，我们呈现的是结构最为完整的平面图。

设计意图：从各种不同的实物图到一般的立体模式图，再到平面图，锻炼学生识图、析图和绘图能力。并且，体会到从实际事例抽象到一般概念的过程，以逐渐形成科学思维。

（4）体会结构与功能相统一

①体会染色质是遗传信息的载体

控制伞帽形状的遗传物质存在于细胞核中的哪个结构上呢？学生在前面有学习核酸的相关知识，知道存在于DNA上，但是DNA和染色质、染色体是什么关系，学生不是很清晰。因此，教师提供资料3，给学生们形成思维上的冲击，让学生体会到结构与功能之间的关系。

资料3：每个人体的DNA连接起来，其长度是地球到太阳的往返距离的300倍。其中，每个细胞内DNA分子长度约2 m，平均每条染色体所含的DNA的长度约为5 cm，而细胞核的平均直径约7~10 μm（一个DNA分子可以绕细胞核赤道面1 592.4圈）。

通过设问，如此长的DNA如何"蜗居"在细胞核中？让学生通过观察或者分解上一环节中教师提供的染色质模型，让学生再体会由DNA到染色质、染色体是一个怎样的过程，让学习向纵深发展。

设计意图：通过宏观和微观方面数据的对照形成意识上的冲突，再通过模型的分解，让学生体会到储存了人体的遗传信息的染色质的结构的复杂，同时也区分染色质和染色体之间的关系。

②体会核孔复合体实现核质之间频繁物质交换和信息交流

展示韩默灵实验的图片，设问，是DNA离开了细胞核吗？是通过什么结构离开的呢？学生会猜测通过核孔复合体离开，也有学生会猜测没有离开。教师进一步展示资料4、5和6。

资料4：在真核细胞中，DNA主要贮存于细胞核中的染色体上，而蛋白质的合成场所在细胞质中的核糖体上，诺贝尔奖获得者托马斯·R·切赫经过多年研究发现，信使RNA能将DNA上控制蛋白质合成的遗传信息传递给核糖体。但由于分子较大，无论DNA还是RNA均无法穿过磷脂分子层。

资料5：核孔可以将细胞核内的RNA运出细胞核，但是DNA不能运送出核。还有一些蛋白质一经运入核内就不能再离开细胞核。

资料6：2017年，诺贝尔化学奖授予三位生物物理学家，表彰他们"研发出能确定溶液中生物分子高分辨率结构的冷冻电子显微镜"技术，发现核孔复合体由多达30多种不同的蛋白质，1000多个蛋白分子共同构建而成，直径只有120 nm。1个细胞核大约有3 000个核孔，细胞分类复制染色体时，1个核孔1 min要运进核内100个蛋白分子。细胞迅速生长时，1个核孔1 min向细胞质运出3套核糖体的前体单位。

学生通过分析资料，获取信息可以体会到核孔复合体实现核质之间频繁物质交换和信息交流，深刻体会到了结构与功能之间的统一性。同时，也明确了离开细胞核的物质是mRNA，它可以指导蛋白质的合成。这样学生就可以回答韩默灵看到的实验现象是如何产生的。

设计意图：通过展示诺贝尔奖的获得让学生体会到技术对于生物学研究进展的帮助。同时资料的呈现也锻炼学生获取信息，利用新获取的知识解决问题的能力。这也是深度学习和科学探究的实质。同时回扣韩默灵实验也是为以后转录翻译设下伏笔。

③体会不同细胞中核仁间的差异

展示学生制作的细胞核的模型，有小组放入了两个核仁，这样的模型是否科学呢？教师展示资料7。

资料7：核仁通常表现为单一或多个匀质的球形小体，是真核细胞间期核中最显著的结构。核仁的大小、形状和数目随生物的种类、细胞类型和细胞代谢状态而变化。蛋白质合成旺盛、活跃生长的细胞，如分泌细胞、卵母细胞，核仁大，可占总核体积的25%，不具蛋白质合成能力的细胞，如肌肉细胞、休眠的植物细胞，核仁很小。

通过资料的学习，学生对于细胞核中核仁的数目和大小问题有了新的认识，同时也会提取出不同细胞核中核仁的差异跟细胞的代谢关系密切，从而也说明了细胞核是控制细胞代谢的中心。

在此基础上，教师可以进一步设问，引导学生思考在代谢旺盛、蛋白质合成快的细胞中，核仁、核孔复合体有什么特点？

设计意图：通过学生在制作模型时产生的疑惑设计了对于核仁的探究，意在让学生清楚核仁的功能，核仁和代谢之间密切的关系，也进一步证明结构决定功能。

（5）总结提升

①细胞核的数目和核质之间相互依存

设问，是不是所有细胞都具有细胞核呢？一个细胞中会有多个细胞核吗？学生在学习细胞膜的结构时，用到红细胞的这个材料，可以回答出存在没有细胞核的细胞，教师需要说明不是所有的红细胞都没有细胞核，也补充植物中的筛管细胞和肌细胞等细胞核的相关知识；同时，通过精子和成熟的哺乳动物的红细胞为例说明核质之间的相互依存关系。并且，可以追问学生，在课前预习的四个实验中，哪个实验也证明了核质之间相互依存。

②构建细胞核结构和功能关系的思维导图

以小组为单位，根据教师提供的相关材料，构建细胞核结构与功能的思维导图（见图4-4）。在学生构建时，教师需要给予帮助，同时与学生互动发现学生在构建时产生的问题，便于学生展示环节的引导。

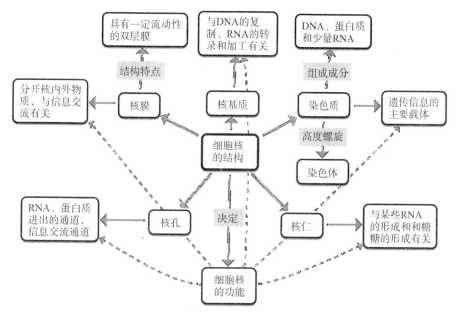

图4-4 细胞核结构和功能相适应思维导图

设计意图：课堂教学过程中，学生的思维已达到一定的深度，但是对于细胞核结构与功能的概念的形成和整体的关系之间相对分散，因此，设计了让学生构建思维导图来形成整体的概念模型。在设计时考虑到若让每个小组直接构建会存在比较大的难度，故教师课前为学生准备的了构建的基本框架，让学生通过课堂学习的情况合作构建。

在构建中的思维冲突等均会通过合作学习而得到解决。最后的展示环节也让其他小组的成员知道思维过程。

③回扣伞藻核移植实验和韩默灵实验

学生通过设计伞藻核移植实验，并且选择出了最佳设计组。那这个最佳设计组真的是大家预测的实验结果吗？通过对于韩默灵实验的分析和后面核质之间物质交流的学习，学生很快得出实验结果的不完善性。

设计意图：本节课意在能形成深度学习，提升生物学的核心素养。这个环节的设计意在当堂检验学生的思维深度，学生根据所学推知未学习时，预测的结果是再次去掉伞帽后的结果，在这之前还有中间形态的存在。

（6）课后作业

课后作业是对课堂的延伸，本节课布置了学生根据细胞结构的模式图，进行微写作，描述细胞中各结构之间的分工与合作。以小组为单位，选择材料构建细胞的三维结构模型。

4. 教学反思

（1）亮点

本节课通过探究细胞核的功能、探究细胞核的结构、体会结构和功能相统一三个环节展开课堂教学。在设计时以探究伞藻嫁接实验、伞藻核移植实验、韩默灵伞藻交接实验为主线。通过还原韩默灵实验现象引出学生的深度思考和学习细胞核精巧的结构和核质之间的联系。并且设置了不同程度的问题串把学生引向深层次的思维探究，最后通过思维导图总结提升。

（2）不足

课堂的容量相对较大，因此，在课前的学生自主学习和教师对于教具的准备上需要考虑很多的细节。对于学习力一般的学生群体无法在一节课上完成全部的学习内容和深度探究。

（3）建议

188页"③体会不同细胞中核仁间的差异"这部分内容可以在186页"（3）探究细胞核的结构"中由教师根据学生模型构建中生成的问题，采用教师讲述的方式完成，这样不仅可以节约时间，同时也不影响教学内容的连续性。188页"①细胞核的数目和核质之间相互依存"这部分的教学可以在189页"②构建细胞核结构和功能关系的思维导图"展评的时候简单带过，由教师点出局部和整体的关系也是一种简洁的处理方式。

参考文献

［1］中华人民共和国教育部. 普通高中生物学课程标准（2017版）［S］. 北京: 人民教育出版社, 2017.

［2］（美）奥尔顿·比格斯等, 著; 曾立等译. 科学发现者: 生物·生命动力（中册）［M］. 浙江教育出版社, 2008.

［3］普通高中课程标准试验教科书.生物必修一分子与细胞教师用书［M］.北京: 人民教育出版社, 2006.

第三节　基于科学史培育科学探究素养的教学设计
——以 "DNA的分子结构和特点" 复习课为例

新课标指出教师在教学中把科学史的学习放在生物教学中的关键位置。灵活运动科学史中的情境，不仅能激发学生学习兴趣，突破传统讲授式教学，更能鼓励学生创新知识获取的方式、尝试体验科学探究的过程，最终提升科学素养。生物学科的科学史十分丰富，整理可得大量的探究素材，用于提高学生的科学探究思维，以及培养学生的探究精神和创造性思维。故而基于科学史的教学则是达成科学素养等核心素养的十分重要的一环，现以浙科版高中生物教材必修二中 "DNA的分子结构和特点" 一节的为例，从以下几方面介绍基于科学史培育科学探究素养的教学设计。

1. 教材分析、设计思路

"DNA分子结构和特点" 是浙科版高中生物学教材必修二第三章第二节的内容，内容包含DNA的分子结构、DNA分子的结构特点以及制作DNA双螺旋结构模型三部分。在此之前，学生已经习得了DNA是主要的遗传物质，此时就可以提出问题：DNA分子为什么可以储存遗传信息，作为遗传物质的DNA分子又到底如何携带遗传信息？通过提问学生关于DNA分子的功能的问题，引导学生对DNA分子结构进行探讨。从大概念的角度，本节内容是大概念 "遗传信息控制生物性状并代代相传"，中第一个重要概念 "亲代传递给子代的遗传信息主要编码在DNA分子上" 的核心的次位概念。故而在教学设计中，有一条隐隐约约贯穿于教学过程的一个核心思路，就是这个大概念以及重要概念，或者说是从DNA的功能的角度去理解DNA的结构。沃森和克里克的成功有一个重要的原因，那就是他们坚信DNA就是遗传物质。从生物学结构和功能相适应的生命观念去思考问题，学生也需要带着结构和功能观去思考本节课的内容。

对于沃森和克里克DNA双螺旋结构模型的建立，是划时代的分子生物学的开篇。这些内容在科学史层面也都是一脉相承的，DNA双螺旋结构模型建立后，沃森和克里克马上提出了DNA复制可能的机理。类似的，从知识层面来看，本节课也是整本必修二中最为核心的内容，也起了重要的承上启下的作用。向上，对接了孟德尔遗传定律中遗传因子的本质，通过对这一章知识的学习，学生可以进一步理解基因的显隐性关系到底是什么原因，为什么有的基因可能会致死，为什么9∶3∶3∶1的比例有那么多的变式。向下，本节课的内容DNA的分子结构，将为接下来要学习的遗传信息的传递及表达的学习打下了基础。比如DNA复制的过程，转录和表达的过程，都与核酸分子相关的结构紧密相关，深刻理解DNA分子结构和功能，将为以后有关知识的理解打下坚实的基础。

关于本节复习课的设计思路，由于学生已经习得了所有遗传的分子基础的知识，对于DNA的结构和功能以及它们的联系都有了一定的认识，故而可以对DNA的双螺旋结构以探究的形式进行展开复习，打破常规活动教学，引入DNA结构发现的科学史，在复习本节内容的基础知识的同时，分步进行DNA双螺旋结构模型的构建。从功能的角度思考，提出DNA分子为什么可以储存遗传信息，作为遗传物质的DNA分子又到底如何携带遗传信息的疑问。通过学生动手构建DNA的结构模型，加深学生对DNA分子结构和功能的理解，为以后相关知识的学习奠定更加坚实的基础。本课时的教学设计以一明一暗两条主线展开，明的是学生参与科学探究过程，从历史情境出发，由易到难，一步步推出DNA分子的结构，暗的是在这个过程中处处渗透着的结构和功能观。

2. 素养与教学目标

（1）生命观念

①说出DNA分子由4种脱氧核苷酸构成。

②概述通常两条反向平行的长链形成双螺旋结构。

③概述两条长链的碱基互补配对的情况。

④DNA中碱基对的排列顺序编码了遗传信息，并且深入领会结构和功能观。

（2）科学思维

①养成分析图表，从中发现问题并提出假设的能力。

②通过亲身体验DNA双螺旋模型的搭建，具备一定程度的建立模型的能力。分析与比较各种模型，也能意识到模型的不足，意识到模型与实际物体是具有差异的。

（3）科学探究

①结合DNA分子结构的发现历史，通过自主进行DNA双螺旋模型建立，具备基本的科学探究的能力。

②从DNA分子结构的发现历史中，领悟到在生物学研究中跨学科合作探究的重要性。

（4）社会责任

体会到科学探究过程的艰辛，学习科学家积极不倦的奋斗精神和探究精神，培养学生的科学探究意识。最终为将来学习和生活中可能面临的自主探究学习或者自主探究性研究打下基础。

3. 教学过程

情境1：课本上一节内容，我们已经学习了核酸是主要的遗传物质。回到1950—1951年，许多科学家已经认可了DNA是遗传物质。那么最困扰大家的一点就是DNA的分子结构到底是什么样的？这时有3组科学家对此发起了挑战：来自加州理工学院的鲍林，他是当时有名的化学家。伦敦国王学院的物理学家威尔金斯、富兰克林，他们原来是一个团队，后来分道扬镳了，他们是用X射线衍射的方法研究DNA的晶体结构。还有一个团队是沃森和克里克团队。23岁的遗传学家沃森，在剑桥大学做博士后时，邀请办公室的物理学家克里克一起参与研究，克里克在X射线晶体衍射学方面有研究。

师：那最后是谁成功了？是谁最先发现了DNA的分子结构？

生：当然是沃森和克里克。

设问：那为什么沃森和克里克成功了？

师：沃森和克里克有个优势，那就是他们坚信DNA就是遗传物质。从生物学结构和功能相适应的生命观念去思考问题。请同学们也带着结构和功能观去思考本节课的内容。

教学意图：突出科研中，生物学学习中，生命观念中的结构和功能观的重要性。结构和功能观可以说是生物学教学过程中贯穿始终的一个重要的生命观念，在本节课中，需要让学生带着结构和功能的观念去学习知识，去理解生物学内容，去思考生物学问题。从DNA分子结构的发现历史中，发现3个小组中的科学家研究的方向包含了生物、化学和物理等，由于生物学涉及很多化学和物理等方面的知识，领悟到在生物学研究中，跨学科进行合作探究的重要性。

情境2：让我们返回当时的研究背景，回到当时那个年代。在19世纪40年代，当时的化学家已经通过研究，测出了DNA的组成，也就是DNA由6种小分子组成：脱氧核糖、磷酸和4种碱基（A、G、T、C）。由这些小分子首先组成了4种脱氧核苷酸，而后这4种核苷酸组成了DNA。

活动：制作脱氧核苷酸。将1个脱氧核糖、1个磷酸和1个碱基，用胶水粘在小方框中，用黑笔划线代表内部的化学键。

材料：不同颜色和形状的纸片代表脱氧核糖、磷酸和碱基。

教学意图：通过脱氧核苷酸模型的构建，学生可以更好地理解单个脱氧核苷酸的结构，特别是其中各个基团以及它们之间连接的位置。同时通过对照学生得出的模型，教师可以提问每个基团的名称，提问每种脱氧核苷酸的名称，分析脱氧核苷酸的结构，加强学生对构成DNA分子的4种脱氧核苷酸的理解。

情境3：1952年，沃森和克里克根据DNA的X射线晶体衍射，率先发表了一篇DNA三螺旋结构的论文，很快被证实错误，这一打击让他们一度暂停了DNA结构的研究。

问：这个模型正确吗？和我们上节课所学的模型有何差别？

答：不正确，但都具有DNA单链的结构。

师：这个DNA单链结构最有可能由一个个脱氧核苷酸脱水缩合构成，更确切地说是一种酯化反应。根据上节课所学内容，能否尝试着构建出一个简单的DNA单链的结构？

活动：制作一条由3个脱氧核苷酸构成的单链。将3个小方框，用胶水粘在大方框中，用红笔划线代表相邻的脱氧核苷酸的化学键。

教学意图：根据DNA单链的结构模型的构建，学生可以进一步地明确单个脱氧核苷酸的结构，知晓在整条DNA，以及一条链中脱氧核苷酸之间的连接方式。体会到科学探究过程的艰辛，学习科学家积极不倦的奋斗精神和探究精神，培养学生的科学探究意识。最终为将来学习和生活中可能面临的自主探究学习或者自主探究性研究打下基础。

情境4：1953年1月，威尔金斯以为沃森与克里克已不再做DNA结构研究，将有史以来最美的一张X射线照片"照片51号"拿给沃森过目，并且详细地解释相关的研究结果：DNA分子比较规则，比较对称，且具有重复的结构。DNA是细长的，由两条链构成，互相平行，甚至还可推出反向平行。

活动：构建反向平行的两条链。与其他小组合作，各自提供一条脱氧核苷酸链，组成反向平行的双链结构。

师生互动：如图4-5所示，这种反向平行的结构至少有两种合理的假设，除了大部分同学设计的方案之外，还有碱基排列在外侧，磷酸基团和脱氧核糖排列在内侧的可能。

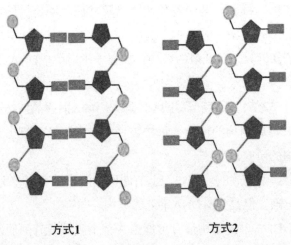

方式1　　　　　方式2

图4-5

教学意图：学生能更好地理解反向平行的概念，特别是两条链反向的判定，单链的一头有磷酸基团，单链的另一头有一个脱氧核糖没有继续连接另一个脱氧核苷酸的磷酸基团，或者说是这个脱氧核糖上具有游离的羟基。通过具体的案例，让学生进行开放性的思考，最终培养学生发散性思维。

情景5：1952年底，夏格夫当面告知沃森和克里克，关于他的研究成果。早在1950年，他就已经提出了夏格夫法则，夏格夫法则可以认为是他研究的结论，大家可以对表4-5进行一下分析。

表4-5 夏格夫对DNA分子的碱基分析量表

来　　源	碱基的相对含量/%			
	腺嘌呤（A）	鸟嘌呤（G）	胞嘧啶（C）	胸腺嘧啶（T）
人	30.9	19.9	19.8	29.4
牛（胸腺）	28.2	21.5	22.5	27.8
牛（脾）	27.9	22.7	22.1	27.3
牛（精子）	28.7	22.2	22.0	27.2
大鼠（骨髓）	28.6	21.4	21.5	28.4
母鸡	28.8	20.5	21.5	29.2
蚕	28.6	22.5	21.9	27.2
酵母菌	31.3	18.7	17.1	32.9
结核分枝杆菌	15.1	34.9	35.4	14.6
小麦（胚）	27.3	22.7	22.8	27.1
扁豆	29.7	20.6	20.1	29.6
细菌病毒	21.3	28.6	27.2	22.9

分组讨论：问题，从表格中你可以得到什么信息？进而有什么推论？

提示：根据表格，从不同的生物的角度，相同的生物有什么共性，不同的生物有什么特性，你可以得到什么信息？进而有什么推论？

生：对于这些生物细胞，我们发现所有的细胞在其DNA分子中，A和T的分子数相等，G和C的分子数相等。

师：所有的细胞在DNA分子中，A和T的分子数相等，G和C的分子数相等，很可能是因为什么呢？为什么会有这种特殊的情况出现。

生：DNA分子是双链的，在DNA分子中，很有可能会发生A和T的配对，以及G和C会的配对。

师：明确在DNA分子中的确会发生碱基互补配对，构成了碱基对，所以很有可能碱基对排列在内侧，而脱氧核糖和磷酸交替连接，排列在外侧，构成DNA分子的基本骨架。磷酸基团和脱氧核糖构成了基本骨架，这个骨架稳定，使得DNA分子的整体结构较为稳定，这与DNA功能的重要性相适应。

教学意图：学生能更好地理解碱基之间的关系，明确两条链之间的碱基可以构成碱基对，碱基对排列在内侧。而脱氧核糖和磷酸交替连接，排列在外侧，构成DNA分子的基本骨架。学生能更好地辨析夏格夫法则与碱基互补配对原则的关系。

生：（提升问题）对于同种生物的不同细胞，我们发现其DNA分子中，A、T、G、C的比例是大致相等的。对于不同种生物的细胞，其DNA分子中，A、T与G、C的比例有可能是不相等的。

师：我们都知道，同种生物遗传信息应该是十分相似的，而不同生物的遗传信息应该是不同的，那么为什么会有这个情况出现？或者说刚刚的碱基对还有什么功能上的含义？

生：DNA分子中的碱基对排列顺序就代表了遗传信息。

活动：在反向平行的两条链的基础上，依据夏格夫法则及碱基互补配对原则，构建DNA的平面结构模型（见图4-6）。

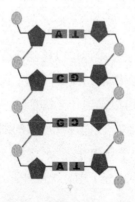

图4-6

教学意图：学生进一步体会到作为遗传物质的DNA分子或者说携带遗传信息的DNA分子需要具有什么样的结构。更加深刻地体会到结构与功能相适应的含义，尝试用结构和功能观去解决问题。变原来教师或者学生自已对已有知识的分析和总结，为运用结构和功能观去解决问题，对学生的生物学素养提出了很大的挑战。这也是对次位概念"DNA中碱基对的排列顺序编码了遗传信息"理解的进一步深化。最终在课堂上，学生构建出了DNA分子的平面结构模型，这个构建过程目的是让学生在小组合作的过程中，去切身实践建模过程中的思考方式，最终获得或者巩固了生物学中的重要概念。

情景6：沃森、克里克和威尔金斯因发现DNA的双螺旋结构，而获得了1962年诺贝尔生理学或医学奖。但是遗憾的是，在1958年做出重要贡献的富兰克林因乳腺癌去世。美国生物学家沃森和英国物理学家克里克在发表DNA分子双螺旋结构的那篇著名的论文的最后写道：在提出碱基特异性配对的看法后，我们立即又提出了遗传物质进行复制的一种可能机理。

提示：刚才我们学习的是作为遗传物质的DNA分子或者说携带遗传信息的DNA分子需要具有什么样的结构。但是遗传信息必然能遗传给下一代，具有复制的功能，这项功能也必然和结构有着千丝万缕的联系。那么遗传物质是如何进行复制的呢，这就是沃森和克里克想到的问题。

教学意图：体会到在科研生活中，会有愉悦伴随着艰辛，也有平坦伴随着曲折。本节课也是整本必修二中最深刻的内容，也起了重要的承上启下的作用。本节课的内容，DNA的分子结构将为接下来要学习的遗传信息的传递及表达的学习打下基础，深刻理解DNA分子结构和功能，将为以后有关知识的理解打下坚实的基础。

课后提升作业：几个小组一起将DNA的平面结构模型连在一起，并尝试在此基础上构建DNA的双螺旋立体结构模型。并且可以与书本59页的小球模型作对比，关注碱基对的真实的空间位置，思考其原因。

教学意图：学生会发现自己模型的不足，立体感不强。使学生体会到模型都可能有缺陷，各种模型只是从一定角度上去理解、去解释客观事物，但是模型有它重要的作用，能够帮助人们更好地去理解客观事物。比如我们这节课做的模型，更适合当作是一个平面结构的模型，可以分析各个基团的位置，理解各个脱氧核苷酸之间的关系。另外一方面，模型可能具有固有的缺陷，当它们连接起来变得更长，我们会发现其立体的双螺旋结构很难建立。

4. 教学反思

教学设计具有一明一暗两条主线，明的是学生参与科学探究过程，从历史情境出发，由易到难，一步步推出DNA分子的结构。引入了真实的科学数据，特别是夏格夫提供的碱基含量的数据，为本节课的探究起了画龙点睛的作用。暗的是在这个科学探究过程中处处渗透着的结构和功能观，有以下几处涉及：最开始提出的问题，为什么沃森和克里克获得成功？磷酸基团和脱氧核糖构成了基本骨架，骨架稳定，DNA分子的结构较为稳定，与DNA功能的重要性相适应。根据夏格夫给出的表格，结合不同生物的遗传信息应该是不同的或者说DNA的功能是携带遗传信息，分析出结构层面碱基对的重要作用，即DNA分子中的碱基对排列顺序就代表了遗传信息。结尾处提到的，遗传信息必然能遗传给下一代，具有复制的功能，这项功能也必然和结构有着千丝万缕的联系，这就是沃森和克里克想到的问题，并提出了相应的假设。

第四节　基于科学探究和科学思维素养的教学设计
——以"种群的增长方式"为例

核心素养是指学生在进行相应学段的学习、生活过程中，逐渐形成的能够适应终生发展以及社会发展需要的必备品格与关键能力。在高中生物学课程的不断学习过程中，学生亦能逐步形成高中生物学核心素养，可以指导解决现实生活中遇到的各种生物学相关问题，并能稳定地贯穿一生。生物学核心素养，具体来看，包括了四个方面：生命观念、科学思维、科学探究及社会责任。而建模思维则是科学思维中十分重要的一环，现以浙科版必修三中"种群的增长方式"一节为例，从三个方面介绍建模思维在实际课堂教学中的落地。

1. 教材分析、设计思路

高中生物必修三模块中关于生态学的内包含了四个章节，即种群、群落、生态系统和人类与环境。种群这一章是生态学的开篇之章，也是最基础的一个章节，是物种的具体存在单位、繁殖单位和进化单位。"种群的增长方式"是浙科版高中生物学教材必修二第四章第二节的内容，内容包含探究培养液中酵母菌种群数量的动态变化、指数增长以及逻辑斯谛增长三部分。在此之前，学生已经习得了种群的特征，特别是种群数量和种群密度等知识，这些知识是本节内容学习的基础。同时，只有扎实地理解了本节内容中的知识点，才能更好地学习下一节"种群数量波动及调节"。

活动"探究培养液中酵母菌种群数量的动态变化"是本节教材的第一部分内容，在教学中同样可以安排在最初的一个课时。通过该活动，学生可以自己尝试构建种群数量变化的模型，从更直观、更感性的角度去理解种群数量的变化趋势，并进一步分析其原因。

设计思路方面，第一课时的设计，以科学探究的一般过程为思路展开。引入课题之后，就可以提出问题，酵母菌种群数量随时间会如何变化，并且由学生作出相应的假设。接下来是设计实验的部分，由教师的问题引领，发现实验中可能会面临的问题，一步步完成实验的设计。由学生动手实验操作，在完成实验后，将各个小组的结果进行汇总，然后对结果进行分析。最后，可以根据教师预设的内容，以及学生自己提出的问题，在课堂上或者课后进行交流与讨论。根据建构主义的理论，学习是需要学生自己去进行知识的建构。因此，教师应多给予学生观察、思考的机会，比如在本节课中，由活动中一个种群数量增长的案例，可以衍生出正文内容的两种增长方式。并且充分利用学生已经习得的知识或者是生活经验，鼓励学生自己尝试知识的建构。

第二课时，也就是本节正文内容的教学，用概念图的方法进行展开。

2. 素养与教学目标

（1）生命观念

①说出指数增长和逻辑斯谛增长的形成条件及增长特点。

②分析指数增长和逻辑斯谛增长的区别。

③举例说明环境容纳量对种群数量的影响。

（2）科学思维

①尝试通过模型来理解细胞计数板的结构。

②尝试构建数学模型用以解释种群数量的变化。

（3）科学探究

①尝试用科学探究的一般思路来完成对种群数量的动态变化的探究。

②发现实验过程中可能面临的一些问题，并提出合理的解决方案。

（4）社会责任

①用种群数量的变化的知识，分析实际生产中的问题。

②关注人类活动对地球生态的影响，比如外来物种入侵等问题。

3. 教学过程

（1）科学探究为主干，展开活动教学

第一课时的设计，以科学探究的一般过程为思路展开。科学探究既是对未知事物的一种探索，同时又是一种知识的获得方式。通过提出自己在观察、实验中发现的问题，来不断去探索自然科学世界，进一步寻求新的解释。发现问题的能力，可以说是科学探究所需要的各项能力中最重要的一方面。发现问题，有时需要仔细地观察和实验，同时又需要有敏锐的洞察能力。在本节课的教学中，由于教学内容的确定，通过创设有效的情境，学生也不难提出相应的问题。

科学探究离不开实验，实验同时也是生物教学的一个重要环节，实验不仅能提高学生的动手操作能力，同时也能锻炼学生的科学探究和科学思维能力，最终为科学探究打下扎实的基础。同时在科学探究过程中，有需要保持严谨的态度，尊重实验证据，具有科学探究一般过程的思维，整个流程经得起严格的检验。故而，在生物教学中的科学探究也应该尽可能还原真实科学探究工作面临的各种情况。

科学探究完成后，最后也需要进行交流与讨论。纵观近现代科学技术的前进史，每一次巨大的飞跃，都是由与多人通过各种方式的协作完成的。这表明了团结协作是人类社会得以发展的重要基石，青少年是祖国的未来，也更应该让他们认识到团结协作的价值。同时，随着互联网技术的发展，大大降低了团结协作的难度和成本，这就更需要教师把协作、交流与讨论放到日常的教学中去。通过利用小组协作的方式，对实验结果及结论进行交流与讨论，既能更加有效更清楚地习得概念，更加准确地得出结论，又能更加充分地培育团结协作的能力，更加深入地培养科学探究素养。具体设计如下。

创设情境、引入课题：在优良的环境条件下，酵母菌会用出芽生殖等方式进行繁殖，且大约每2 h能繁殖一代。这么算下来，一个酵母菌，只需要短短4 d，就会变成一个成人大小。

提出问题：学生提出问题，酵母菌种群数量随时间会如何变化？

作出假设：学生可以作出各自的假设，比如酵母菌的种群数量先增长，然后维持在高位一段时间，最终会下降。

设计实验：实验设计的核心在于，培养酵母菌并每隔一定的时间进行计数。提问学生关于种群数量的计算思路。思路上可以先统计一定体积内的酵母菌数目，再通过分析比例关系可得总体积中的酵母菌总数。那么，如何确定一定的体积？通过使用血细胞计数板，可以确定一定的体积。

完成实验：由学生动手完成实验，并在实验报告上记录下数据。在此之前，教师通过演示实验，预先解决计数过程中可能面临的问题，比如压在方格线上、酵母菌粘连、正在出芽等特殊情况的处理。

得出结论：在完成实验后，学生将各个小组的结果进行汇总。然后由学生分析结果，得出结论，酵母菌的种群数量先增长，然后维持在高位一段时间，最终会下降。

交流与讨论：可以根据教师预设的内容，以及学生自己提出的问题，在课堂上或者课后进行交流与讨论。预设问题：根据汇总实验数据得出的结果与你预期结果一致吗，以及你觉得本实验还有何需要改进之处？

（2）巧用物理模型，突破重点、难点

物理模型就是通过用实物模型或者是图片、动画等方式描述特定对象，能将抽象的对象直观地展现出来。不同的物理模型，侧重点各有不同，如DNA分子的双螺旋结构模型，由于其过于微小，故侧重点在于对分子的各部分结构，如基团和化学键，进行宏观展示。再比如，关于减数分裂的模型，由于学生对减数分裂过程的理解存在一定的困难，所以通过一个动态模拟的物理模型，帮助学生从一个动态的角度去重新认识减数分裂。

而在本节内容的课堂教学中，使用的血细胞计数板的模型，则有另外的侧重点。DNA分子的结构无法用电子显微镜确切观察；减数分裂的静态图，可以在学生实验中通过光学显微镜来观察；而对于本节当中的血细胞计数板，存在实物，就摆在学生面前，而大部分学生却无法了解其结构，最终也无法掌握相应的计算方法。不同于前面两个例子中的精准的物理模型，在此用了夸张的方法来特意突出实物中某些细节，就是不按真实大小比例，来展现血细胞计数板的局部结构。

本节内容的难点之一就是血细胞计数板的结构，教学中采取实物和模型相结合的方法来突破这个难点。学生对实物仔细观察，由表及里，首先进行俯视、侧视，重点是在侧视血细胞计数板过程中发现中央区域的整个竖条对比两侧的支柱具有一定的凹陷。然后对着光源观察两个计数区域，就能发现大方格及中方格的划线，接着也可以用直尺对大方格进行测量。最后，在显微镜下具体观察计数室的结构，同时也与刚才直接用肉眼看到的大方格进行对比。由此就可以让学生对图4-7中左图方框内的血细胞计数板的细节结构进行建模，手工绘制血细胞计数板的细节结构模型，使学生对血细胞计数板的结构有更深刻的理解。

图4-7展示了血细胞计数板的细节结构模型，在此模型的基础上，得知计数室的长和宽，还有与盖玻片之间的高度差后，就可以通过相乘得出计数室的体积。学生完成计数并最后计算出来的整个大方格中的酵母菌数目时，自己就会去思考下一步的过程，即推算出单位体积中的酵母菌数量。通过这种方法，后续酵母菌种群数量的计算这个难点，也就自然而然地化难为易了。

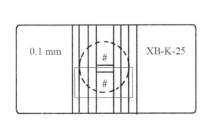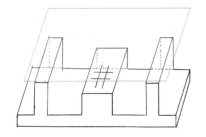

图4-7　血细胞计数板的细节结构模型图

（3）构建数学模型，着力挖掘本质

数学模型的构建，有助于培养学生科学、严谨的思维逻辑，以及强化对高中生物知识的认识。将数学模型运用在高中生物的教学中，同样有助于将抽象的概念或知识具体化、形象化、直观化，有助于学习效率的提升。

因此，在高中生物学的日常教学中，教师也在不断地将数学模型与生物知识相融合。比如在"细胞增殖"一节中，使用了曲线图来表示DNA分子数目和染色体个数在不同时期的变化。通过构建横坐标为细胞周期各时期，纵坐标为细胞核DNA分子数目和染色体个数的坐标系，并将这两项的数量动态变化情况表示在坐标系中，学生会发现有丝分裂各个阶段的相关数目变化的规律十分清晰，同时，也帮助记忆有丝分裂的过程。所以通过数学模型的运用，更容易地揭开表象，最终实现对相关事物本质的理解。

在本节内容中，同样涉及很多数学模型的构建，比如在理想状态下的细菌数目变化的公式模型。现对活动"探究培养液中酵母菌种群数量的动态变化"中的数学模型为例，进行展开。在活动中，学生在记录下观察数目并计算出不同时期中的酵母菌种群数量后，需要对实验结果进行处理。这时需要教师引导学生进一步思考：如何直观地表示酵母菌种群数量随时间的变化规律？这就能让学生领会到构建数学模型的意义，并进一步自己去构建一个数学模型。

构建数学模型后，更有助于发现问题和分析问题，看清事物发展的本质。如在本活动中，分析曲线图时，就可能发现曲线图不够平滑的问题，这是因为采样时间间隔过大造成的，可以通过增加采样频率来进行改进。又或者有的同学可能发现部分点存在较大的误差，可能是由于偶然的操作失误等原因，可以安排更多的重复实验来进行改进。

（4）构建概念图，自主习得新知

通过构建概念图，将课本正文内容中的变零散的知识点为统一的知识块。概念图的建构，要求建构者既需要掌握这个概念本身的含义和相关运用，同时更需要理解不同概念之间的联系，特别是共性和差异方面。针对不同概念在各个层面上的联系，可以运用概念图来表示，往往会使用连线、括号等来表示知识与知识之间的关联，进而将概念之间的关系很好地展现出来。高中生物概念繁多、零散，而且专业性强，在不同的学习阶段，都可以总结不同概念之间的联系，帮助学生构建概念体系。在新课或者复习课中，针对一节内容及一章内容甚至一个模块的内容都可以运用概念图来理清概念之间的联系。对于本节内容，概念之间的关系较为简单，如图4-8所示，可以由学生自己在课后去构建或者通过小组讨论去构建。

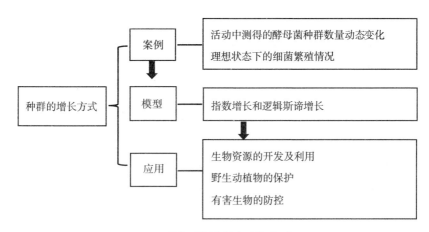

图4-8　"种群的增长方式"概念图

　　高中生物是一门兼具理论性和科学性的学科，有的知识点的专业性较强，而且不同知识点之间，共性、区别和联系往往很多，这在某种程度上提高了学生学习的难度。概念之间的共性、区别和联系，往往可以通过表格的形式来进行呈现，进行比较。从另一个角度看，表格比较也可以认为表格本身就是概念网络中某一局部的细节放大图，也就是将概念图中最重要或者是最复杂的部分拿出来进行比较。表格比较法往往运用在某一节内容的相关联的概念当中，在加深对概念的理解的同时，也能将知识从无序转为有序。

　　本节内容中两种增长方式的对比，由教师构建表格的大框架，如表4-6，由学生作答部分重要的知识点，在检查学生掌握情况的同时，又实现了知识从多且无序到精且有序的转换，最终达到事半功倍的效果。

表4-6　两种增长方式的对比

增长方式	指数增长（？增长）	逻辑斯谛增长（？增长）
产生条件	理想状态：？	现实状态：？
特点	？	？
环境容纳量（*K*值）	无*K*值	？
实例	？	在自然条件下的种群的增长

4. 教学反思

高中生物学新课程标准对于学生模型的构建能力提出了更高的要求，比如，能构建出生物学知识的概念网络，能使用文字、图形、表格，以及数学公式等来科学、高效地表达生物学知识。这也要求，教师在进行高中生物学的课堂教学中，不断培养学生的建模思维。学生的建模能力，不仅是提高学习效率的重要保障，同时也是学生日后从事生命科学等研究甚至是处理日常事务时的一项必备能力。

参考文献：

[1] 张丽云, 孙娟, 任建明.基于生命观念的教学实践与反思 [J].中学生物学,
    2018, 34 (7)：30-31.

第五节 基于科学思维的"题表图三路径"微专题复习教学策略
——以减数分裂微专题复习为例

摘 要：本文结合"减数分裂"一课教学设计，阐述了基于科学思维的"题表图三路径"微专题复习教学。在"减数分裂"的微专题复习教学中，以真题为载体，填表量化知识考点，通过自主构建主干知识思维导图，让知识系统化。通过三路径突破学生困难点，提炼微专题。通过回归教材，夯实基础；通过问题诊断，突破学生困难点，提炼微专题；通过课堂反馈，学以致用。通过"题表图三路径"微专题复习教学引导学生合作学习，提升学生分析、归纳问题的能力，培养学生能运用所学知识解决实际问题的能力。这样的教学设计既体现以学为本，有利于落实科学思维的培养。

关键词：科学思维；题表图三路径；微专题复习；教学策略；减数分裂

教育部《普通高中生物学课程标准（2017版）》提出了"核心素养"的概念。核心素养包括生命观念、科学思维、科学探究和社会责任。"科学思维"是指尊重事实和证据，崇尚严谨和务实的求知态度，运用科学的思维方法认识事物、解决实际问题的思维习惯和能力。新课改倡导学生主动参与、乐于探究，培养学生搜集和处理信息的能力、获取新知识的能力、分析和解决问题的能力以及交流与合作的能力。

新高考注重主干知识，强调能力立意。2017年新高考标准《高中生物学业水平考试暨高考选考科目考试标准（2014版）》明确提出生物考试着重考查学生的科学探究能力、获取和处理信息的能力、思维能力、分析和解决实际问题的能力。然而，在高三枯燥的复习中我们往往会碰到很多的困惑：复习中，很多都是传统的大专题复习，大部分是模式的机械重复；一轮复习中，书本的基础知识复习与学生能力的有效提升产生了一定的矛盾；二轮复习中，复习时间非常紧张，内容大部分与一轮复习重复。学生基础不牢，能力较弱。教师和学生围绕习题开展教学，忽视方法和技能的训练。

要改变目前教学所存在的问题，全面落实课程标准，高中生物教学必须要重"科学思维"。"题表图三路径"是基于科学思维的生物微专题复习，是基于学情、教情、考情，选取切口小，口径窄，针对性强的某个"点"。通过真题引领，采用思维导图、构建模型等方式展开微专题，通过三路径突破学生困难点，提炼微专题。通过回归教材，构建主干知识思维导图，夯实基础；通过问题诊断，突破学生困难点，提炼微专题；通过课堂反馈，学以致用。通过基于科学思维的微专题复习教学设计，循序渐进、层层递进，学生理解科学知识，学会科学方法，领悟科学思想，提升生物科学素养。下面以"减数分裂"的微专题复习教学设计为例，阐述基于科学思维的"题表图三路径"生物微专题复习教学。

1. 课前知识传递

（1）真题引领考点

在研究真题的基础上，结合《高中生物学业水平考试暨高考选考科目考试标准（2014版）》，认真分析试题涉及的考点对高考复习具有较强的指导意义。到目前为止，生物选考已进行了六次，而每次考试都会涉及减数分裂类的题，考查减数分裂时都选用的是选择题，通过比较，让学生清楚知道考查了什么，哪些还没有考查。学生通过真题演练，量化"真题考查点"。如表4-7所示。

表4-7

	2015年10月	2016年4月	2016年10月	2017年4月	2017年11月	2018年4月
减数分裂	25题图表	25题图表	23题图表	23题图表	22题图表	24题图表
考点定位	减数分裂过程中染色体行为变化，与基因自由组合定律的理解	减数分裂过程中染色体行为变化	减数分裂过程中染色体行为变化，与变异结合的综合理解	减数分裂过程中染色体与DNA数量变化，以及与遗传变异复制的联系	细胞分裂图像辨析，减数分裂过程，染色体数量变化，以及与变异的联系	细胞分裂图像辨析，减数分裂过程，染色体数量变化，以及与变异的联系

　　考查了减数分裂过程中染色体行为变化，及其染色体与DNA数量变化，图像的辨析，以及与遗传变异复制的联系。染色体的形态、结构及类型，"活动：减数分裂模型的制作研究"没有考查过。这类题的考查大多结合细胞分裂图像，多次结合遗传变异知识，以考查学生获取和处理信息的能力、思维能力、分析和解决实际问题的能力。因此在谋划《减数分裂》微专题，教师一定要有意识地加强对学生读图、析图能力训练，如通过作图让学生理解每个时期图像的特点、通过说图让学生掌握各分裂期图像的区别，使他们能够学会准确挖掘图中隐含的信息，切实提高学生获取和处理信息的能力、思维能力、分析和解决实际问题的能力。

　　（2）建构思维导图

　　通过六份生物学选考试卷真题的比较，发现多次考核减数分裂过程中染色体变化，各个时期特点，以及细胞的名称，因此引导学生注重减数分裂过程的基础知识很重要。通过课前学生自主建构思维导图，帮助学生梳理知识，理清知识脉络。这样的微专题具有主干性、系统性。

　　2. 课中知识内化

　　途径一：回归教材，夯实基础

　　通过问题串的设置，帮助学生整理知识，完善思维导图，再通过作图让学生理解每个时期图像的特点，既夯实基础又突出重点，培养学生对比分析和归纳能力，从而提高复习效率。

　　学生活动设计：

　　①出示问题串。

　　a. 减数分裂过程中染色体的行为有何特点？

　　b. 减数分裂过程中应特别注意哪几个时期？减Ⅰ前期：联会并形成四分体，也是同源染色体上的非姐妹染色单体发生交叉互换；减Ⅰ后期：同源染色体分离，非同源染色体自由组合；减Ⅱ后期：着丝点分裂，姐妹染色单体分离。

　　c. 如何辨别精子、卵细胞形成过程的不同点？从三方面分析：细胞质分配是否均等；是否变形；生殖细胞数目。

　　d. 精子、卵细胞形成过程中细胞的名称？

②请学生作图

通过复习回归真题，让学生一一回答，面向全体学生。如2015年10月第25题，图为精原细胞形成精细胞过程中的减Ⅰ前期，四分体时期，有2个四分体，4条染色体，细胞为初级精母细胞。减数分裂结束生成2种类型的精细胞，故C正确。如2017年4月第23题，内为减Ⅱ后期，发生着丝点分裂，姐妹染色单体分开，故D错误。如2017年11月第22题，该图为减Ⅱ后期，细胞是均等分裂，故细胞为次级精母细胞或者第一极体，产生的子细胞为精细胞或第二极体。

途径二：突破疑难点，完善思维导图

复习课除了要帮助学生建构良好的认知结构，更要关注学生的知识障碍。例如，减数分裂中，基础知识点掌握不到位、建构数学模型不到位、辨析图像不到位等，这些都是宝贵的复习资源。教师在平时的复习和考试中要做有心人，善于发现并积累这些"困惑"，从学情出发，以突破困难点为目的微专题。

突破一：建模型

通过真题引导学生注重坐标曲线图和柱状图的形式综合考查。通过建立数学模型，既提高学生分析和处理信息，综合运用对所学知识进行信息转换，进而分析和解决问题能力，又体现了科学思维的素养。

学生活动设计：

①在坐标系中画出染色体和DNA数量的曲线变化，以及每条染色体上DNA数量的变化。

②曲线图改成柱形图。

a. 曲线图：曲线图通常有两种类型，常规曲线图表示的是细胞核内DNA和染色体的数量变化曲线。特殊曲线图表示的是每一条染色体上的DNA含量变化曲线。要特别注意的是，若纵坐标代表每条染色体中DNA含量而不是一个细胞中染色体DNA含量，则该图既适用于有丝分裂，也适用于减数分裂，且两者在AB段，CD段变化的原因是相同的，只是横坐标的分裂时期不同（AB段：染色体的复制；CD段：着丝点分裂）。结合复习回归真题，如2017年11月第22题，根据图确定为减Ⅱ后期，根据曲线判断该时期染色体和DNA数相同，故B正确。

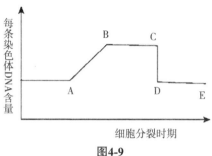

图4-9

b. 柱状图：首先，必须弄清楚不同的柱形图所代表的含义；其次，通过观察染色体、染色单体和DNA数量的变化明确各图可能代表的时期。结合知识回归真题，如2017年4月第23题，图中甲属于G_1期，乙属于减数分裂G_2、减 I，丙属于减 II 后期，丁属于精细胞。乙和丙的细胞数目都是2N，含有两个染色体组，所以A正确。

突破二：辨图像

通过真题为载体引导学生注重图像辨析的考查。通过图让学生掌握各分裂期图像的区别。

学生活动设计：

请说出下列9张图分别代表哪种分裂什么时期？

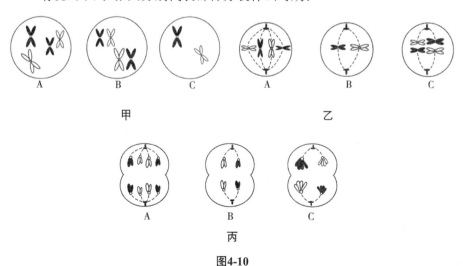

图4-10

细胞分裂图像的鉴别，关键是要识别九个分裂图像，即减数第一次分裂、减数第二次分裂、有丝分裂各自的前期、中期、后期。要鉴别某一细胞的分裂方式、所处时期或细胞名称，其鉴别方法有多种，其中"三看识别法"最有效。一看细胞中的染色体数目；二看细胞中有无同源染色体；三看同源染色体的行为。展示九个分裂图像，三个前期（见图4-10甲），三个中期（见图4-10乙），三个后期（见图4-10丙）。结合复习内容回归真题，如2017年11月第22题，根据图中着丝点分裂又无同源染色体，确定为减Ⅱ后期。如2016年10月第23题，根据图像判断为减Ⅱ后期。

突破三：提综合

通过真题为载体引导学生注重减数分裂与遗传变异综合考查。既是学科内综合考查的重点，也是高考的高频点。

学生活动设计：

减数分裂中，哪个时期体现了孟德尔遗传定律？

减数分裂是遗传基本定律的细胞学基础，在减数第一次分裂后期，等位基因伴随同源染色体的分离而分离（基因的分离定律的基础），同时，非同源染色体上的非等位基因伴随非同源染色体的自由组合而自由组合（基因自由组合定律的基础）。回归真题，如2015年10月第25题，细胞中A与A在MⅡ期分离，即姐妹染色单体分离，A与a在MⅠ分离，即同源染色体分离。

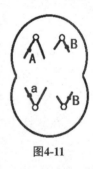

图4-11

学生活动设计：

①基因型为AaBb的某高等动物细胞，其减数分裂某时期的示意图如图4-11所示，该细胞图像中姐妹染色单体上的基因不同的原因？

②如果基因型换成AABb？或者换成aaBb是否可行？

细胞分裂也是可遗传变异的细胞学基础，在DNA复制过程中可能发生差错而出现基因突变。在分裂期可能出现染色体结构或数目的变化，即染色体变异，如人类的唐氏综合征。在减数第一次分裂前期可能发生交换重组，减数第一次分裂后期发生自由重组，即减数分裂中可发生基因重组。如2016年10月第23题，根据该动物的基因型和图中染色体上的基因判断该变异可能是 I 间期基因突变或前期 I 同源染色体中的非姐妹染色单体发生交叉互换。如果是基因突变，则产生的另一个细胞的基因组成是AAbb或者aabb，如果是基因重组，则产生的另一个细胞的基因组成是Aabb。如2017年11月第22题，图中基因g可由基因G突变而来。如2017年4月第23题，乙→丙过程中可发生基因重组和基因突变。

途径三：课堂反馈，学以致用

课堂的及时反馈主要围绕拓展例题展开，是掌握学生课堂学习效果与质量的重要环节，设计模考的题型训练，帮助学生及时巩固所学基本知识、基本技能，体会高考考点要求，查漏补缺。这是掌握知识和能力的传统的有效环节。

3. 课后反思

教师通过学生口头交流了解教学效果，并结合课堂教学情况进行教学反思，总结教学过程中存在的不足与问题，分析原因以改进教学。学生对课前的练习和课中的合作学习进行反思与复习，并通过课后作业、书面反思和口头言语交流向教师反馈学习效果，提出改进意见。

第六节　基于科学探究的思想实验的教学设计
——以"神经冲动的产生、传导、传递"复习为例

　　摘　要：思想实验活动既是实验教学的一种形式，又是一种教学策略。笔者"神经冲动的产生、传导、传递"思想实验活动案例，不仅对"神经调节"这节课的知识点进行了复习，也提高了学生运用知识解决问题的能力。思想实验活动有利于培养学生的科学思维，提高学生的科学探究能力。

　　关键词：思想实验；科学思维；科学探究

　　笔者利用新课标的理念来指导教学设计，即知识只是学生获得素养的载体，因此，笔者从以往的"以知识传授为本"向"以学生发展为本"的教学理念转变。通过将"知识问题化""问题情景化""以问题促探究"和"以探究促思维"。引导学生主动参与，采用思想实验的教学策略，该策略帮助学生建构自己的知识结构，增强科学推理判断能力，体验学习的乐趣，在思想实验的课堂教学中，学生的演绎推理思维、批判性思维、实验的设计能力等得到进一步的训练和提高，同时也激发了学生的求知欲望。

1. 教材分析

　　"神经冲动的产生、传导、传递"是浙科版高中生物教材必修三第2章第 2节"神经系统的结构与功能"的核心内容，与本章第1节"内环境与稳态"内容联系紧密，从神经系统的角度说明了内环境稳态究竟是如何维持的，与本章的第3节和第3章免疫系统共同构成生物体维持稳态的主要调节机制"神经—体液—免疫"调节网络。学生已在新课中学习过这部分内容，具有一定的知识储备，但由于本节内容难度大，知识抽象、概念容易混淆等特点。希望通过这节课的复习，让学生在原来的基础上，无论是知识还是能力都有所提高。本节课的教学设计思路是以学生原有的知识为基础，提出问题，学生进行思想实验，进行论证回答问题。掌握知识的同

时，提高学生的科学探究能力。

2. 教学目标

①通过思想实验设计验证神经细胞是可兴奋细胞，并设计出静息电位和动作电位的测量与记录。

②通过思想实验设计比较神经冲动的传导与传递的区别。

③通过利用电学原理分析膜电位变化等，并进行数学建模，对学科之间相互渗透有感性认识，从而理解唯物主义普遍联系的观点。

④通过动作电位的产生、传导与传递实验设计，认同结构与功能相统一的生命观念。

3. 教学过程

实验教学往往是先从设计实验开始，确定实验方案，熟悉操作步骤，再在实验室里进行现实的操作。提高实验设计能力，是实验活动高效进行的前提。而"思想实验"可以提高学生设计实验能力，也有助于有形实验的开展。例如笔者在进行"动作电位的产生、传导和传递"一节内容时主要采用了如下的思想实验：

活动1：请用一个灵敏电流计，导线若干，一个蛙的坐骨神经腓肠肌标本，验证神经元是一种可兴奋细胞，并预测实验结果和结论。（学生设计如图4-12，刺激①处灵敏电流计发生偏转，结论：坐骨神经受到刺激后膜电位发生变化，并能以电信号的形式传播，即神经元是一种兴奋细胞。）

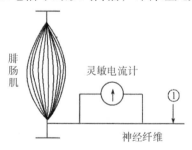

图4-12

设计意图：学生在新课的学习中已经"背会"了："神经细胞是一种可兴奋细胞，给予一个适宜的刺激能产生神经冲动。"学生记住的仅仅是一个结果，让学生设计实验证明，神经细胞确实是一种可兴奋细胞，并能通过一定的仪器测量这种兴奋的存在。从而让学生知其然,又知其所以然。同时也提高了学生分析问题的能力和实验的设计能力。

活动2:蛙的坐骨神经能否直接测出静息电位?说出理由。什么样的实验材料才能满足实验要求?并设计实验,测出神经细胞的静息电位。(学生设计如图4-13,蛙的坐骨神经内含有的神经纤维细小,很难测出膜内外的电位,教师补充科学史,展示枪乌贼巨大的神经纤维,让学生同时也明白科学实验的成功,实验材料是条件之一)

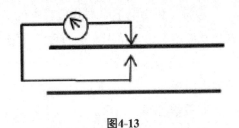

图4-13

设计意图:很多学生不能区分神经和神经纤维,有很多学生误以为蛙的坐骨神经是一条神经纤维,因此,通过问题:"蛙的坐骨神经能否直接测出静息电位?"让学生思考什么是静息电位?如何测出静息电位?然后展示枪乌贼巨大的神经纤维,让学生设计出测量静息电位的模式图。(教师还可以进一步提问,若给枪乌贼神经纤维一个适宜刺激,请预测膜电位随时间变化情况)

活动3:用一个灵敏电流计,导线若干,一个蛙的坐骨神经腓肠肌标本,设计验证神经冲动传导速度比传递速度快,并预测实验结果和结论。(学生设计如图4-14,刺激点到AB两点的距离相等,预测实验结果:神经纤维受到刺激后,灵敏电流计先向右偏转再向左偏转,结论是神经冲动传导速度比传递速度快)

设计意图:通过这个实验设计活动,让学生明白什么是动作电位的传导与传递?然后让学生设计实验证明神经冲动传导速度比传递速度快。还可以让学生分析为什么传导的速度比传递的速度快?学生不仅能够复习新课的知识,又进一步提高了实验设计能力。实现了从知识记忆到用知识解决问题的转变。从而提高学生分析问题、解决问题的能力,也能够激发学生探究未知的动力。

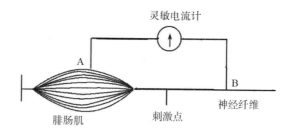

图4-14

活动4：用一个灵敏电流计，导线若干，一个蛙的坐骨神经腓肠肌标本，设计实验验证神经冲动的传递方向是单向的，并预测实验结果和结论。（学生设计如图4-15，刺激①处的实验预测结果是肌肉收缩，灵敏电流计偏转两次，结论：神经冲动传导的方向是双向的；刺激②处的实验预测结果是肌肉收缩，灵敏电流计不偏转，结论是神经冲动的传递是单向的）

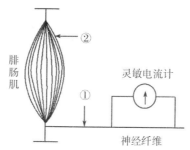

图4-15

设计意图："离体神经纤维上的神经冲动传导是双向的，而神经冲动的传递方向是单向的。"这一知识是新授课时，要求学生理解的内容。在复习课时，如果仅仅是重复这一结论，或者仅仅是解释为什么是这样的？就难以引起学生的学习欲望。通过实验设计的问题，激发了学生探究的欲望。而且还能提高学生解决问题的能力。

通过实验的设计和结果及结论预测，不仅提高了学生的实验设计能力，也帮助学生掌握了相关知识。"思想实验"是一种理性的思维活动，但不是脱离实际的主观臆想，而是以实践为基础，按照实验的格式展开，对实际过程做出更深入一层的抽象分析，其推理过程是以一定的逻辑法则为根据的。"思想实验"摆脱了物质条件的桎梏，进行理想状况下的探究。

4. 思想实验教学策略的反思

思想实验可以打破时空制约，节约资源。实施思想实验教学策略过程中，教师从关注怎么教，到关注学生怎么学，从而将课堂活动的主体确定为学生，通过前文"神经冲动的产生、传导、传递"探究历程的再现，任务设置，问题驱动等形式，引发了学生的思考，激发了学生的思维，实现了学生的自主学习。而且还打破了时空限制，将科学家的研究发展历程，浓缩到一节课中，增加了知识的密度。思想实验还能做到不需要有形的仪器，只要用脑进行思维即可。

思想实验教学过程中，学生思维活动可以得到老师的即时反馈，有利于开展过程性评价。过程性评价作为师生交流的一种有效方式贯穿于课堂教学活动的始终，其现场性、及时性的特点，对教学活动起着重要的导向和激励作用，使教学过程更趋完善，更有效地促进学生的发展。思想实验的特点在于思维活动，因此，实验过程及实验结果展示用时少。这有利于教师开展过程性评价，学生可以根据反馈，及时修正实验设计，合理预测实验结果。过程性评价也满足了学生急于获得实验结果的心理需求，启迪了学生的思维，激发了学生深度学习，同时，也能够使学生的学习过程逐步成为一种自觉而有效、主动而持久的学习行为方式。

思想实验与虚拟实验相耦合，激发学生科学探究的兴趣。虚拟实验是指基于互联网与多媒体技术、数学建模以及仿真技术的不断更新发展，在特定数值模型的基础之上，对真实的生命过程、实验流程，以及理化现象等实现三维模拟，将用户通过键盘、鼠标输入到虚拟场景中的信号通过软件计算，直观输出具体的操作结果和实验现象，真实模拟再现实验系统的全部流程。先通过思想实验设计实验活动，再通过虚拟实验模拟实验过程，直观地将思维活动展示出来，有利于激发学生探索未知的欲望。比如前面提到的"神经冲动的产生、传导、传递"思想实验设计，再利用计算机技术模拟电表指针偏转和肌肉收缩情况，学生直观地观察到实验结果，契合了学生探索科学，寻求结果的心理满足感，激发学生进一步学习的热情。

参考文献:

[1] 钟启泉.基于核心素养的课程发展: 挑战与课题 [J].全球教育展望, 2016, 342（01）: 5-27.

[2] 曹冬林.高中生物学教学中思想实验的探究 [J].生物学教学, 2015, 40（6）: 43-44.

[3] 唐明翔, 杨公明, 李开雄.基于虚拟现实技术的食品科学虚拟实验室 [J].石河子大学学报（自然科学版）, 2005, 23（2）: 158-162.

第五章　社会责任

　　"社会责任"是指基于生物学的认识，参与个人与社会事务的讨论，作出理性解释和判断，尝试解决生产生活中的生物学问题的担当和能力。学生应能够以造福人类的态度和价值观，关注涉及生物学的社会议题，参与讨论并作出理性解释，辨别迷信和伪科学；形成生态意识，参与环境保护实践；主动向他人宣传健康生活和关爱生命等相关知识；结合本地资源开展科学实践，尝试解决现实生活中与生物学相关的问题。

第一节　基于社会责任素养的"进阶式"学习的教学设计
——以"艾滋病"为例

　　摘　要： 本文根据社会责任素养的四个水平，对"艾滋病"一课进行"进阶式"学习。通过引入三个社会事件，分别完成艾滋病的"了解、认同"阶段、艾滋病的"关注、参与讨论"阶段、艾滋病的"辨识、运用形成意识"阶段，培养学生的社会责任感，最后通过课堂学习内容反馈，让学生完成有关"艾滋病"海报的广度宣传和深度宣传设计，实现艾滋病的"评价、实践解决问题"阶段，从而不断增强和提升学生的社会责任感。

　　关键词： "进阶式"学习；艾滋病；社会责任感

1. 教材分析和设计思路

　　"获得性免疫缺陷综合征"简称艾滋病（AIDS），是由感染艾滋病病毒（HIV）引起的致死性传染病，该内容是浙科版教材必修三第3章第3节免疫系统功能减退的重要内容，是高中生物学的重要核心概念之一。通过社会事件，结合生活实际对艾滋病内容展开教学，有助于学生理解健康生活方式对于维持人体内环境的稳态、疾病预防的意义，也是社会责任素养提高的良好途径。

　　因此，本教学设计根据社会责任素养的四个水平，对艾滋病一课进行"进阶式"学习。

表5-1

素养水平	社会责任的具体表现（以艾滋病为例）	关键词
水平一	了解社会热点中的生物学议题；认同健康文明的生活方式，珍爱生命远离毒品	了解、认同
水平二	关注并参与社会热点中的生物学议题的讨论；接受科学、健康文明的生活建议，珍爱生命，远离毒品；知道传染病的危害与防控知识	关注、参与讨论

续　表

素养水平	社会责任的具体表现（以艾滋病为例）	关键词
水平三	基于生物学的基本观点，辨别迷信和伪科学；制订适合自己的健康生活计划；珍爱生命，远离毒品；主动运用传染病的相关防控知识保护自身健康；具有通过科学实践解决生活中问题的意识和想法	辨识、运用形成意识
水平四	针对现代生物技术在社会生活中的应用，基于生物学的基本观点，辨别并揭穿伪科学；制订并践行健康生活计划；向他人宣传毒品的危害及传染病的防控措施；能通过科学实践，尝试解决现实生活中的生物学问题	评价、实践解决问题

2. 教学目标

基于课程标准的内容要求，学业要求和学业质量标准，并围绕培养学生核心素养的要求，重点突出社会责任素养，制订了如下教学目标。

①通过社会事件及对艾滋病检测有关问题的了解，使学生认同健康的生活方式，认同高危人员需进行艾滋病检测的重要性，降低"恐艾"和对艾滋病感染者的歧视。

②通过了解基因编辑婴儿的机理，使学生知道艾滋病入侵宿主细胞的第一步骤，结合自己的道德情感等知道科学研究不得违反法律、不得违背公序良俗，增加了对社会热议事件的关注，并能积极参与分析讨论。

③通过社会事件的辨识，使学生认识到国家法律层面艾滋病感染者和医院应当承担的义务和责任。通过对冯秀岭医生17年在特殊岗位上"坚持"的点赞，激发学生奉献社会的热情，增强学生的社会责任感。

④通过课堂学习艾滋病的传播途径、预防、致病机理等相关内容，主动设计关于"艾滋病"的宣传海报，积极参与社会实践，主动向他人宣传关爱生命的观念和知识，形成健康文明的生活方式，提升学生的社会责任感。

3. 教学过程

（1）艾滋病的了解、认同阶段

说起艾滋病，大家总会谈"艾"色变，甚至对艾滋病感染者会产生歧视。首先，通过2017年浙江省卫计委通报一起重大医疗事故的社会事件了解引入本课题。

社会事件1：2016年12月30日，浙江省中医院医师赵金方在该院"封闭抗体治疗"服务项目培养室独自收集、提纯培养后的整批共34份男性淋巴细胞时，未认真做操作前的检查、准备工作，在操作开始后发现备用的一次性吸管不够的情况下，主观上认为男方在治疗前均已做过传染病筛查，抱持侥幸心理，严重违反相关法规制度关于"一人一管一抛弃"的规定，重复使用同一根吸管交叉吸取、搅拌、提取上述培养后的淋巴细胞，致使该批次淋巴细胞被交叉污染。随后，赵金方将受污染的淋巴细胞交由护理部医护人员对该34名男性的配偶实施皮内注射。因赵金方的违规操作，最后导致5名妇女感染HIV病毒，其中两人已怀孕。杭州市上城区法院于2017年12月判决该名医生犯医疗事故罪，鉴于赵金方犯罪后自动投案，并如实供述自己的罪行，有自首情节，且认罪悔罪，最后判处有期徒刑二年六个月。

科普概念1：封闭抗体：在正常孕妇的血清中，存在一种抗配偶淋巴细胞的特异性IgG抗体，它可抑制淋巴细胞反应，封闭母体淋巴细胞对胚胎滋养层的细胞毒作用，防止辅助T细胞识别胎儿抗原的抑制物，并可阻止母亲免疫系统对胚胎的攻击。封闭同种抗原刺激的淋巴细胞产生巨噬细胞移动抑制因子，故称其为封闭抗体（BA）。科普概念2：封闭抗体主动免疫治疗：针对不明原因反复自然流产前来就诊的患者，医生往往会要求其检查封闭抗体，以增加女性体内封闭抗体水平；治疗时，医务人员抽取丈夫体内一定量外周血进行淋巴细胞分离、培养，再回输到妻子的前臂皮内。每4周一个循环，一直做到怀孕以后四五个月以上，以确保妻子正常怀孕。

通过资料分析，教师引导学生分组讨论问题串来激发学生的深度思维，通过合作探究使学生在讨论中感受到社会责任。（分组要求：4人一组，每组推荐一名组长，负责组织活动；一名记录员，负责记录相关内容；各组员发表相关观点）

问题串一：①该事件中HIV病毒的传染直接通过什么途径？②该事件中的34名男性之一，曾在2017年12月初发生过一次高危性行为，若其前期检测结果呈假阴性是否可以直接做上述"封闭抗体主动免疫治疗"？③若其检测结果呈阳性又隐瞒不报，是否应该追究其法律责任？

通过学生的积极讨论，教师引出：2018年12月1日是第31个"世界艾滋病日"，宣传活动主题为"主动检测，知艾防艾，共享健康"（英文主题为"Know your status"知晓你的感染状况），如图5-1所示。

主动检测　知艾防艾　共享健康

图5-1　2018年世界艾滋病日宣传活动主题

HIV的全球疫情和检测及治疗情况：自1981年第一次报告以来，艾滋病在全球范围内已蔓延了31个年头。截至2017年，全球共有约3 690万人被确诊为艾滋病病毒携带者，2017年全球新增约180万感染者。据估计，在所有艾滋病病毒感染者中仅有75%的人知晓其感染状况，儿童和青少年艾滋病病毒感染者中只有52%的人接受了抗逆转录病毒药物的治疗，艾滋病防控形势仍十分严峻。

问题串二：①哪些人需要艾滋病检测？②为什么需要艾滋病检测？③什么时候进行艾滋病检测？④检测艾滋病阳性怎么办？

因需要讨论的问题比较多，教师可分组让学生进行讨论，每2组重点讨论一个问题，讨论后在由相应2位组长发表本组意见后，其他同学可做进一步的补充，最后由教师呈现相关的原因和数据等。

关于需要艾滋病检测的十类人群：①共用针具注射的人士；②结核病检测为阳性（免疫功能下降）的人士；③性病检测为阳性的人士；④曾经在国内进行有偿献血的人士；⑤曾经在任何医疗机构接受输血的人；⑥怀孕的女性产前检测的一部分；⑦发生男男同性性行为的人，尤其是没有使用安全套的情况下；⑧性活跃者，无论年龄，应该每年都检测HV；⑨与多个性伴侣发生不安全性行为的性活跃者，应该至少每三个月检测一次；⑩

发生过性交易的男性或女性。

关于需要艾滋病检测的原因：①艾滋病离大家并不远：HIV的我国疫情情况，截至2017年底，我国报告现存活感染者75.9万例；通过艾滋病检测，2017年当年我国诊断报告的感染者为13.5万例。近年来，通过检测并诊断报告的感染者中，每100个就有90个以上是经性途径感染。发生不安全性行为，就有可能感染艾滋病。我国还有相当一部分的感染者因没有接受检测并不知晓自己的感染状况。②检测对个人的好处：通过检测可以尽早发现自己是否感染艾滋病，早发现才可以早治疗，延长生命，提高生活质量。早检测早发现，才可以更好地采取措施，如使用安全套和开展抗病毒治疗，既保护自己免受病毒的进一步侵害，也保护性伴侣，避免艾滋病进一步传播。

关于艾滋病检测的时间：感染艾滋病后不是马上就能检出是否感染，存在检测的窗口期，即从艾滋病病毒感染人体到血液中能检出抗体或核酸的一段时期。抗体检测的窗口期一般为4~12周，核酸检测的窗口期为1~4周。目前，最常用的检测方法是抗体检测，建议在高危行为后4周检测抗体，如果4周结果阴性可以等到8周或12周再检测。一般情况下，如果12周时没有再发生高危行为，也没有检测到抗体，就可以排除艾滋病感染。需要注意的是："窗口期"尽管检测不出抗体，但有可能病毒核酸已经在体内复制，同样具有传染性。所以，前面的社会事件1中的某男性会出现检测的假阴性。

关于艾滋病检测阳性后的处理：①可以到当地的疾病控制机构获得免费、保密、专业咨询和心理支持服务。②要尽早接受抗病毒治疗，治疗越早，效果越好。③国家有免费抗病毒治疗药物，每个地区都有开展抗病毒治疗的定点医院。④要采取防护措施，保护性伴侣不被感染，同时告知性伴侣接受检测。⑤不必担心个人患病会被别人知道，感染者的个人隐私受法律保护。

设计意图：通过社会事件及对艾滋病检测有关问题的了解，使学生认同健康的生活方式，不成为需要艾滋病检测的十类人群，认同高危人员需进行艾滋病检测的重要性，降低"恐艾"和对艾滋病感染者的歧视。

（2）艾滋病的关注、参与讨论阶段

社会事件2：2018年11月26日，人民网、MIT Technology Review等报道，南方科技大学贺建奎副教授招募了8对夫妇（男HIV阳性，女正常）参与（其中1对夫妇中途退出，其中只有4人读了知情同意书），通过基因编辑技术修改人体生殖细胞核中的DNA后，诞生了世界首例能天然免疫HIV病毒的双胞胎基因编辑婴儿（露露和娜娜）。此基因编辑婴儿事件引起了世界轰动，争议性引发社会广泛关注。

教师在课前准备好文字和图片材料：这次基因手术修改的是CCR5基因，而CCR5是HIV病毒入侵机体细胞的主要辅助受体之一，在北欧人群里有约10%的人天然存在CCR5基因缺失。拥有这种突变的人，能够关闭致病力最强的HIV病毒感染大门，使病毒无法入侵人体细胞，即能天然免疫HIV病毒。HIV感染宿主细胞的过程如图5-2所示。教师引导学生根据资料，讨论有关问题。

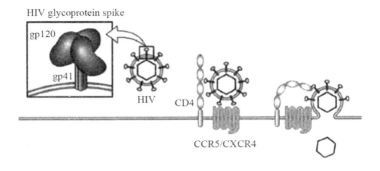

图5-2　HIV感染宿主细胞的过程示意图

问题串三：①HIV能准确找到并侵入宿主细胞，宿主细胞应该具有哪些特点？②该基因编辑技术能不能准确靶向定位CCR5？会不会脱靶？如果脱靶，会不会编辑了胚胎的其他基因，导致相应遗传病的发生？③基因编辑婴儿涉及的伦理道德问题有哪些？④这样的个体出生后，是否会被歧视？⑤CCR5的缺失是否会造成免疫缺陷，从而导致其他病毒的易感甚至肿瘤的发生？

学生通过文字和图片，可以获得信息：HIV通过识别CD4来找到宿主细胞（教师补充如CD4⁺T细胞即辅助性T细胞，另外还有脑细胞、巨噬细胞等），由CCR5协助，HIV才能进入宿主细胞，因此，宿主细胞表面应该有CD4和CCR5；基因编辑婴儿之所以轰动，是因为通过基因编辑技术使生殖细胞的CCR5基因缺陷，因此，多了基因编辑这个环节。

通过思考和讨论，针对现代生物技术的应用，学生能基于生物学的基本观点进行辨别、讨论和分析，尤其是伦理道德问题的讨论，和可能对人类基因组造成的影响。后续问题：①2018年11月29日，国家卫健委、科技部、中国科协负责人分别就免疫艾滋病基因编辑婴儿事件接受了中央广播电视总台记者的采访。他们表示，暂停相关人员的科技活动，相关部门和地方正在依法调查，对违法违规行为坚决予以查处。②基因编辑具有风险性和人身危害性，必须依法严格规定保护措施与补救措施，对"露露"和"娜娜"采取隔离保护措施，并分析评估健康状况。

设计意图：通过对基因编辑婴儿预防艾滋病的机理了解，使学生了解了艾滋病入侵宿主细胞的第一步，增加对社会热议事件的关注，知道科学研究不得违反法律，不得违背公序良俗，并能积极参与分析讨论社会热议事件。

（3）艾滋病的辨识、运用形成意识阶段

社会事件3：25岁的天津艾滋病毒携带者小峰（化名）患上肺癌，到多家医院就诊未能手术后，他私改病历隐瞒艾滋病携带者身份终获手术治疗，此事引发社会关注。你如何看待小峰到多家医院手术遭拒，最后隐瞒身份获得手术的？

问题串四：①你了解《艾滋病防治条例》中有关HIV感染者和患者应当履行义务和医疗机构的责任吗？②在给艾滋病人做手术时医生有被感染的可能，如果你是医生你会为小峰做手术吗？③HIV感染者和患者在治疗其他疾病时，都可以接受大手术治疗吗？

学生都一致认为患者有义务，医院有责任。教师展示《艾滋病防治条例》摘录：①艾滋病病毒感染者和患者应当履行下列义务：就医时，将感染或者发病的事实如实告知接诊医生；采取必要的防护措施，防止感染他人。②医疗机构不得因就诊的病人是艾滋病病毒感染者或患者，推诿或者拒绝对其其他疾病进行治疗。

　　当然，在给艾滋病人做手术时医生有被感染的可能。国外资料报道，术中针刺伤的感染率为0.3%~0.4%，皮肤损伤的感染率可达5%~6%。骨科手术具有病情急、重，创伤出血多等的特点，其暴露于污染的血液或体液的频率和强度明显高于其他科医生。另外，术前的护理接触，术后重症监护的接触也可能导致感染。"每一个生命都值得尊重"，这是冯秀岭医生说的，河南省传染病医院普外科冯医生"全副武装"的手术：每次手术之前，冯医生的术前准备工作总是比他大多数的同行都要复杂一些。一副手套，再加一副手套；一层布制分体洗手衣，外面套一层布制手术衣，最外面再加一层不透气的一次性防护衣；此外，他还要戴脚套、穿胶靴，头上还戴着头盔，头盔外面罩着一个面屏……之所以要穿戴得如此密不透风，是因为冯秀岭的手术对象很特殊——他们都是艾滋病患者。这一切准备，是为了避免给患者做手术时，溅出的血液接触医生的面部皮肤和器官。为这些患者进行手术，相当于不断地与携有艾滋病毒的血液擦肩而过。作为河南省首位为艾滋病患者做手术的外科医生，这种擦肩而过，冯秀岭从2002年至今经历了整整17年，截至目前，冯秀岭为艾滋病患者进行的手术已有3 000多例。

　　前面学生已经知道，HIV主要攻击的宿主细胞是CD4$^+$T细胞，即辅助性T细胞，又回顾特异性免疫过程，如图5-3所示，无论是体液免疫还是细胞免疫，都需要辅助性T细胞的参与。

　　　因此，CD4$^+$T细胞是艾滋病诊断、判断疗效及预后的主要免疫学检测指标：①若CD4$^+$T细胞计数正常，可以耐受各种大手术的打击，应视他们为正常人，积极地给予手术治疗。②对于CD4$^+$T细胞计数低于正常而＞400细胞/μL者，如营养状况良好，也能耐受各种手术，术后并发症未见增多，病死率不会因此而增加，对这类病人施行外科治疗效果是较好的。③对于CD4$^+$T细胞计数在200~400细胞/μL之间者，如营养状况良好，病人可耐受中等手术的创伤，术后应进行积极的抗菌治疗，这类病人是否施行大手术，可根据病情的必要性和患者的营养状况决定。④对于CD4$^+$T细胞计数＜200细胞/μL的病人，免疫系统会全面丧失，各种原本致病性低的病原体都能危及其生命，手术对患者整体状况是一次很大的打击，做这个手术的患者需要承担比其他未感染者高得多的风险，若非必要，以保守治疗为佳，而且完成手术的医院需要具备完善的感染控制体系才能放手去做。

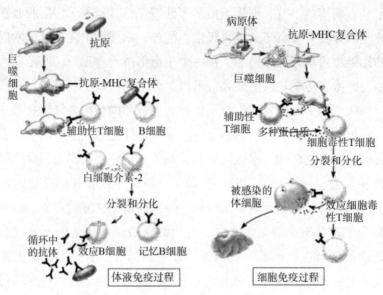

图5-3　特异性免疫过程

设计意图：通过社会事件的辨识和有关法律的学习，使学生认识到国家律法层面艾滋病感染者和医院应当承担的义务和责任。通过对冯秀岭医生17年在特殊岗位上"坚持"的介绍，激发学生奉献社会的热情，增强学生的社会责任感。通过复习回顾特异性免疫过程以及认识艾滋病的部分致病机理，使学生懂得艾滋病患者在治疗其他疾病时接受大手术治疗的风险。

（4）艾滋病的评价、实践解决问题阶段

2019年12月1日，将是第32个世界艾滋病日，请你设计几张关于"艾滋病"的宣传海报。你会主要从哪几个方面展开？纵观近十年来我国对艾滋病的普及宣传工作，其宣传范围十分广泛。

学生分组展开了积极的讨论，从设计和宣传内容上会有多种版本，由于课堂时间紧迫，教师可以挑选一些进行展示。

红丝带标志的意义：世界艾滋病日的标志是红丝带，如图5-4所示，红丝带像一条细带，将世界人民紧紧联系在一起，共同抗击艾滋病；象征着我们对艾滋病患者和感染者的关心与支持；象征着我们对生命的爱和对平等的渴望；象征着我们要用"心"来参与艾滋病的工作。

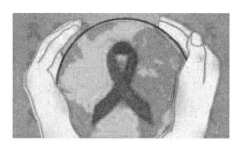

图5-4　世界艾滋病日红丝带标志

关于艾滋病，你知道多少？获得性免疫缺陷综合征（艾滋病）指艾滋病病毒（HIV）感染引起的削弱人体免疫系统功能的疾病。免疫功能受到削弱，就削弱了身体保卫自身免受许多致命的感染和恶性疾病侵袭的能力，造成严重后果。

预防艾滋病的重要性和可行性：①艾滋病离我们并不遥远：截至2019年10月，全球共有****万人被确诊为艾滋病病毒携带者，其中****万为成年感染，***万为15岁以下的儿童。2019年全球共有约***万新发感染。②艾滋病无法治愈：自1981年在美国首先发现艾滋病以来，艾滋病已在全世界蔓延。虽然人类同艾滋病的斗争已有30多年，但到目前为止，仍未发现有效的疫苗和彻底治愈该病的方法。③艾滋病能够预防：艾滋病病毒的传播途径主要是血液传播、性传播和母婴传播。亲吻、拥抱、握手、昆虫或者共同用餐或饮水等一般性日常接触不会使人出现感染。艾滋病的传播主要与人类的社会行为密切相关，可以通过规范自己的社会行为进行预防和减少感染。

如何预防艾滋病？①洁身自爱，树立安全防范意识：树立正确的性道德观、爱情观、贞操观和婚育观；掌握科学的性知识，正确使用安全套；性病可增加艾滋病的感染风险，如发现感染性病，必须及时到正规医疗机构诊治。②珍爱生命，拒绝毒品。③提高预防意识，防止血液传播艾滋病：不去无行医执照的诊所、美容院等场所穿耳、文身等；不与他人共用牙刷、牙签及其他有可能刺破皮肤或黏膜的日常生活用品；避免徒手直接接触他人血液和伤口。

关爱艾滋病病毒感染者和艾滋病病人：艾滋病病毒感染者和病人与其他病人一样，都是疾病的受害者，他们不仅要承受疾病造成的肉体痛苦，还会受到心理和精神上的煎熬，应得到人道主义的同情和帮助，得到社会的关爱；国家领导人及广大热心公益事业人士充满爱心地帮助受艾滋病影响的人，为我们树立了良好的榜样；全社会应关心和关爱艾滋病病毒感染者，歧视会导致他们不愿暴露自己的感染状况，既不利于病人就医，也不利于控制传播，尊重和关心他们，就是关心我们自己；需要注意的是，艾滋病是一种严重的传染病，在关爱和为艾滋病病毒感染者和病人提供帮助时，一定要注意保护自己；艾滋病病毒感染者在得知感染艾滋病病毒后应主动告知与其有性关系者，不得以任何方式故意传播艾滋病，故意传播艾滋病的，依法承担民事赔偿责任，构成犯罪的，依法追究刑事责任。

学生主要围绕艾滋病的危害、艾滋病传播途径、艾滋病的预防及对艾滋病感染者和患者的关注等层面进行了广度的宣传。教师还可以引导学生进一步作深度的宣传，如艾滋病的致病机理和治疗等。

艾滋病的致病机理：HIV是一种逆转录酶病毒。它侵入人体后能识别并结合辅助性T细胞表面的受体，使遗传物质RNA和逆转录酶进入细胞。RNA在辅助性T细胞中由于逆转录酶的作用形成互补的DNA，并整合到辅助性T细胞的DNA中。经过长时间的潜伏后，辅助性T细胞被激活，前病毒复制出新的HIV，并破坏辅助性T细胞。如此循环往复，从而导致大量的辅助性T细胞被破坏，如图5-5所示。由于辅助性T淋巴细胞在免疫系统中起着调节作用，因此，大量的辅助性T细胞被HIV破坏便会严重削弱免疫功能。HIV还可以感染体内其他类型的细胞，如脑细胞、巨噬细胞。艾滋病病人往往很消瘦，也可能出现痴呆，免疫功能削弱，就会出现某些癌症、感染或其他严重的临床症状，从症状出现起，艾滋病人的预期寿命只有1～3年。

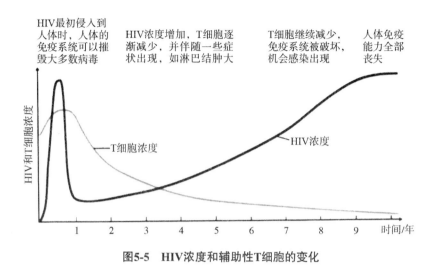

HIV最初侵入到人体时，人体的免疫系统可以摧毁大多数病毒　　HIV浓度增加，T细胞逐渐减少，并伴随一些症状出现，如淋巴结肿大　　T细胞继续减少，免疫系统被破坏，机会感染出现　　人体免疫能力全部丧失

图5-5　HIV浓度和辅助性T细胞的变化

　　艾滋病的治疗：目前并无有效治愈药物，但通过高效抗病毒药物治疗后，可以非常有效地控制病情的发展，延长生命，长期存活。建议最迟在进入艾滋病病期之前开始抗病毒治疗，在及时治疗的前提下可以实现终生有效控制病情。"鸡尾酒疗法"，又称"高效抗逆转录病毒治疗方法"（HAART）将两大类（逆转录酶抑制剂为一类，蛋白酶抑制剂为一类）中的2～3种药组合在一起使用。优点是可以有效地延缓HIV感染者的发病时间，延长艾滋病病人的寿命，提高病人的生活质量。缺点是不能彻底清除HIV，产生耐药性，许多感染者服药后会有严重的不良反应，而且有明显的局限性。由于HIV的遗传物质是两条单链RNA，RNA结构不稳定，有许多亚型，所以艾滋病疫苗的研制困难。

　　设计意图：在课堂上学习了艾滋病的传播途径、预防、致病机理及对艾滋病感染者和患者的关爱等相关内容后，通过设计有关"艾滋病"的宣传海报，积极参与社会实践，甚至成为志愿者，为消除"恐艾"症和"歧艾"症而努力，提升学生的社会责任感。

4. 教学反思

　　社会责任是生物学的核心素养、生物学课程的重要目标，也是学生通过学习可以得到的、终身受益的学习成果。高中生物学教学中社会责任的培养能否取得实效的关键在于教师。首先，教师务必在教学中具有培养社会责任的意识及育人理念，特别是需要清楚社会责任的培养不能仅仅依靠学校开设专门的责任教育课，更应当在各科的教育教学活动中渗透。其次，社会责任的教育对高中生物学教师提出了新的任务和要求，教师不仅要下功夫在各个知识点上，还应普及社会生活中所关注的知识内容，以教材为依据，"进阶式"学习强调连续地、明确地开展教学，选好社会事件和问题串的切入点，为"润物细无声"的"进阶式"学习打下坚实基础。最后，教师应有目的地培养学生的社会责任感，结合学生的生活经验和实践，关注社会热点，利用学科的前沿进展，开发课程资源，从不同的角度开展社会责任教育，在高中生物课堂中落实教育"立德树人"的根本目标，促进学生社会责任感的形成，提高教育教学的实效性。

第二节　基于社会责任素养的单元复习的教学设计
——以"遗传与人类健康"为例

摘　要：生物学科在发展学生社会责任中具有独特的价值。教师要拓展育人思路，创新育人途径，让社会责任在高中生物教学中生长。本文以亨廷顿舞蹈症这一遗传病为主线贯穿整节课，通过案例引入，实例分析——在情境中感受社会责任；问题引领，科学思维——在问题中提升社会责任；拓展延伸，学以致用——在拓展中强化社会责任。使学生对人类遗传病能作出理性解释和判断，从而提高解决生产生活中的生物学问题的担当和能力。

关键词：人类遗传病；社会责任；科学思维

1. 教材分析和设计思路

"人类遗传病"是浙科版教材必修二第6章的内容，是高中生物学的重要核心概念之一。人类遗传病与基因突变、减数分裂、染色体变异、基因工程等内容有着密切联系，人类遗传病的诊断、预防和治疗，离不开遗传学的基础知识。高中生学完必修二后，有了一定的遗传学基础，通过单元复习，对于提高学生对基因与表型之间的认识、理解有关原理在促进经济与社会发展、增进人类健康等方面的价值具有重要意义。高考中这类题目往往与人类健康息息相关，又会以最新的科研成果为背景出题，考查学生获取信息的能力，具有较高的区分度。

因此，笔者尝试开展基于社会责任素养的单元复习策略，以亨廷顿舞蹈症这一遗传病为主线贯穿整节课。首先从真实案例引入，通过具体系谱分析从宏观水平初步提出遗传病类型推导，接着从微观层次作出基因诊断，找出根本原因是碱基对的增添导致的基因结构的改变致使基因突变，从而宏观上引发舞蹈症，从宏观到微观再到宏观螺旋式上升，提高学生的分析能力。结合基因治疗和基因诊断分析讨论遗传病是否可治愈，最后提出减少遗传病的措施。但本节中的一些知识点，例如基因治疗等内容比较抽象，需要学生进行知识迁移和综合分析，因此，在知识的掌握上还存在很大的难度。

2. 教学目标

基于课程标准的内容要求，学业要求和学业质量标准，并围绕培养学生核心素养的要求，重点突出社会责任素养，制订了如下教学目标。

①通过资料分析，能够对常见遗传病进行合理分类，认识遗传病的发病风险和相关危害。

②通过小组合作，能够对单基因遗传病进行家系分析，并提出合理的建议。

③通过案例分析，能够总结出遗传咨询的一般过程和主要的优生措施。

④通过学习，能勇于承担社会责任，能够为身边的人在优生方面提供有价值的建议。

3. 教学过程

（1）案例引入，实例分析——在情境中感受社会责任

视频播放《真实》栏目："舞蹈病：身不由己的舞蹈绝症。"

展示资料1：浙江富阳周小霖家族，四代人中有15人先后患上怪病，亲人们在年富力强之时，接二连三地病倒，都不由自主地手舞足蹈，想停都停不下来，其中已有9人因身染此病而去世。25岁的她毕业于名牌大学，从事财务工作，却因发病而离开心爱的工作岗位，6年来，父亲带着她到处求医无治。其他村民哪怕与这个家庭只有一墙之隔，也都没有患上这种怪病，而且这种怪病只发生在这个家族中，患者的父亲虽与她朝夕相处，但都没有发病。死亡的阴影笼罩着这个家族。

通过视频和资料分析，教师引导学生思考：几十年来，当地人议论纷纷，对他们避而远之。如果你是小霖的同事、闺蜜或男友，看到她突然发病患了身不由己的舞蹈病，你会怎么办？你也是私下议论甚至避而远之，还是继续陪伴同时帮她一起分析病因寻求外界的帮助？

设计意图：创设情境，激发学生探求真相的兴趣，在情境中辨别迷信

和伪科学，感受社会责任，同时引出新课。

（2）问题引领，科学思维——在问题中提升社会责任

本节课是高三的一轮复习课，学生已有一定的知识基础，课堂的主导思想是通过问题激发学生的深度思维，通过合作探究使学生在讨论中感受到社会责任。问题很重要，必须就学生的"最近发展区"来设计，合作探究之前应让学生充分地进行自主学习和独立思考，在以小组为单位（分组要求：4人一组，每组推荐一名组长，负责组织活动；一名记录员，负责记录相关内容；各组员发表相关观点）的合作探究中，鼓励学生通过争论产生新的合作探究问题，教师可以即时解决问题，还可通过即时追问使学生的讨论走向深入。

问题串一：①周小霖一家的家族性怪病究竟是传染病还是遗传病？②是先天性疾病还是后天性疾病？家族性疾病是不是就是遗传病？③什么是遗传病？遗传病有哪些类型？是不是所有的遗传病都有致病基因？

学生结合案例中的信息排除传染病的可能，并初步判断这种怪病是遗传性疾病。学生分组讨论用表格的形式总结先天性疾病、后天性疾病、家族性疾病的区别和联系（见表5-2），并用集合的方式表示遗传病与先天性疾病、遗传病与家族性疾病的关系（见图5-6）。回顾遗传病的概念：由于生殖细胞或受精卵里的遗传物质改变而引起的疾病称为遗传病，并总结画出遗传病类型的概念图（见图5-7），其中，染色体异常遗传病没有致病基因。

表5-2　先天性疾病、后天性疾病、家族性疾病的区别和联系

项目	先天性疾病	后天性疾病	家族性疾病
含义	出生前已形成的畸形或疾病	在后天发育过程中形成的疾病	指一个家族中多个成员都表现出来的同一种病
病因	由遗传物质改变引起的人类疾病为遗传病		从共同祖先继承相同致病基因为遗传病
	由环境因素引起的人类疾病为非遗传病		由环境因素引起为非遗传病
联系	①先天性疾病、家族性疾病不一定是遗传病；②后天性疾病不一定是遗传病		

图5-6 用集合的方式表示遗传病与两类疾病的关系

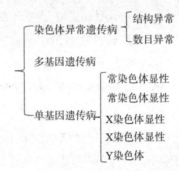

图5-7 遗传病类型的概念图

设计意图：结合情境回归概念，深化学生对先天性疾病、后天性疾病、家族性疾病和遗传病的理解。并依据遗传病的类型，引出对遗传病确定方式的思考，进一步帮助学生理解遗传咨询的环节。

展示资料2：征得该家系成员同意并签署知情同意书后，详细了解患病成员疾病发生过程，并进行相关体格检查，了解其部分家庭成员患病情况并绘制家系图谱（见图5-8）。

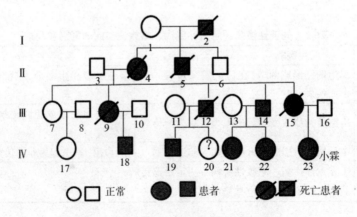

图5-8 部分家庭成员患病情况的家系图

问题串二：①如何确定其遗传方式？②可能是染色体异常遗传病吗？如何确定？③可能是多基因遗传病吗？如何确定？④进一步思考是哪一类单基因遗传病呢？

同学们通过讨论分析，周小霖应该进行遗传咨询，其基本程序包括五步：病情诊断→系谱分析→染色体/生化测定→遗传方式分析/发病率测算→提出防治措施（见图5-9）。若要判断是否是染色体异常遗传病，可以对患者进行染色体核型分析，教师提供周小霖体格检查的化验结果（见图5-10），染色体核型分析正常，学生排除染色体异常遗传病。再判断多基因遗传病（受多对基因和多种环境因素共同作用，由于遗传不是受单一因素影响，患者后代发病率远低于1/2或1/4的概率），这与案例信息矛盾，可排除多基因遗传病的可能，最后初步推测为单基因遗传病。

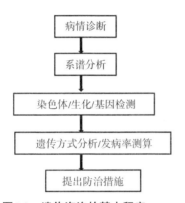

图5-9　遗传咨询的基本程序

图5-10　患者的染色体核型图

活动一：（小组讨论）根据家系图，分析该病可能的遗传方式，并说明推断过程及理由。目的要求：根据家系图，并结合各种单基因病的遗传特点，请排除不可能的遗传方式，并说明理由。

首先，学生根据家系图分析，如果是Y染色体遗传，Ⅰ代男性患者的后代只要是男孩就都患病，但是从系谱图上看却并非如此，故排除了伴Y染色体遗传；其次，判断显、隐性，据图分析，显隐性都有可能，显性可能性较大；最后，结合案例中男性患者的母亲有的正常、有的患病，判定不可能是伴X染色体显性遗传；女性患者的父亲有的正常、有的患病，因此也不可能是伴X染色体显性遗传。所以只能是常染色体显性遗传、常染色体隐性遗传。从代代相传特点，常染色体显性可能性较大。

设计意图：通过问题串的形式，充分调动学生已有的经验，回顾"染色体组型"的概念及在遗传病诊断上的应用、多基因遗传病的遗传特点。通过分析讨论让学生学会合作学习，培养分析归纳问题的能力。通过具体家系图的分析、表述，深化遗传方式判断的基本要领，提升社会责任。

（3）拓展延伸，学以致用——在拓展中强化社会责任

通过自己的判断已经得出了初步结果，同学们的好奇心已经很强了，如何对推断结果做进一步检测？——学生马上会想到基因检测。

展示资料3：拓展凝胶电泳原理：由于DNA携带负电荷的磷酸基团，因此在施加电场后，DNA片段会在凝胶中移动。DNA片段越小，在凝胶介质中迁移越快，从而将不同的DNA片段迁移。抽取患者和正常人血液进行血细胞相关基因检测。首先，样本DNA经PCR扩增得到足量的PCR产物，然后，PCR产物经凝胶电泳进行测序分析。教师展示凝胶电泳和基因组测序的结果（见图5-11）。

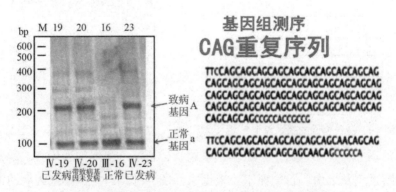

图5-11　患者及正常人凝胶电泳和基因组测序的结果

学生根据电泳结果分析19号（患者）、20号（带致病基因但还未发病）、23号（周小霖患者）是杂合子，若用A、a表示，则他们的基因型为Aa，16号正常个体（周小霖父亲）基因型为aa。

设计意图：将微观上不可见的基因转化为宏观上肉眼可见的条带。通过凝胶电泳技术，再次验证了根据遗传家系图的推断该病为常染色体显性遗传是正确的。

教师引导，让学生了解亨廷顿舞蹈症的根本原因和直接原因。上述凝胶电泳技术和基因组测序是从基因水平，即患病的根本原因分析，可以对患者直接进行基因治疗，从而改善性状，此外，还有其他的治疗方案吗？引导学生从直接原因分析，并进行适当拓展。

展示资料4：医学研究发现，人的4号染色体IT15基因大量CAG重复序列，这样的突变基因在表达后形成了异常的谷氨酰胺致病蛋白。这是一种神经毒蛋白，它会使大量的蛋白质凝聚在大脑部位，使得很多蛋白质无法正常工作，从而导致神经元萎缩，大脑萎缩。导致认知功能下降，全身运动不协调，严重时会全身不由自主地颤抖，出现舞蹈样动作，最后吞咽呼吸困难，最终死亡。总结常染色体显性遗传病——亨廷顿舞蹈症的发病机理。

活动二：（小组讨论）如果你们是医生，根据亨廷顿舞蹈症的病因请给周小霖提出合理的治疗方案？目的要求：请从"中心法则"（见图5-12）的不同层面上思考合理的治疗方案。

亨廷顿基因突变 $\xrightarrow{转录}$ 相应的mRNA异常 $\xrightarrow{翻译}$ 异常谷氨酰胺蛋白质 $\xrightarrow{体现}$ 相关性状

图5-12 亨廷顿突变基因的中心法则途径

学生讨论，逐步得出以下方案：方案一：利用"抗原-抗体"原理，通过制备单克隆抗体去定向对抗异常的谷氨酰胺蛋白质；方案二：阻止基因的翻译：利用反义RNA与靶RNA特异性结合的方式阻止基因的表达；方案三：基因治疗，向目标细胞引入正常功能的基因，以纠正或补偿基因的缺陷，达到治疗的目的；方案四：药物治疗，如丁贝那替秦可改善患者不由自主的运动症状，是迄今唯一被FDA认可的可用于亨廷顿舞蹈症治疗的药物。这些药物不能阻止或逆转疾病的发展，很多还会加重患者的精神抑郁症状，且很多还处于临床前阶段。

教师展示最后医生给出的治疗方案：脑部植入芯片，以改善脑部环境，减缓神经细胞死亡。

设计意图：学生根据亨廷顿舞蹈症发病机制，结合所学的遗传的分子基础、基因工程、单克隆抗体等相关知识，从基因治疗、基因表达、蛋白质活性控制等不同角度想到理论上可行的治疗方案。培养学生的人文情怀，激发学生对遗传病治疗的思考。培养学生的发散思维，增加生物科学与现实生活的联系，让学生体会学习的乐趣，在拓展中强化社会责任。

问题串三：如果经过治疗，最后周小霖能正常地工作、结婚、生子。①如何降低生育遗传病后代的风险，生育一个健康的孩子？②作为医生应给予周小霖怎样的建议？

教师引导学生分析，各种方案只是对患者进行疾病控制，而无法降低后代的患病概率。因此，遗传病重在预防，实现"优生"。学生归纳优生措施：①禁止近亲结婚；②提倡"适龄生育"；③进行遗传咨询；④进行产前诊断（两种比较常用的产前诊断方法：羊膜腔穿刺和绒毛细胞检查）；⑤选择性流产；⑥妊娠早期避免致畸剂。

随着人类对疾病预防及治疗措施的改进，有许多遗传病患者不仅存活了下来，而且还生育了健康的后代。深入思考"选择放松"会不会导致致病基因频率的显著增加？

设计意图：简述遗传病的预防措施，了解羊膜腔穿刺、绒毛细胞检查在产前基因诊断上的应用。体会遗传咨询和各种优生措施对防止人类遗传病发生的重要性。对"选择放松"社会性议题的深入探讨，有利于增加学生的社会责任感。

案例小结：总结课堂整体的思路，由具体的案例引出对人类遗传病复习的整体知识网络。

学生整合、回顾、消化（见图5-13）。

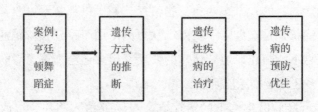

图5-13

设计意图：有助于学生构建知识网络，使知识体系更加系统性。

4. 教学反思

本节课以亨廷顿舞蹈症为案例作为主线，引导学生复习相关知识进行串联，形成了知识网络图。这种方式在章节复习时能大大提高复习的效率，并且能够让学生在分析案例时使所学知识得到应用，真正做到学以致用。与讲授法相比，让学生带着疑问，利用所学知识将枯燥的遗传学知识在一定的情境中应用，更能激发学生的兴趣，同时还能提高学生获取信息的能力，提高分析和解决问题的能力，与"进行科学思维，增强社会责任"的理念吻合。所谓社会责任，是学生基于生物学的认识，参与个人与社会事务的讨论，并对社会事务作出理性解释和判断，解决生产生活中的生物学问题的担当和能力。生物学科在发展学生社会责任中具有独特的价值。教师要拓展育人思路，创新育人途径，让社会责任在高中生物教学中生长。教师在倾听学生小组讨论结果时，应及时对学生的答案作出相应的评价和点评，以激励学生参与活动，提高合作效率。

第三节 基于"社会责任"的"STEM教育"教学设计
——以"生物净化"教学为例

摘　要：以生物学核心素养之社会责任与课堂教学有机结合。尝试对"生物净化"的教学目标进行具体化设计。结合"STEM教育"理念，在情景式教学辅助下，运用氧传感器等技术、生态学原理和数学原理构建氧垂曲线模型，并将该模型运用到污水处理工程的实践中，实现了多学科综合教学。学生运用多学科知识尝试解决现实问题，正确树立和践行"绿水青山就是金山银山"的理念。

关键词：生物净化；社会责任；教学设计；STEM教育

2017版普通高中生物学课程标准，提出了学科核心素养。如何将生物学核心素养和课堂教学实践有效地结合起来，特别是在课堂教学设计如何突出"社会责任"这个课题，是现阶段一线教师面对的首要任务和难题。学者一般认为生物学科中的社会责任是指学生在完成生物学课程学习之后能够运用生物学的认识和思想方法，参与到个人与社会事务的讨论，作出理性解释和判断，尝试解决与生物学相关的生活问题。教学设计是落实新课程理念的基石和先决条件，只有在科学、合理、有效的教学设计的指引下，才能将核心素养落实到日常教学实践中。本文以浙科版高中生物选修二生物科学与社会的"生物净化"为例，依据新课标目标尝试对教学目标进行精准化设计，渗透STEM理念，突显学科核心素养，特别是社会责任方面的落实。

1. 教材学情分析、设计思路

浙科版高中生物选修二生物科学与社会的"生物净化"的主要结构包括两部分，即生物净化原理和生物净化技术。其中生物净化技术包括活性污泥法、悬浮细胞法、生物膜法和其他生物净化技术。本节内容首先介绍生物净化的原理，污水净化的原理分析是本节的重难点，特别是氧垂曲线是如何获得和应用。后重点介绍了主流的污水生物处理技术,并比较各种技术的应用领域和优缺点。最后补充了其他生物净化的方法和技术。

本节虽然是生物净化技术各有涉及,但主要是有机物污染的污水的处理技术和原理的介绍。故先对各种实例和生物净化技术做一个浏览,归纳生物净化的概念。再从水污染入手,介绍污水处理的相关技术和原理。氧垂曲线是难点,没有情境和案例,无法有效学习,故本节先介绍氧化塘(悬浮细胞法)技术,了解其缺点和主要的限制因素,进而分子溶解氧在生物氧化中的重要作用,再分析氧垂曲线。氧垂曲线的教学利用实验设备和传感器,让学生通过小组活动自主构建氧垂曲线,分析如何测得氧垂曲线和有机物分解耗氧量,再如何推算复氧曲线,从而知道可以把溶氧量作为水体自净状况的标志,知道提高复氧速率可以提高水体的自净能力。在此基础之上推出活性污泥法,学生分析活性污泥分解效率高和分解彻底的原因。让学生利用氧垂曲线分析该过程。微生物可以悬浮在污水中,比如悬浮细胞法和活性污泥法,也可以固定化,让学生分析生物膜法的原理和优点。联系上述原理和技术,让学生分析海绵城市对于地表水相关处理的技术原理分析。最后,通过相关的习题检测同学的学习情况。总地来说,教师通过情景、任务和问题驱动来引导课堂进程。学生通过资料的分析,比较和归纳来主动学习;通过小组活动和讨论来合作学习。

2. 教学目标

(1)知识与技能

概述生物净化的原理和方法。简述和比较水体有机污染物生物净化的主要技术。举例说明其他生物净化技术。渗透"稳态和平衡观"和"物质与能量观"等生命观念。

本节的核心概念为:①解决环境污染问题的策略,先防后治,防治并举。②生物净化的原理是通过生态系统中各种生物的代谢活动或其他活动,使环境中的污染物得以固定和降解。③生物净化技术的基本原理就是通过一定的技术手段人为放大和强化生态系统的自净能力,从而有效地治理环境污染。④污水生物处理技术的基本原理是利用处理系统中的各种微生物代谢作用,去除污水的污染物。活性污泥法污水处理技术的基本思路就是利用活性污泥、曝气等技术手段放大和强化水体的自净能力。⑤氧垂曲线表示了水体污染过程中溶解氧的变化，而溶解氧的变化状况能反映水体中有机物的净化过程。

（2）过程与方法

通过实际情景和实例，引导学生阅读教材，归纳和分析主流的生物净化方法和技术。培养学生分析问题、解决问题的能力。通过学生讨论对比各种污水处理技术的异同，培养学生对比、归纳等科学思维能力。通过模拟氧垂曲线的建立过程，体验STEM教育理念，提高各学科知识的综合运用能力和科学探究能力。

（3）情感、态度、价值观

尝试搜集利用生物净化原理治理环境污染的资料，分析实际问题。通过分析实践案例，树立和践行"绿水青山就是金山银山"的理念，形成生态意识，参与环境保护实践；结合本地的垃圾分类情况，尝试解决现实生活问题。通过联系生产、生活等实际，激发学生学习生物的兴趣和动机，培养学生关心科学技术的发展，结合案例渗透STEM教育理念。

3.教学过程

基于"情景式"和"问题解决式"的教学设计主线，且结合STEM多学科的知识综合实践。

（1）导学案回顾相关生态学原理

导学案活动：不同的生态系统均具有一定的抵御环境污染的自我净化功能。原因是生态系统具有____的功能，所以在通常情况下，生态系统会保持相对稳定。在一定限度的外来干扰下，系统通过_____调节维持系统的稳态，当干扰超过一定限度，生态系统发生了_____调节，使系统远离稳态。

例如，某水体遭受严重有机物的污染，微生物活动导致浓度急剧下降，致使一部分鱼虾开始死亡，鱼虾尸体的腐烂加剧了污染，导致更多的鱼虾死亡，从而导致水生生态系统的破坏。

学生活动：填空，回答，相互评价。

教师活动：任务布置，巡查和评价。

（2）导入新课——情境导入

①导学案活动：

阅读123页，第三段和126页，第三段落，完成知识的连线任务（见图5-14）。

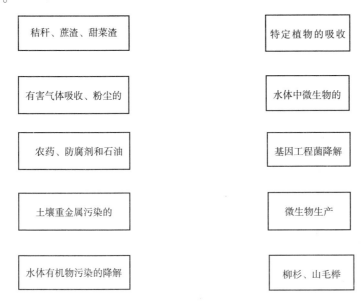

秸秆、蔗渣、甜菜渣	特定植物的吸收
有害气体吸收、粉尘的	水体中微生物的
农药、防腐剂和石油	基因工程菌降解
土壤重金属污染的	微生物生产
水体有机物污染的降解	柳杉、山毛榉

图5-14

学生活动：小组讨论，连线，展示。了解生物净化的主要技术和方法。

教师活动：任务布置，巡查和点评。

归纳生态净化定义：生物净化是利用某些生物（植物、动物和微生物）对污染物的_____、_____、_____的作用，使环境得以净化的过程。

学生活动：归纳，总结。

教师活动：任务布置，点评和纠偏。

②当前我国水环境污染问题

任务1：阅读课文122～123页，找出下列问题答案。

a. 环境污染的原因？

b. 我国环境污染最突出的问题？

c. 环境污染解决方法？

学生活动：通过上述教材和污染的学习让学生了解到以下内容：在社会发展过程中，由于未能合理协调经济发展和环境保护的关系，人类活动排放到环境中的各类污染物不断增多，尤其是一些难以降解的有害物质会随食物链蓄积在人体内，严重危害人类健康。我国环境污染最突出的问题是水污染，故本节的学习要点就是水污染的净化和治理。解决环境污染问题首先是"防"，其次是"治"，目前推行垃圾减量化、资源化和严格执行垃圾分类是"防"，应用生物净化技术治理环境污染是"治"。

（3）概述生物净化技术的原理和主要技术

①基本原理和优点

任务2：阅读课文124页，找出下列问题的答案。

a. 生物净化技术原理？

b. 污水生物净化原理和主要技术？

学生活动：生物净化技术原理：通过一定的技术手段，人为地放大和强化生态系统的净化能力，从而达到有效治理环境污染的目的。

污水生物净化基本原理：利用处理系统中的各种微生物的代谢作用去除污水中的污染物。

污水生物净化主要技术：悬浮细胞法—氧化塘、活性污泥法和生物膜法。

教师活动：评价学生活动和补充说明生物净化技术优点。

生物净化技术优点：通过一定的技术手段，人为地放大和强化生态系统的净化能力，从而达到有效治理环境污染的目的。能耗低、不消耗有用的原料，费用低。设备简单、维护管理方便。减少二次污染。分解速度快、效率高、稳定。

②案例分析悬浮细胞法的具体原理和优缺点

任务3：阅读课文126页，回答下列问题。

a. 悬浮细胞法中具体氧化物质的生物是什么，氧气的主要来源？

b. 其有何优缺点？

c. 限制其分解能力的首要因素是什么？

学生活动：小组讨论，解决问题，归纳、总结和展示。

教师活动：教师对学生的活动予以积极的评价和修正，并结合生态学原理和概念图的形式（见图5-15）给予总结。

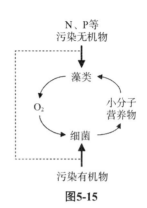

图5-15

通过上述活动，让同学了解到在氧化塘中的悬浮细胞主要是藻类和细菌，其氧气主要来源是藻类的光合作用。其优点是技术要求低，但效率太低，且氧化作用不彻底，常常产生较重的臭味，形成二次污染。限制其分解能力的首要因素是氧气的浓度和温度。既然氧化有机物的首要因素是氧浓度，我们要分析一下生物净化的总原理，看看氧气在其中扮演的角色。

③污水生物净化原理研究

任务4：以教材123页第四段开始至124页第一段为依据，分析生物净化的原理，模拟探究污水自净过程中的溶解氧变化——氧垂曲线的建立。

检测仪器：水体溶解氧传感器、BOD监测仪（见图5-16）。

水体溶解氧传感器

BOD监测仪

图5-16

资料链接：生化需氧量（BOD）：无机物在生物氧化作用下所消耗的溶解氧（以质量浓度表示）。氧化动力：微生物的生物氧化作用。氧源：水中的溶解氧（分子态氧）。适用范围：河湖水、生活污水、一般工业废水。

模拟研究对象：一段受有机物污染的自然水体。

学生活动：完成导学案中任务。

a. 根据溶解氧传感器所测得的受污染开放水体的溶解氧变化数据，请画出溶解氧随时间的变化曲线（见图5-17）。

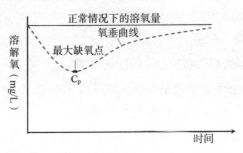

图5-17

b. 根据BOD检测数据，画出该水体微生物分解有机物消耗氧气导致的溶解氧随时间的变化曲线（见图5-18）。

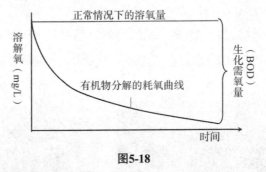

图5-18

c. 根据氧垂曲线和有机物分解的耗氧曲线的关系，请推算和画出水体复氧曲线（见图5-19）。

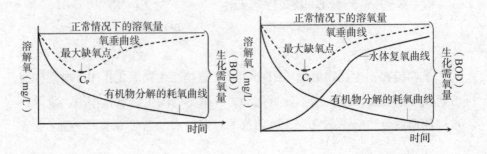

图5-19

d. 根据上述曲线，回答下列问题：

不同的水域生态系统氧垂曲线是否相同？

如何判断污水的排放是否达标？

如何提高污水的氧化分解效率呢？

学生活动：小组讨论，解决问题，归纳、总结和展示。回答这三个问题，为下一部分知识的学习打下伏笔。即如何提高复氧能力。

教师活动：任务布置，点评和纠偏。

④活性污泥法

导学案活动：以课文124页第3段开始至第5段为依据，分析活性污泥法的原理和优点。

a. 请阅读，简述活性污泥法处理污水的基本流程。

b. 通过分析活性污泥法处理污水的基本流程，和氧化塘相比较，该技术污染物分解效率高的主要原因是什么？

c. 通过分析活性污泥法处理污水的基本流程，分析该技术的缺点是什么？

学生活动：小组讨论，解决问题，归纳、总结和展示。

教师活动：任务布置，点评和纠偏。

通过该活动学生掌握了活性污泥法的生物学原理和工程原理。活性污泥是由各种微生物、有机物和无机物胶体、悬浮物构成的绒絮状微生物共生体。通过曝气法提高水体复氧速率以保持水体较高的溶氧量，大大增强好氧微生物对有机污染物的分解能力。效率高、便宜自动化控制，广泛用于处理城市和各种工业污水，是目前应用最广泛的污水处理技术之一。

通过分析该过程，该技术的缺点是能耗和技术要求高，不适合低污染的污水处理。

⑤生物膜法

原理图展示（见图5-20）。

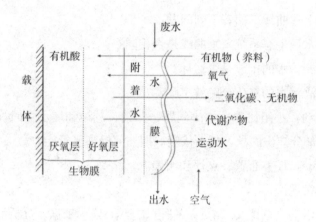

5-20

导学案活动：以课文126页第2段为依据，回答下列问题。

a. 请阅读该自然段，解释何谓生物膜？

b. 通过分析生物膜法处理污水的基本流程，和活动污泥法相比较，两者最大的不同是什么？

学生活动：小组讨论，解决问题，归纳、总结和展示。

教师活动：案例展示和点评。

生物转盘

普通生物滤池

图5-21

通过本活动，学生了解到：生物膜法是通过附着在特定载体上的各种微生物的氧化作用分解污染物。通过废水与生物膜的相对运动，使废水与生物膜接触，进行固液两相的物质交换，并在膜内进行有机物的生物氧化和降解，使废水得到净化。

（4）综合运用实践

导学案活动：案例分析：以海绵工程生态滤池为例，分析其处理地表污水的技术。

图5-22

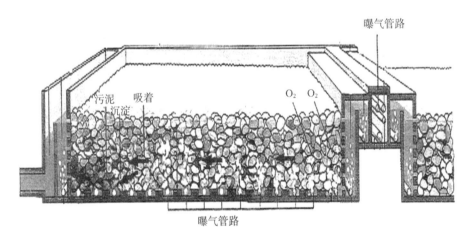

图5-23　海绵城市——生态砾池剖面图示

回答下列问题：

a. 该海绵工程水体净化方案运用了哪些生物净化技术？

b. 曝气管路的作用提供氧气，请结合生物净化的原理，分析其意义是什么？

学生活动：小组讨论，解决问题，归纳、总结和展示。

教师活动：任务布置和评价。

通过该实践活动环节，让学生体会到作为海绵城市试点工程的嘉兴，其背后的原理不光是涵养水源，还有净化和过滤地表水的作用。生态砾池实际上借鉴了生物膜法，不光有过滤作用，其表面的生物膜还有分解污水的作用，再加上曝气管等装置，提高了水体溶氧量，有小型曝气池的作用，也就是说局部运用了活性污泥法。

4. 教学评价

教学评价是教学活动的不可缺少的重要环节。通过导学案进行过程性评价；通过活动对学生的参与进行鼓励性评价；通过课后作业使教学目标的达成进行结果性评价。

5. 教学反思

（1）基于"社会责任"的核心素养的反思

基于对生物学学科社会责任本质的认识，综合考虑高中学业水平和认知能力，将高中生物学学科社会责任的内容划分为以下四个方面。

①顺应自然，和谐发展。②捍卫科学，反对迷信。③呵护健康，幸福生活。④保护环境，美化家园。一个案例的教学设计不可能涉及多个方面，本课题主要突出捍卫科学和保护环境的内容。应用生态学的知识和科学原理分析污水净化的科学道理及其在生产实践中的运用。直接宣教式的责任灌输很难激发学生的学习兴趣和情绪上的共鸣，教学中要结合情景教学和实际问题解决策略，提高核心素养在日常教学实践中的落实。

（2）"教、学、评"一致性反思

常规的教学评价通常是结果式评价，就是课后的作业检测。这样的评价策略使评价和教学割裂，没有做到评价和教学嵌合。所以在教学中要注重知识的快反式评价，积极巩固阶段性成果。对于学生参与活动的过程要采用个体式的另类评价。对于课后的检测试题，要紧扣教学目标，有难度梯度和一定的应用情景，甚至一定的教育和拓展功能，使学生的在评价中学习。在教学评价中贯穿和体现核心素养是新课程教学的新使命。

（3）关于"STEM教育"理念教学的反思

STEM教育就是集科学、技术、工程和数学多学科融合的综合教育。

但在高中生物课堂教学中，能有效整合多学科的课例不多。本课例的设计通过氧垂曲线的建立过程，试图在科学、技术、工程和数学方面进行融合教育。本课例运用生态学的科学原理与氧传感器和BOD检测仪等技术结合，让同学运用数学原理构建自主复氧曲线，并结合上述成果分析活性污泥法污水处理和工程学设计原理。但具体的"STEM教育"理念教学过程中，也没必要追求极致，非得涉及方方面面，能多2门或2门以上学科的综合实践也是极好的。"STEM教育"理念教学的成功也要注重情景和实践案例的结合，在多学科的运用过程中达到融合与提高。

参考文献：

[1] 刘欣颜, 麦纪青, 刘恩山.运用 5E 教学模式发展学生的核心素养——聚焦生物学核心素养的教学取向[J].教育导刊, 2017, (06)：48-53.

第四节 基于"社会责任"的"任务群"单元教学设计
——以"基因工程"复习课教学为例

摘　要：以生物学核心素养之社会责任与课堂教学有机结合。尝试对"基因工程"复习课的教学目标进行任务群单元教学设计。结合情境教学理念，采用转基因产品的研制过程为任务驱动，按教学内容的内在逻辑设置一系列任务群，按任务群展开单元复习教学。提升课堂教学的有效性和实现聚焦大概念的课程设计。

关键词：基因工程；社会责任；教学设计；任务群

1. 教材学情分析、设计思路

浙科版高中生物选修三现代生物科技专题的第一章"基因工程"系统介绍了转基因技术的理论基础、技术保障、基本步骤和应用。作为生物工程的主体——基因工程已经成为当代产业革命的重要组成部分。随着基因工程的发展，蛋白质工程、细胞工程和胚胎工程等方面技术的融合创新，基因工程与遗传育种、药物开发治疗和生态工程等方面的应用。在浙江选考的考查过程中，也是以生物工程为整体背景，全面考查基因工程基本内容及与其他工程的关系，即注重复杂情景的考察。学生经历了必修课和选修课的学习后看，基本掌握了基因工程的相关知识，但有关原理还不够明晰，章节内知识间的联系，基因工程与克隆技术、胚胎工程、生态工程的联系，必修与选修的联系，都未有效建立。

为了实现整个单元的一体化教学设计，拟采用"任务群"方式驱动教学。"任务群"式单元教学设计是在单元教学设计时，创设真实的情境，以任务为导向，以活动为中心，以学生合作学习为主要方式，通过解决实际任务，引导学生建构概念，并逐渐发展其核心素养。以真实情境为主线，以一连串相关任务为衔接，创建一体化的教学体系，统领本章的3小节。情境的创建以实际的应用为主，激发和落实社会责任。社会责任就是对社会的负责，承担对社会的义务。社会责任涉及人的知、情、意、行4个层面，以认识为先导，以情感为动力，以意志为保障，以行动为根本。在社会责任的激发下，驱动任务群教学的完成。

2. 教学目标

基于课程标准的内容要求、浙江省教学指导意见和浙江省高考纲要，并围绕培养学生核心素养的要求，制订如下教学目标。

①说出基因工程的含义、主要内容和理论基础，落实结构功能观。

②说出基因工程工具酶的作用和特点并简述载体DNA的特性和作用及对基因工程的意义。

③简述基因工程原理和概述基因工程基本操作步骤。

④举例说明基因工程在遗传育种、疾病治疗和基因治疗、生态保护方面的应用，增强社会责任。

⑤学会利用基因工程原理，设计用基因工程技术解决方案应对社会生活中的疑难问题，提高科学探究的能力。

3. 教学过程

整个教学过程以研制转人白细胞介素-2基因羊的过程为任务驱动模式展开。依据教学内容，在总任务下设置一系列子任务，构建有内在逻辑的任务群，完成本章课程的教学任务。该教学设计知识跨度大，综合性强，需要借助小组学习的力量。培养学生自我构建知识体系的能力和对比、归纳的能力。

（1）情境驱动任务群的建构

由基因工程前沿的运用出发，建立情境，触发学生的学习兴趣，增强学生的社会责任。在高考试题中比较常见的应用是生物反应器和蛋白质工程。生物反应器或者蛋白质工程作为现实情境触发任务群，建立有前后关联的任务群体系。

资料：生物反应器。利用转基因的栽培植物或者饲养动物来生产蛋白药物或疫苗。科学家最早在转基因鼠的乳汁中生产蛋白药物——人生长激素和人组织型纤溶酶原激活剂。科学家已在转基因羊的乳汁中成功表达了人白细胞介素-2和人尿激酶等多种药用蛋白。目前，科学家研究的热点是利用植物生产疫苗，比如利用食用转基因香蕉的方式接种疫苗等。

总任务：请利用基因工程原理阐述研制转人白细胞介素-2基因羊的过程，说明理论基础、转基因的基本步骤和其他生物工程的技术支持。

（2）基因工程的理论基础

子任务1：人白细胞介素-2基因转入羊细胞后，为什么能够整合到羊的染色体上？为什么表达以后产物是人白细胞介素-2，其理论基础是什么？

学生小组讨论上述问题，归纳基因工程诞生的理论基础是：DNA是生物遗传物质的发现、DNA双螺旋结构的确立（这是DNA重组的前提）以及遗传信息传递方式的认定（不同物种基因表达产物的相同的前提）。

（3）基因工程的技术保障

子任务2：人白细胞介素-2的本质是什么？如何对它进行切割和重组拼接？

学生小组讨论上述问题，归纳：人白细胞介素-2的本质是有遗传效应的DNA片段。需要对该DNA片段特异性切割的限制性核酸内切酶、重组拼接DAN连接酶和载体。

子任务3：限制性核酸内切酶如何做到对目的基因和载体的精确切割？DNA连接酶如何做到让目的基因和载体的精确重组拼接？

学生小组讨论上述问题，归纳：限制性核酸内切酶能够识别和切割DNA分子内一小段特殊核苷酸序列的酶。DNA连接酶能将具有末端碱基互补的2个DNA片段连接在一起，形成的DNA分子称为重组DNA分子。故DNA连接酶可以将目的基因和载体DNA连接在一起。

子任务4：为什么要把目的基因片段和载体DNA连接在一起，载体存在的意义是什么？请利用大肠杆菌的质粒或者农杆菌的Ti质粒为例解释。

载体存在的意义主要有四点。第一，目的基因和载体结合后可以侵染宿主细胞。第二，目的基因和载体结合后可以稳定存在于宿主细胞内，不会被宿主细胞降解。第三，目的基因和载体结合后可以自主复制或扩增。第四，目的基因和载体结合后可以利用载体的表达系统进行转录。例如转基因植物常用的农杆菌转化法，就是利用Ti质粒和目的基因重组，以利于将目的基因片段侵入到植物细胞内并整合到染色体上。

（4）基因工程的基本操作步骤

让学生明确基因工程的原理就是让目的基因在宿主细胞中稳定高效地表达。这样才能得到我们需要的基因产物，满足于社会的需求。

①获得目的基因

子任务5：获得人白细胞介素-2的基因方法有哪些？请分类讨论？

学生小组讨论上述问题，归纳：获得目的基因通常有两种方法，如果目的基因的序列已知，可以用化学合成法或者PCR扩增目的基因；如果目的基因的序列未知，可以先建构基因文库，再从基因文库中获取。其中，常见建立基因文库的方法是利用逆转录法构建cDNA文库。

②形成重组DNA分子

子任务6：为了使目的基因和载体DNA连接在一起，通常需要用相同的限制性核酸内切酶处理目的基因和载体DNA，一定是这样吗？

学生小组讨论上述问题，归纳：只要有互补配对的黏性末端就可以使目的基因和载体DNA连接在一起，故通常的做法是使用相同的限制性核酸内切酶处理目的基因和载体DNA，但是，如果不同的限制性核酸内切酶能切除相同的黏性末端也是可以的。

子任务7：将一定数量的经酶切处理的目的基因和载体DNA混合，然后用DNA连接酶处理，考虑两两连接，共有几种连接方式？有没有可能出现目的基因分子和载体DNA分子自身环化的问题，如何避免？

学生小组讨论上述问题，归纳，两两连接的方式有：目的基因-目的基因、目的基因-载体DNA和载体DNA-载体DMA。有可能会出现自身环化的问题，解决方案是同时用两种限制性核酸内切酶处理目的基因和载体DNA，使目的基因或载体DNA两端的黏性末端不同，这样能避免自身环化，但不影响重组DNA分子的形成。

③将重组DNA分子导入受体细胞

子任务8：将人白细胞介素-2导入受体细胞的方式是什么？由于目的是得到转基因动物，对受体细胞有什么要求，还要有什么技术支持，转基因动物才能出生？

学生小组讨论上述问题，归纳：为了得到转基因动物，故受体细胞一般是动物的受精卵。使用显微注射的方式注入目的基因。含有目的基因的受精卵经过胚胎体外培养、胚胎移植等胚胎工程技术，才能得到转基因动物。

④筛选含有目的基因的受体细胞

子任务9：为什么要筛选含有目的基因的受体？如何筛选含有人白细胞介素-2基因的受体细胞？

学生小组讨论上述问题，归纳：因为目的基因和载体DNA连接时会出现不同的连接方式和自生环化现象。或者受体细胞没有接收到重组DNA分子；筛选方法要根据不同的受体细胞，采用的方法不同。因为动物细胞对抗生素不敏感，故不能用筛选微生物或植物的方法筛选动物受体细胞。对于动物细胞内目的基因的检测可以采用如下措施：第一，可以制造杂合基因，比如在目的基因上拼接荧光蛋白基因作为标记基因。第二，可以将受精卵培养至早期胚胎，取部分细胞用DNA探针检测目的基因。

教师一定要引导学生考虑受体细胞种类的不同，筛选方法的不同，不能一味地死记硬背，要和后面章节的知识结合起来。

⑤目的基因的表达

子任务10：为什么明明受体细胞中有人白细胞介素-2基因，但还要检测是否表达呢？是否表达的标准是什么，如何检测？

学生小组讨论上述问题，归纳：根据细胞分化的理论，有基因存在也不一定表达，如果没有表达产物就意味着基因工程的失败。检测标准就是是否有表达产物的产生，即人白细胞介素-2。可以用抗人白细胞介素-2抗体来检测人白细胞介素-2的存在。

教师引导学生思考产物的不同，表观不同，检测方式也不同。有一些表达产物产生后可以让个体出现可观察的指征，就可以在宏观层面加以判断；部分表达产物只是在分子（微观）层面才能探测到，需要使用特殊的分子生物学的检测方式。

（5）基因工程的应用

子任务11：转人白细胞介素-2基因羊的例子，体现了基因工程在哪些方面的应用？转基因植物可以有哪些方向的应用？

学生小组讨论上述问题，归纳：转人白细胞介素-2基因羊的例子体现在转基因动物的遗传育种和基因工程药物的研发。转基因植物的可以在植物遗传育种方向的应用。但具体来说，如果是改良植物的抗盐碱、抗寒、抗干旱和提高农作物的营养价值方向，这是植物遗传育种的主流方向；也可以利用植物生产药物和疫苗，这是疾病治疗方向；如果利用改良的转基因植物净化环境，这是生态保护的方向。

教师要引导学生不能只考虑转基因在微生物、动物和植物方向的应用。更要从目的基因的功用维度考虑基因工程的发展方面，毕竟基因工程的目的是制造基因产品，服务于社会。

（6）综合提升

子任务12：请分析比较转人白细胞介素-2基因羊、转人胰岛素原基因的大肠杆菌和转抗除草剂大豆的转基因研制过程的异同？可以从哪几个方面加以比较？请结合转基因基本操作步骤加以分析。除了需要基因工程的技术支持，上述案例分别需要哪些特殊的生物技术支持？请列表分析。

引导学生了解目的基因的获取、受体细胞的不同、导入方法的不同、筛选细胞的方法和表达检测的差异和技术支持的不同。主要的出发点是接受目的基因生物的不同，适合细菌的方法，不一定适合动物和植物。使学生体验到生物工程是一系列综合原理和操作技术的集合，面对复杂情景的考查时要有综合思维，既要考虑基本的原理和步骤，又要区分不同生物在技术操作要求上的差异性。

最后归纳如表5-3所示。

表5-3

案例	目的基因获取	受体细胞	导入方法	筛选细胞方法	表达检测	技术支持
转基因工程菌	化学合成、PCR扩增和基因文库	工程菌	载体或噬菌体侵染	标记基因选择性培养基	分子检测	细菌培养、分离和筛选
转基因植物	同上	单个植物细胞	农杆菌转化显微注射	标记基因选择性培养基	分子检测个体检测	植物组培细胞工程
转基因动物	同上	受精卵	显微注射	标记基因基因探针	分子检测个体检测	动物组培胚胎工程

4. 反馈评价

纸上得来终觉浅，绝知此事要躬行。通过任务群驱动单元一体化教学设计进行复习，将理论、步骤和应用有机联系，打通各版块知识的藩篱，构建知识体系。但知识的掌握和提升需要实战的检验和巩固，在评价中实现对知识的再认知，实现教学评的一致性。

典例精析（2018.4浙江生物选考32-2）：

（二）回答与基因工程和植物克隆有关的问题：

（1）将含某抗虫基因的载体和含卡那霉素抗性基因的载体pBI121均用限制性核酸内切酶EcoR Ⅰ酶切，在切口处形成_____。选取含抗虫基因的DNA片段与切割后的pBI121用DNA连接酶连接，在两个片段相邻处形成_____，获得重组质粒。

（2）已知用$CaCl_2$处理细菌，会改变其某些生理状态。取$CaCl_2$处理过的农杆菌与重组质粒在离心管内进行混合等操作，使重组质粒进入农杆菌，完成_____实验。在离心管中加入液体培养基，置于摇床慢速培养一段时间，其目的是_____，从而表达卡那霉素抗性基因，并大量增殖。

（3）取田间不同品种水稻的幼胚，先进行_____，然后接种到培养基中培养，幼胚发生_____形成愈伤组织，并进行继代培养。用含重组质粒的农杆菌侵染愈伤组织，再培养愈伤组织，以便获得抗虫的转基因水稻。影响愈伤组织能否成功再生出植株的因素有：培养条件如光温、培养基配方如植物激素配比，以及_____（答出2点即可）。

参考答案：

（1）黏性末端　磷酸二酯键

（2）转化　使$CaCl_2$处理过的农杆菌恢复细胞的正常状态

（3）消毒　脱分化　水稻的基因型、愈伤组织继代的次数

试题精析：本试题就是典型的植物基因工程的实例，是对基因工程和植物组培的综合考查。第一小题是对工具酶作用和重组DNA分子基础知识的考查。第二小题是对农杆菌转化法的考查和拓展，其中，第二空的要求超出教材的要求，体现我们高考考察以课程标准为依据，教师可适当对关

键技术加以知识的拓展和加深。第三小题是组培的基本操作，先消毒再脱分化，但最后一空考察学生对试题信息的提取归纳能力，实际的题意为影响细胞全能性表达的因素为什么，题干已给出环境因素，要求学生从植物细胞的内因角度加以分析。

5. 教学反思

（1）对于该单元设计中"社会责任"落实的反思

该单元的教学设计侧重关注学科知识在生产生活实践中的原理和应用，体现了生物学科的社会责任。可适当引入社会性科学议题，唤起学生的责任感。比如可以让学生讨论转基因技术的安全性问题，通过辩论，从技术角度解释在社会和科学界存在那么大争议的原因。教师要让学生充分讨论，在唤起他们社会责任的同时，引导其用生物学的观点和方法承担社会责任。核心素养教学需要通过真实情境的创设，在解决问题的过程中提高学生进行讨论作出决策的参与度，强化社会责任在中学生物学教学中的落实。

（2）效果及成效

"任务群"式单元教学设计基本流程包括确定单元教学内容、设计单元目标、设计单元任务群（活动）、设计单元作业、设计单元评价等。要对课程标准、学情分析、教材内容和高考纲要进行综合分析，确定教学内容和目标，然后在情境教学的辅助下，以一条主线设置任务群，让学生在解决问题的过程中完成一体化的单元复习，实现知识的综合提升。再结合多种评价手段，特别要注重过程评价，注意学生资源的开发和利用，本单元知识综合性较强，要用学习小组助力教学质量的提升。最后通过真题实践评价，巩固学习效果。

参考文献：

[1] 钟启泉.基于核心素养的课程发展：挑战与课程[J].全球教育展望，2016，45（1）：3-25.

[2] 刘铁芳.学生社会责任感的建构与培养.教育研究与实验，2001（2）：27.

第五节 基于科学史发展科学探究和社会责任素养的教学设计 碳反应将CO_2还原成糖，并将能量最终储存在糖分子中

摘 要： 本案例在2020年用于参评浙江省高中生物课堂教学活动评审并获二等奖，课堂以卡尔文探究碳反应过程的科学史为重要情境，以探究糖类等有机物的产生过程为核心任务，以科学探究的7个环节为主线进行展开，提升了学生科学探究素养。在当下"中美两国的科技竞争"的社会背景下，重视学生创新思维和社会责任的培养，落实立德树人的教育根本任务。

关键词： 碳反应；科学史；科学探究；社会责任

1.学习内容与分析

（1）学习内容

碳反应将二氧化碳还原成糖，并将能量最终储存在糖分子中。

（2）学习内容分析

"碳反应将二氧化碳还原成糖，并将能量最终储存在糖分子中"是《普通高中生物课程标准（2017版）》中"植物细胞的叶绿体从阳光中捕获能量，这些能量在二氧化碳和水转变为糖类与氧气的过程中，转换并储存为糖分子中的化学能"概念下的子概念。本节课围绕"碳反应将二氧化碳还原成糖，并将能量最终储存在糖分子中"这一概念，以科学史和科学探究的思路进行展开，由学生自主完成概念的构建。通过和科学家一起体验科学探究的过程，提升学生的科学思维和科学探究素养。

2.学情分析

本课时为"光合作用将光能转化为化学能"第二课时，在上一课时的学习中，学生已经清楚"叶绿体从太阳光中捕获能量的过程"及"光反应将光能转化为化学能，并产生氧气"。初中阶段学生对光合作用有初步的了解，比如原料、产物、场所，包括具有"能将二氧化碳转化成糖"的前概念。但是，对具体二氧化碳转化成糖的过程，这当中的物质和能量变化的认识还比

较模糊。考虑学生具有初步的科学探究和科学思维能力，本节课以卡尔文的真实历史探究情境为基础，进行了适当的简化，并以科学探究的顺序合理组织教学内容。在此基础上，学生通过小组合作学习，自主构建出碳反应的过程，并掌握科学探究的方法。

3.学习目标

①能运用结构和功能观，说出碳反应过程的物质转变和能量转化过程。通过分析受体五碳糖是否会减少，初步运用稳态和平衡观分析和解决问题。

②通过构建碳反应过程的概念图，以文字和图示的方式说明碳反应的过程，发展模型与建模的能力。在科学探究中的评估环节，充分进行反思，初步养成批判性思维。

③以卡尔文探究碳反应的真实历史为基础，亲身体验科学探究的7个环节，提高科学探究的素养。

④通过思考科学探究成功和一个国家整体科技水平的关系，树立为了国家发展"勇攀科技高峰"的使命与担当。

4.评价目标

在分析碳反应的过程时，能运用结构和功能观，说出碳反应的物质转变和能量转化过程，并用物质和能量观解释志愿者的生存需要的条件。需要具备生命观念的二级水平。

构建碳反应过程的概念图后，发展模型与建模的能力；在科学探究中的评估环节中，初步养成批判性思维。需要具备科学思维的二级水平。

观看"月宫视频"后，具备好奇心，并化好奇心为求知欲，在好奇心的驱动下，展开科学探究。体验科学探究的7个环节后，能设计并实施实验探究方案。需要具备科学探究的三级水平。

分析卡尔文的成功原因后，结合当下社会议题"中美两国的科技竞争"，部分同学能树立为国家发展"勇攀科技高峰"的使命与担当。需要具备社会责任的二级或三级水平。

5.教学方法与策略

（1）探究教学法

学生以卡尔文的真实历史情境为基础，以科学探究的7个环节为主线进行合作探究，以科学家的视角尝试阐明二氧化碳是如何还原为糖类的过程。

（2）任务驱动教学法

以探究糖类等有机物的产生过程和尝试将科学探究的7个环节运用于实践为本课时的主线任务，通过设计层层递进的子任务、形式多样的学生活动和多样化的课堂评价来支撑主线任务的达成。

6.教学流程图（见图5-24）

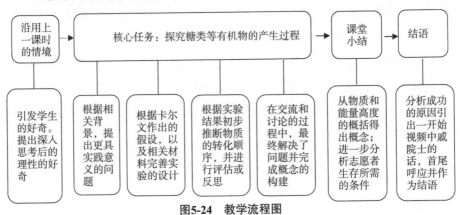

图5-24　教学流程图

7.教学过程

（1）情境

"月宫370天密闭生存实验"的视频，讲述了为模拟未来宇航员在月球上的长期生存，志愿者在"月宫"实验室中进行了一项包含植物的种植、黄粉虫的养殖，以及其他一些科研活动在内的的长期密闭生存实验。实验取得了圆满成功，"神州"号飞船总设计师戚院士也对该项实验进行了点评。（视频于上一课时播放，评委可视情况是否播放。）

（2）引言

上一课时，我们在课堂中提出了自己的好奇，大部分同学对视频中光照的颜色十分好奇，我们一起学习了光合色素、光反应等知识。课后老师留了一项课后作业：深入思考后，你还对视频中与光合作用相关的什么问题感到好奇。经过统计，下面几个好奇提出的同学比较多：好奇1，植物光合作用对于志愿者生存有什么作用；好奇2，糖类等有机物如何产生呢；好奇3，光能是如何转化为有机物中的化学能的。

志愿者的生存需要有机物，有机物直接或间接来自光合作用。在地球上生存也是如此，需要有机物，而疫情背景下世界范围内农业减产，根据世界粮食计划署曾预测，2020年世界范围内，面临粮食危机人口加倍，所以我们在这个特殊的时刻更加应该珍惜粮食、提倡光盘。那有机物是如何来的呢，也有多位同学提出了这个问题。他们的好奇是科学探究的动力，是科学探究的起点，接下来我们一起带着这份好奇，用科学探究的思路来解决这个问题吧！

（3）核心任务

探究糖类等有机物的产生过程。

设计意图：基于单元整体教学设计理念，"植物细胞的叶绿体从阳光中捕获能量，这些能量在二氧化碳和水转变为糖类与氧气的过程中，转换并储存为糖分子中的化学能"所有课时的引入情境，均使用相同的情境。特别是前2个课时，学生学习的是这个次位概念的核心内容，所以设计时，甚至情境引入后的问题都十分相似，都是关于好奇，你对与光合作用相关的什么问题感到好奇？一个是上一课时中随堂提出的感性的好奇，另一个是课后充分思考后的理性的好奇。好奇心是科学探究的动力，是科学探究的起点，由此开展了整节课的探究。课堂以探究糖类等有机物的产生过程和科学探究的7个环节为主线进行展开，提升了学生科学探究素养，在现在"科技竞争"的社会背景下，凸现出"培养创新人才"的教育使命。

任务1：从实践的角度，尝试提出问题和完善实验设计

①提出问题

背景1：赫维西于1912年提出同位素示踪技术，后广泛使用，于1943年获诺贝尔奖。

背景2：马丁·卡门，于1940年发现同位素^{14}C。

背景3：已发现在光合作用过程中存在着一个由CO_2还原成糖的过程。

问题：在问题"探究糖类等有机物的产生过程"的基础上，提出更具实践意义的问题。

学生自主思考，提出"探究光合作用过程中碳的转移途径"这个更具实践意义的问题。

②作出假设

卡尔文设想，碳随着反应"CO_2→中间产物1→中间产物2→…→最终产物"而发生转移，且每一步反应都需要一定的时间。

③设计实验

实验装置如图5-25所示，取自卡尔文的论文，中间的容器中盛放的是小球藻。为什么要用小球藻呢？取样即打开旋钮，小球藻滴入下方煮沸的甲醇中，小球藻会立即死亡，但是用叶片就不一定能迅速死亡了。化学反应立即停止，然后再分析哪些物质具有放射性。

图5-25

活动1：按分工，合作探究，并回答问题。

问题1：卡尔文为研究光合作用中碳的转移途径，可以给小球藻供给什么样的CO_2？

问题2：开始光合作用后再进行取样，取样需要使用几只烧杯？他是如何取样操作的？

学生以小组为单位讨论，并回答问题。给小球藻供给的是同位素^{14}C标记的CO_2。取样用的烧杯需要多只。需要每隔一定时间取样或在不同的时间多次取样。

设计意图：历史上每项科学研究都有其特定的背景及技术作为支撑，卡尔文的实验最重要的背景或者技术支撑就是同位素示踪技术。特定的背景及技术支撑对于科学探究至关重要，这也是之前的科学家无法完全阐明糖类等有机物的产生过程的原因。另一项背景是关于当时科学家的共识，也是当前学生所具备的一个前概念，即光合作用的过程中存在着一个二氧化碳还原为糖的过程，而其中的具体过程就是本节课要学习的概念。

实验设计活动的第一个问题难度不是很大，改编自学考、选考试题，主要考察学生的规范性答题。教师设计的第二个问题，是根据新课标中最新强调的"科学是创造性的工作"这项科学本质提出的，这个问题对于学生来说有难度且需要一定的想象力，特别需要做好铺垫工作。故而设计时，教师先对卡尔文假设和实验装置进行详细解读，做好铺垫，同时提出了递进式的问题以降低难度；学生充分讨论思考后，可以在能力范围解决这个问题，发展了创造性思维（科学思维）。

任务2：初步推断碳反应过程中物质的转化顺序

④完成实验

卡尔文花了总共9年时间，发表了多篇论文，所以探究历程和实验结果较为复杂，课堂中只能进行大致还原。

⑤分析结果、得出结论

0.5 s后取样，发现放射性主要集中在三碳酸分子中。

2 s后取样，放射性70%仍集中在三碳酸中，还有三碳糖、葡萄糖、果糖等物质中也存在放射性。

5 s后取样，检测到了更多带^{14}C标记的化合物，如四碳糖、五碳糖、七碳糖、蔗糖、一些氨基酸等。

根据简化的结果，请推断卡片上物质（CO_2、三碳糖、葡萄糖等其他有机物，三碳酸）可能的转化顺序。

学生自主思考后得出结论：转化过程可能是CO_2到三碳酸到三碳糖，最后到葡萄糖等其他有机物。原因是由于不同物质放射性出现的先后顺序。

设计意图：在完成实验、分析结果和后续的评估环节可以发现，卡尔文进行科学探究的历程是充满艰辛和挫折的，通过体验式学习，学生将对科学探究过程的这份艰辛感同身受，体会到科学家那种献身科学的精神。学生进行物质转化顺序的推断，发展了基于科学事实进行推理的能力（科学思维）。

任务3：推断CO_2的受体，在此基础上进行再次反思

⑥评估（对过程、结果等的反思）

资料1：化学角度分析，CO_2到三碳酸的过程中必然存在着某种受体，卡尔文一开始认为其为一个二碳分子，但是多年来他一无所获。

资料2：卡尔文并没有放弃，他发现中断CO_2的供应，一种五碳糖（RuBP）含量迅速增加，而三碳酸含量迅速降低。

自主思考1：根据材料，请推断CO_2可能的受体。

自主思考2：在此基础上，进一步对反应过程进行反思。

学生自主思考后得出：根据资料可知，CO_2的受体很可能为五碳糖。部分学生可能思考光合作用持续进行，五碳糖含量会越来越少，甚至没有吗？

设计意图：评估和反思是科学探究的重要环节，同时它体现出来的批判性思维是科学思维的重要组成部分。有的反思需要知识作为基础，比如CO_2到三碳酸的过程中存在着某种受体，这个反思可以由教师代为进行。但是教师要尽可能创造条件为学生提供他们能力范围内可供反思的问题。比如在"受体是什么物质"这个问题解决的基础上，可以尝试由学生提出反思：光合作用持续进行的过程中，五碳糖含量会越来越少吗？学生通过反思提出的问题可能会更多，学生深入思考这个问题，将初步具备稳态和平衡观。

任务4：进一步完善碳反应的反应过程，并以概念图的形式表示

⑦交流与合作

资料1：经研究部分三碳糖，经过复杂的变化可以生成五碳糖。

资料2：理论上看，三碳酸转化为三碳糖需要氢（还原剂）和能量。

资料3：1954年，美国科学家阿尔农用小球藻的离体叶绿体进行实验，发现在光照条件下，如不供给CO_2，则叶绿体中会积累ATP和NADPH。他又发现在黑暗条件下，同时供给ATP和NADPH，叶绿体也能将CO_2转化成糖类。

资料4：之后，科学家深入研究了碳反应所需的多种酶，发现它们都位于叶绿体基质当中。

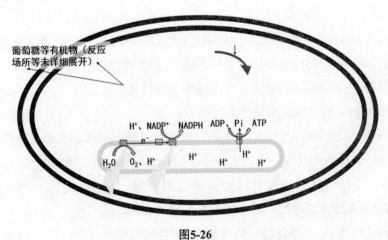

图5-26

问题1：碳反应的场所在哪里？

问题2：碳反应所需的氢和能量分别由什么物质提供？

问题3：资料2中部分三碳糖可以生成五碳糖，另一部分三碳糖的去向呢？

子任务：在光反应概念图的基础上完成碳反应过程的概念图。（可补充场所、条件和能量等）

学生以小组为单位讨论，并回答问题。碳反应的场所在叶绿体基质，因为碳反应所需的酶都位于叶绿体基质当中。氢由NADPH提供；能量由ATP和NADPH提供。脱离循环的三碳糖在叶绿体内用于蛋白质、脂质和淀粉的合成，也可以运送到叶绿体外转变成蔗糖，供植物体所有细胞利用。

设计意图：交流和讨论是科学探究中的重要一环，同学间的交流和讨论也锻炼了学生合作探究的能力，加深学生对生物学概念的理解，体现教学过程重实践的理念。学生根据酶的存在场所来思考碳反应的场所，基于事实出发生成知识，且有利于构建单元重要概念："细胞的功能绝大多数基于化学反应，这些反应发生在细胞的特定区域"。通过碳反应过程概念图的构建，进一步提升学生建模的科学思维。同时引导学生运用物质和能量观，来对碳反应过程中物质和能量的变化进行思考。

注：课堂中小组分工并未展开说明，是由于上一课时学生已经进行分工并参与了小组活动。

（4）课堂总结

高度概括碳反应，从整体考虑卡尔文循环的话，进入循环的主要是CO_2，出去的是三碳糖，物质层面可以总结为碳反应将CO_2还原成糖。能量层面的转化是ATP、NADPH中活跃的化学能→糖类中稳定的化学能。由于糖类中的化学能是稳定的化学能，可以认为将能量最终储存在糖分子中。

（5）结语

反思卡尔文成功的原因，有一点就是需要依赖科学技术的进步，比如在探究的前几年有其他科学家发现了同位素[14]C。老师没有提及的是，卡尔文和这位科学家还是同一所学校的同事，所以卡尔文率先用上了同位素[14]C。我们可以发现，科学研究的成功需要依赖顶尖的大学，更加依赖的是背后强大的国家。我们一起用视频中戚院士的话作为课堂的结尾：我们起步比较晚，但是我们可以利用后发优势，我们有信心能够和世界走在前面几十年的一些大国，并肩齐进。

设计意图：从概念教学的角度完成本节课的概念构建——"碳反应将二氧化碳还原成糖，并将能量最终储存在糖分子中"。从物质和能量出发，回顾本节课一开始的另一个问题"植物光合作用对于志愿者生存有什么作用"，为大概念"细胞的生存需要能量和营养物质，并通过分裂实现增殖"提供支撑。同时结语部分，进一步引导学生进行反思，且充分展现了渗透在科学探究素养中的社会责任。

8. 教学评价

课堂中我们提到了世界粮食计划署曾预测，由于疫情影响，全球面临粮食危机的人数将从1.35亿增长到2.6亿。2020年10月，世界粮食计划署获得2020年诺贝尔和平奖，请收集资料并分析他们对世界粮食安全所作的贡献。另外，通过提高光合速率来提升粮食产量也是解决粮食安全问题的一个重要方法，根据本节课所学的知识，请尝试说出提升光合速率的可行的办法。

参考答案：世界范围内的粮食问题更多的不是产量问题，而是分配问题。授予世界粮食计划署诺贝尔奖，是为了表彰该组织在全球，尤其是武装冲突地区，与饥饿作斗争的努力。适当提高二氧化碳浓度，是提升光合速率的重要方法，特别是在温室大棚中，要监测二氧化碳浓度，做到及时通风或者使用二氧化碳发生器补充二氧化碳。此外，在实验室中，可以利用CRISPR/Cas9等技术改造农作物的相关基因，以提高农作物的Rubisco酶的活性也是一种可行的方法。

评价说明：本题以2020年的诺贝尔奖为情境，关注社会热点问题，考察学生的社会责任；学生运用碳反应的知识从理论角度提出提高光合速率的方法，考查了学生运用生命观念和科学思维解决问题的能力。需要学生具备生命观念、理性思维和社会责任的二级水平。

9. 教学反思

课堂案例对卡尔文的探究历程作了大致还原，这是由于学生认知水平的限制，以及教学时间的限制。比如设计实验过程中，真正的实验过程中对反应时间或者取样时间到底是如何控制的，由于学生认知水平的限制，并没有展开说明。由于学生化学知识的不足，对实验结果，同样作了简化，以便学生在能力范围内可以推出相关物质的转化顺序。而混合在甲醇溶液中的放射性标记物质是如何进一步鉴定的，这当中的物质的提取和分离，需要依赖后续光合色素提取和分离的知识，将在后续进一步展开。

本课时和上一课时的教学基本完成了"植物细胞的叶绿体从阳光中捕获能量，这些能量在二氧化碳和水转变为糖类与氧气的过程中，转换并储存为糖分子中的化学能"概念的构建，两课时在教学上是连贯的，基于同样的情境"月宫"视频引入，甚至情境引入后的问题都很相似，都是对视频中光合作用相关的什么问题感到好奇。而且一个是感性的好奇，学生充满了兴趣，可以带着兴趣学习光合色素、光反应等内容。而本课时的好奇一个是理性的好奇，以上一节的课后作业的形式预先进行思考。好奇心是科学探究的动力，是科学探究的起点，由此展开整节课的探究。以科学史和科学探究为主线进行展开，能提升学生科学探究素养，在当下"中美两国的科技竞争"社会背景下更凸显出"培养有社会责任的创新人才"的教育使命。

第六节　基于大概念的生物教学设计
——以"DNA是遗传物质"为例

摘　要： 在"遗传信息控制生物性状，并代代相传"这一大概念的整体教学思路下，阐述"多数生物的基因是DNA分子的功能片段，有些病毒的基因在RNA分子上"这一次位概念的教学设计。

关键词： 大概念；高中生物；教学设计

《2017版普通高中生物学课程标准》指出，教学内容重视以学科大概念为核心，使课程内容结构化，促进学科核心素养的落实。在设计依据中指出，根据生物学的大概念来构建课程体系和内容框架。实施建议中指出通过大概念的学习，帮助学生形成生命观念。

目前的生物课堂都尝试着把学习的主动权交给学生，比如小组合作学习，翻转课堂、微课、导学案等等，这些给生物课堂带来了清新的气息，但随着时间的推移，学生的学习兴趣难以维持，积极性递减，老师的积极性也不高。究其原因，主要是因为我们的努力并未使学生的学习发生实质性变化，大多数学生的学习还是碎片化和功利化，对生物的核心概念和认知结构缺少意义感，没有形成生物学科大概念的愿望。

运用大概念的理念进行教学就是要给学生创造机会，让学生从根源上进行学习与探究，让其感悟所学内容的意义和价值，获取高中生物的大概念。下面，笔者就"遗传信息控制生物性状，并代代相传"这一大概念学习的第一课时来表述基于大概念理念的课堂教学设计。

1. 基于大概念的教材分析和思路设计

高中生物要引导学生围绕涉及高中生物领域中有结构有联系的核心概念、规律和模型，即学科大概念来进行学习。因此，先要对整个大概念进行整体上的设计，然后再针对其中的某一课时进行设计。具体思路为：以生物学科的大概念为方向指导，将学生的前概念进行分析和筛选，并以此为出发点，选择、加工和纠正学生的前概念形成基本概念，然后通过有效的教学方式形成重要概念，最后形成大概念。笔者针对该概念做了以下的总体设计（见表5-4）。

表5-4

筛选的有效前概念	处理方式	次位概念	处理方式	重要概念	大概念
DNA是遗传物质，基因在DNA上，DNA在染色体上	通过对遗传物质思路的讨论、科学史的学习，纠正学生的前概念	多数生物的基因是DNA分子的功能片段，有些病毒的基因在RNA分子上	概念图、思维导图、合作讨论等方式	亲代传递给子代的遗传信息主要编码在DNA分子上	遗传信息控制生物性状并代代相传
DNA多种多样可以传给子代	通过构建DNA模型活动、分析遗传物质需要的条件、假说演绎法探究DNA的复制等手段拓展学生的前概念	DNA分子由四种脱氧核苷酸组成，通常由两条碱基互补配对的反向平行双螺旋结构，碱基的排列顺序编码了遗传信息			
		DNA通过半保留方式进行复制			
基因控制性状	通过"假想战争指挥中心情报传递系统"、学生模拟活动等加深对前概念的认识	DNA分子的遗传信息通过RNA指导蛋白质的合成，生物的性状主要通过蛋白质表现			
生物的后代有差异	通过模拟实验、学生角色扮演、调查研究、设计小资料卡片等活动补充前概念	减数分裂产生染色体减半的精细胞或卵细胞	模型构建、演绎推理、统计分析、归纳概括等方式	有性生殖中基因的分离和重组导致双亲后代的基因组合有多种可能	
		进行有性生殖的生物体，其遗传信息通过配子传递给子代			
		有性生殖中基因的分离和自由组合使得子代的基因型和表型有多种可能，并可由此预测子代的遗传性状			
		性染色体上的基因传递和性别相关联			
基因会发生变化	通过生活实例分析、对比法等将前概念补充并建立一定的联系	碱基的替换、插入或缺失会引发基因中碱基序列的改变	调查研究、数据分析、推理归纳等方式	由基因突变、染色体变异和基因重组引起的变异是可以遗传的	
基因改变会使人患病暴露在射线条件下容易使人患癌症	通过已有概念的分析、科学研究论文、分组讨论、实例分析等方式引出关键的基本概念	基因中碱基序列的改变有可能导致它所编码的蛋白质及相应的细胞功能发生变化，甚至带来致命的后果			
		细胞在某些化学物质、射线以及病毒的作用下，基因突变概率可能提高，而某些基因突变导致细胞分裂失控，甚至发生癌变			
		进行有性生殖的生物在减数分裂过程中，染色体发生的自由组合和交叉互换，会导致控制不同性状的基因重组，从而使子代出现变异			
		染色体结构和数量的变异都可能导致生物性状的改变甚至死亡			
		人类遗传病是可以检测和预防的			

通过各种概念的梳理可以明确每一堂课要教授哪些知识，通过怎样的方式使学生理解和应用概念，怎样将各基本概念联系起来最终形成学科大概念，以提高课堂教学的有效性。本节课主要解决多数生物的基因是DNA分子的功能片段，有些病毒的基因在RNA分子上这一次位概念，对学生理解生物的遗传具有重要意义，也为后面的次位概念和重要概念的掌握打下基础。

2. 学情分析

本学习内容是生物必修三的知识，学生对于生物的学习已经有了一段时间，有了一定的自主学习能力和构建知识网络的能力。但毕竟所学知识是新的而且是微观的知识，掌握理解起来有一定的难度。笔者通过对学生前概念的调查，筛选了适合指向该次位概念的内容进行教学。

3. 教学目标

通过噬菌体侵染细菌实验的模拟和探究增强学生的理性思维和科学探究能力。

通过模拟烟草花叶病毒的重建实验增强学生合作学习和建模能力。

通过肺炎双球菌经典实验的回顾提升学生的社会责任感和用于探索的精神。

4. 教学重难点

教学重难点：学生对DNA是遗传物质证据的正确理解。

5. 教学过程

（1）课前准备

①利用空的矿泉水瓶和小的葫芦形的维生素AD软胶囊制作成细菌和病毒的模型，用白纸剪成烟草两种性状的RNA和两种性状的蛋白质模拟烟草花叶病毒。

②将班级学生按组内异质，组间同质原则分成几个学习小组。

③调查学生对遗传物质了解多少？筛选其中典型的内容作为设问的参考。

（2）利用DNA破案导入

教师提供20多年前的杀人犯被抓获的事件，并提问：

①20年后在犯人容貌和体型都有很大差异的情况下，是通过什么来确定罪犯的？

②为什么指纹和DNA都可以确定呢？

③它们都具有特异性，那么谁是遗传物质呢？我们能否通过设计实验来证明呢？

④为了较准确地区分谁才是遗传物质？我们在选择实验材料上有什么需求？

设计意图：通过新奇的情境引入，引起学生的兴趣，从而引出DNA是遗传物质证据的实验设计思路。同时培养学生的社会责任感。

（3）模拟探究实验设计

教师展示：病毒感染后的一些细胞破损的照片，并给出噬菌体病毒的电镜照片和模式图以及课前准备的细菌和病毒的模型。并提出以下问题。

①如何区分谁是遗传物质？我们的思路是什么？

②根据这一思路我们有什么办法将病毒中的蛋白质和DNA区分开进行分别研究？

③若用放射性同位素标记的话，用哪种元素做标记好呢？

④标记是同时做标记？还是分别做标记？

学生活动：利用现有的矿泉水瓶当作大肠杆菌，使用过的维生素AD软胶囊当作噬菌体（自身的蓝色作为蛋白质，里面放一根红绳作为DNA），筷子作为搅拌器，分小组进行模拟探究实验。

设计意图：通过学生设计探究实验，增强学生的理性思维和科学探究能力；通过分组合作培养学生的团队合作能力。

（4）汇报成果

各组组长汇报自己小组合作成果，并相互间纠正最终形成该实验可能出现的结果和结论。

（5）要求学生阅读教材噬菌体侵染细菌实验资料

分析：

①如果出现教材中的现象，那么证明了什么？

②如果该实验时间过长或过短会有什么现象？

③如果该实验搅拌时间过短会有什么现象？

（6）教师提问

已经证明了DNA是遗传物质，那么所有生物的遗传物质都是DNA吗？

教师展示：不同烟草花叶病毒的模式图以及侵染烟草后的症状并要求学生思考以下问题：

①根据之前实验的思路我们如何证明RNA是遗传物质？

②为了更充分地说明，我还可以怎么做？

学生活动：分组模拟烟草花叶病毒重建实验。

各组汇报模拟结果，并相互纠正建立烟草花叶病毒重建实验的模型。

设计意图：再次通过小组合作的形式进行模拟实验，可以评价学生对所学知识的掌握程度，以及锻炼学生建模的能力，进一步增强学生的理性思维。

（7）学生阅读肺炎双球菌的资料和格里菲斯以及埃弗里的资料，分组讨论后完成以下任务

①说出肺炎双球菌和真核细胞的主要区别？

②肺炎双球菌活体转化实验说明了什么？能说明遗传物质是DNA吗？

③肺炎双球菌离体转化实验说明了什么？实验的原理是什么？DNA加DNA酶组实验的目的是什么？

设计意图：重温经典实验使学生进一步明白科学在于创新、在于探究，同时增强学生的科学探究能力，提升学生的社会责任感。

（8）课堂小结

本节课我们重温了关于核酸是遗传物质的经典实验，明白了DNA是某些生物的遗传物质，RNA也是某些生物的遗传物质，那么谁才是主要的遗传物质呢？希望同学们带着科学家的探究精神利用课余时间，收集资料来完成这一课题。大家是否还想知道嫌犯的DNA和他的指纹间有什么关系，为什么都能判断是他作的案呢？接下去的课我们将继续探究。

设计意图：通过总结和问题的设置进一步提升学生的学习兴趣同时锻炼学生收集和分析资料的能力。

6. 教学反思

该课是"遗传信息控制生物性状，并代代相传"这一大概念下的一个次位概念的学习，目的是通过对"肺炎双球菌的转化"和"噬菌体侵染细菌""烟草花叶病毒侵染烟草"等生物学现象事实的分析讨论让学生理解多数生物的基因是DNA分子的功能片段，有些病毒的基因在RNA分子上这一次位概念，并对大部分学生中存在的DNA是遗传物质这一前概念进行纠正和补充。整个教学模式还在摸索中，但是围绕大概念的单元整体教学设计为解决生物教学的实际困难、培养学生科学素养指出了一条可行路径。

参考文献：

［1］中华人民共和国教育部.普通高中生物学课程标准（2017版）［S］.北京：人民教育出版社，2018.

［2］陈治国.高三化学实施分层教学提高课堂效率的探索与实践［J］.科学中国人，2016.

［3］吴相钰，刘恩山.生物学必修2遗传与进化［M］.杭州：浙江科学技术出版社，2005.

第七节　基于科学思维的论证式教学的教学设计
——以"减数分裂过程中的染色体行为"的教学为例

　　摘　要：本文以"减数分裂过程中染色体行为"为例，就染色体的行为变化过程展开论证式教学，通过动画演示引证论题、教具模拟获取证据、简图绘制阐述论证、辩证追踪及时跟进展开教学过程，发展学生的科学思维，并提供后续教学内容的模型，促进学生科学思维的连续性。

　　关键词：论证式教学；减数分裂；染色体；科学思维

　　论题是论证得以产生的基本前提，证据是进行论证的依据，思维的共享、交锋是论证的核心环节，达成较为可以接受的结论是论证的目的。据此，我们认为，论证是共同围绕某一论题，利用科学的方法收集证据，运用一定的论证方式解释、评价自己以及他人证据与观点之间的相关性，促进思维的共享与交锋，最终达成较为可接受结论的活动。而科学思维已经成为生物教学中的重要组成部分，但探究如果仅仅停留在锻炼动手能力、让学生参与到探究实验的层面，而忽视对探究过程等因素的论证，是不利于学生科学思维形成的。

　　创造一种基于证据论证的课堂氛围，创建一个体现科学本质的教学过程。论证活动引入学科学习，可以培养学生的论证能力与科学思维能力，加深学生对科学概念及其本质的理解，提高学生在解决问题时判断和决策能力。基于图尔敏的"论证图式"，结合生物学科的教学特点，实施论证式教学，可实现教师与学生的有效互动，有效达成教学目标。

　　1. 教材分析和设计思路

　　"减数分裂中的染色体行为"是浙科版高中生物教材必修2第二章第一节的内容，是认识染色体在细胞减数分裂过程中的变化规律。通过必修1"细胞增殖"部分的学习，学生已经掌握了染色体、姐妹染色单体等概念以及有丝分裂过程中染色体的动态变化，给减数分裂奠定了基础；孟德尔定律假设演绎的学习，学生已经理解等位基因分离、非等位基因自由组合的过程，提供了抽象的认识和想象空间。减数分裂过程中，染色体形态和行为表现出一系列有规律的变化，其中，同源染色体分离、非同源染色体自由组合以及非姐妹染色单体交叉互换等行为对于解释孟德尔定律以及认识生物的遗传和变异现象有着重要的意义。

抽象的染色体让学生缺乏感性认识，同时，学生难以理解复杂减数分裂过程中染色体的连续动态变化过程。减数分裂历来是生物学教学中的重点和难点，也是很多学生在做题中容易出错的地方，由于其具有思维跨度大、综合性强、题目灵活多变等特点，常结合图形出题，能充分体现高考对学生能力的考查，因而也是高考命题的热点。但往往学生对于这两种细胞分裂方式的知识的掌握不够扎实，尤其是关于一些辨别细胞分裂各时期的图像、染色体的行为、染色体、染色单体和核DNA数目等内容特别容易搞混。

因此，笔者尝试开展基于科学思维发展的"减数分裂过程中染色体行为"的论证式教学。在教学中，利用动画演绎减数分裂整个过程，注重激发学生的科学思维意识；带着问题，借助教具动手模拟减数分裂过程中染色体行为，促进学生思维层层深入，获取证据；对减数分裂过程中染色体行为的认识不断深入，绘制简图，构建减数分裂过程中染色体行为的模型，论证变化过程；显微镜观察减数分裂的显微图像，理论实践运用，体现新课程中倡导学生进行科学思维的基本理念；辩证追踪染色体的变化行为，深化科学思维过程，内化学科素养。

2. 教学目标

基于课程标准的内容要求、学业要求和学业质量标准，并围绕培养学生核心素养的要求，制订了如下教学目标。

①通过动画演示，初步认识减数分裂过程中染色体行为。

②通过教具模拟，发展学生分析、推理和判断的科学思维能力。

③通过简图绘制，建立模型、研究生物学问题的能力，发展学生获取和处理图像信息的能力。

④通过辩证思维，分析并处理有效信息的能力，鼓励学生积极参与探

究活动，提升科学素养。

图5-27

3. 教学过程

（1）动画演示引证论题

教师提供动画演示，引导学生思考问题：

①染色体数目如何实现减半？

②细胞分裂了几次？

③染色体是否需要复制？复制几次？何时复制？

运用多媒体，变抽象为直观，变静态为动态。通过教师的引导分析，初步获取减数分裂的特点和结果：染色体只复制一次，细胞连续分裂两次，新产生的生殖细胞中的染色体数目，比原始的生殖细胞减少一半。从而形成减数分裂的概念，减数分裂是一种特殊的有丝分裂形式，是有性生殖生物的原始生殖细胞（如动物的精原细胞或卵原细胞）成为成熟生殖细胞（精、卵细胞即配子）过程中必需的经历。确认本节课内容的论题——减数分裂过程中染色体的行为变化。

（2）教具模拟获取证据

教师提供教具模具，学生展示"减数分裂中的染色体行为"过程。

减数分裂过程的学习是高中生物学习的一大难点和重点，是学习过程中的一个坎。在传统的教学过程中主要以视频展示与板图相结合的方式来讲解细胞增殖过程中染色体的行为变化。但是视频展示容易出现学生看着视频好玩，而事后什么都不记得，板图只会一幅幅画，可是不明白先后的顺序和相互关系，没有任何的动态思维。因而改变传统的教学方式，让学生能动静结合理解细胞增殖过程中的染色体变化，更好地理解和掌握这个过程。关键是要看出图思维中包含着动态的变化过程。

利用自制的染色体模型，让学生利用视频动画学会"手动"版的减数分裂过程中染色体行为变化，动静结合理解染色体的变化过程。学生在完成整体的动态变化过程后，同时绘制出各个时期染色体行为的图。学生既理解了每个时期的变化特点，也有整个变化过程的科学思维过程。学生利用这个模型可以自主完成减数分裂的学习，既是一个学习过程也是一个自主学习的过程，并且还有利于学生完善有丝分裂过程的复习。

图5-28

利用这样的模型学习完成后，学生既能有减数分裂过程的理性思维过程，而且还能掌握好图形结合的认知过程。这样的课堂教学过程不仅仅教师能够轻松完成教学任务，学生还能学得开心"玩"得快乐。因此，会让学生更好地喜欢上生物，更喜欢生物课堂上的学习方式，从而提升自己的生物成绩。

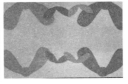

图5-29

在学习过程中，除了常规的板画、图片展示和动画视频播放外，利用自制的染色体模型，直观形象的道具，一方面能引起学生极大的好奇心和兴趣，另一方面可以变抽象为具体，让"死"的概念"活"起来，丰富学生的感性认识。让学生利用视频动画学会"手动"版的减数分裂过程中染色体变化，动静结合理解染色体的变化过程。学生根据动画演示的"减数分裂过程中染色体行为"变化的事实，学生在分析、推理的基础上完善整个过程，培养学生科学思维能力。

（3）简图绘制阐述论证

教师提供学案，按照纸片所摆放的"减数分裂过程中染色体行为"变化，在学案上画出各时期的简图（见图5-30）。

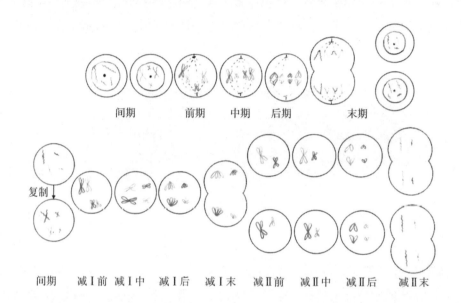

图5-30

学生在完成整体的动态变化过程后，同时绘制出各个时期染色体行为的图。这样有助于学生通过自主学习，理解每个时期的变化特点，各时期结构和数量的变化，形成动态的变化过程，成为手中和脑中的视频，学生的逻辑思维能力得到了培养，建立模型，同时完成自身知识体系的构建。运用多媒体展示特别图例或特殊结构，学生讨论的基础上加以确定，达到知识点的巩固，以及科学思维的深化。

（4）辩证追踪及时跟进

教师根据学生绘制的不同简图，引导学生开展辩证思考。

间期　减Ⅰ前　减Ⅰ中　减Ⅰ后　减Ⅰ末　减Ⅱ前　减Ⅱ中　减Ⅱ后　减Ⅱ末

间期　减Ⅰ前　减Ⅰ中　减Ⅰ后　减Ⅰ末　减Ⅱ前　减Ⅱ中　减Ⅱ后　减Ⅱ末

图5-31

学生在讨论、分析、辩证的基础上，思考以下问题。

①一个2对同源染色体的精原细胞，经减数分裂产生_____个精细胞，至少有_____种，最多有_____种。

②两个2对同源染色体的精原细胞，经减数分裂产生_____个精细胞，至少有_____种，最多有_____种。

③一个2对同源染色体的雄性个体，经减数分裂产生_____个精细胞，至少有_____种，最多有_____种。

④一个n对同源染色体的精原细胞，经减数分裂产生_____个精细胞，至少有_____种，最多有_____种。

⑤一个n对同源染色体的雄性个体，经减数分裂产生_____个精细胞，

至少有_____种，最多有_____种。

学生在分析、讨论的基础上，认识到"减数分裂过程中染色体行为"出现的同源染色体分离和非同源染色体的自由组合现象，通过科学思维的探讨，加上资料以及事实论证，明确事实。

在掌握"减数分裂过程中染色体行为"的同时，深化问题，探究配子种类。根据自己绘制的"减数分裂过程中染色体行为"过程图，看图说话，指导学生完成一个精原细胞经减数分裂产生4个精细胞，并且具有两两相同的特点，所以4个精细胞只有两种。在此基础上，提出两个精原细胞减数分裂产生8个精细胞，虽然还是具有两两相同的特点，但是可能出现4个精细胞相同，所以至少是2种，也可能出现每2个精细胞相同，所以最多会出现4种。学生思维的不断提升，给予学生充分思考的时间，提问一个雄性个体与一个、两个精原细胞的差异何在？大量的精原细胞参与减数分裂过程，那么所产生的大量精细胞中，是否还具有两两相同的特点？那么多的精细胞中，种类又是如何呢？追更溯源之后，从2对同源染色体拓展到n对同源染色体，需要学生对知识点的融会贯通，才能做到得心应手，精原细胞的数量、同源染色体的对数、精细胞种类这三者之间的相互关系？

随着论据的不断增加，科学思维的不断提升，学生构建的模型不断完善，并为后阶段的学习奠定基础。

4. 教学延续

本节课以精子形成过程为例讲解"减数分裂过程中染色体行为"，在完成精子形成过程的基础上，深入探索精子种类的探究与思考，为后续卵细胞形成过程和产生种类的学习提供保障。采用相同的方法加以比较学习。

间期　减Ⅰ前　　减Ⅰ中　　减Ⅰ后　减Ⅰ末　减Ⅱ前　减Ⅱ中　减Ⅱ后　减Ⅱ末

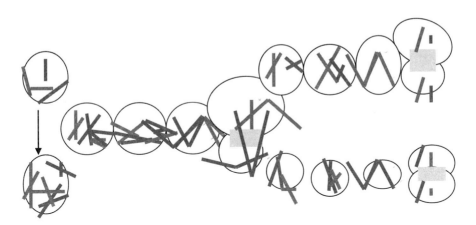

间期　减Ⅰ前　减Ⅰ中　减Ⅰ后　减Ⅰ末　减Ⅱ前　减Ⅱ中　减Ⅱ后　减Ⅱ末

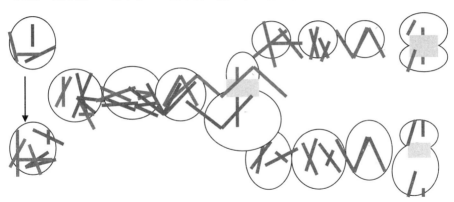

间期　减Ⅰ前　减Ⅰ中　减Ⅰ后　减Ⅰ末　减Ⅱ前　减Ⅱ中　减Ⅱ后　减Ⅱ末

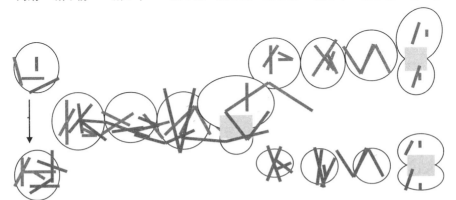

间期　减Ⅰ前　减Ⅰ中　减Ⅰ后　减Ⅰ末　减Ⅱ前　减Ⅱ中　减Ⅱ后　减Ⅱ末

图5-32

学生在讨论、分析、辩证的基础上，思考以下问题。

①一个2对同源染色体的卵原细胞，经减数分裂产生＿＿＿个卵细胞，至少有＿＿＿种，最多有＿＿＿种。

②两个2对同源染色体的卵原细胞，经减数分裂产生＿＿＿个卵细胞，至少有＿＿＿种，最多有＿＿＿种。

③三个2对同源染色体的卵原细胞，经减数分裂产生＿＿＿个卵细胞，至少有＿＿＿种，最多有＿＿＿种。

④四个2对同源染色体的卵原细胞，经减数分裂产生＿＿＿个卵细胞，至少有＿＿＿种，最多有＿＿＿种。

这些简图的形成，还能为后期"遗传的染色体学说"的学习服务，学生在学习遗传的染色体学说是需要很强的逻辑思维过程的。因为有了减数分裂学习过程作为铺垫。这一内容的学习主要是学生的自主画图为主，这样的学习画图过程看似简单，但是却能让学生非常形象地理解精子产生的种类，同时能了解卵细胞的种类，帮助学生更好地掌握知识点。这样的学习方式解决了基因问题、配子种类、配子类型，同时能让学生觉得一节课画图就能解决很多的问题。学生在这些简图的基础上，对染色体上的基因加以标注，科学思维后论证孟德尔定律的细胞学解释——减数分裂过程中，等位基因随着同源染色体的分离而分离，非等位基因随着非同源染色体的自由组合而自由组合。

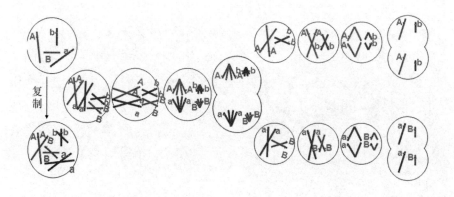

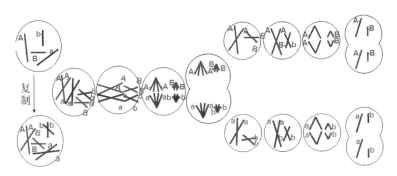

图5-33

论证式教学是探究式教学发展的新前景。在科学教学中实施论证式教学有利于扭转探究式教学"形式化"的趋势，使探究式教学成为融合知识学习、思维发展、科学本质深化的学习过程。同时，学生学科核心素养的培养是深化课改的主要任务，而学科素养的培养和提升本身也是一个循序渐进、循循善诱的过程，因此，在课堂教学中培养核心素养与内隐性目标的达成，两者之间并不矛盾，而是可以同步实现的。

5. 教学反思

本节课重点是以精子的产生过程为例，学习"减数分裂过程中染色体行为"，其过程抽象、复杂、变化多端，而且专业概念繁多，因而在教学过程中，主要是变抽象为直观、变静态为动态、变看图为画图，让学生的双手带动思维，在动静的观察中体会变化过程，科学思维的贯穿不局限于本堂课的教学，注重教学模型与教学资源的沿用性。

改变教师讲授的课堂教学，学生在看—做—画的过程中，思考—探索—思考的过程中，掌握"减数分裂过程中的染色体行为"，明确减数分裂过程，并思考获得配子种类上的差异性。

但是本堂课的教学过程中，因为知识点的烦琐和学生活动的多样性，课堂教学时间是一大不足，所以可以建议开设大课堂，例如60～80 min的课堂教学时间，有利于课堂的深入思考和完整性。

参考文献:

[1] 张刘祥, 金其生. 新课程理念指导下的课堂教学策略 [M]. 华东师范大学出版社, 2004.

[2] 凌鹏飞. 内隐与外显: 教学目标的二种存在形式 [J]. 教育导刊, 2014, 000 (012): 58-60.

[3] 柳夕浪. 从素质到核心素养——关于 "培养什么样人" 的进一步追问 [J]. 教育科学研究, 2014 (3): 5-11.

[4] 施久铭. 什么是核心素养——为了培养全面发展的人 [J]. 人民教育, 2014 (10): 13-15.

[5] 蒋桂林. 基于高中生核心素养培养的生物学科素养的思考 [J]. 中学生物学, 2015, 031 (010): 9-10.

[6] 魏玮, 沈浩宁. 论证式教学在高中生物教学中的应用——以 "植物生长素的发现" 一节为例 [J]. 中学生物学, 2016 (3): 11-12.

[7] 崔小亮. 论证式教学的尝试 [J]. 教育, 2014, 000 (028): 62.

[8] 洪海鸾. 论证式教学在高中生物教学中的运用——以《生态系统的能量流动》一课为例 [J]. 中学教学参考, 2018, 000 (020): 85-86.

[9] 王星乔, 米广春. 论证式教学: 科学探究教学的新图景 [J]. 中国教育学刊, 2010, 000 (010): 50-52.

[10] 黄淑峰. 有丝分裂与减数分裂辨析的有效教学方法 [J]. 生物学教学, 2011, 36 (004): 27.

主要参考文献

[1] 普通高中生物学课程标准（2017年版）[M]. 人民教育出版社, 2018.

[2] 刘程. 基于项目学习的STEM教学实践研究 [D]. 上海师范大学, 2017.

[3] 吴晓红, 田小兰, 蒋思雪. 以培养学生STEM素养为目标的项目化学习设计——以"爱护水资源为例"[J]. 化学教学, 2017.

[4] 郝琦蕾, 姚灿. 基于核心素养的高中生物模型建构教学研究 [J]. 教学与管理, 2019, 769（12）: 111-113.

[5] 余文森. 核心素养导向的课堂教学 [M]. 上海教育出版社, 2017.

[6] 赵占良. 对生物学学科核心素养的理解（一）——生命观念的内涵和意义. 中学生物教学 [J]. 2019（11）: 4-8.

[7] 弭乐等. 渗透式导向的两种科学论证教学模型述评. 全球教育展望 [J]. 2017, 46（6）: 60-69.

[8] 隋鹤鸣等. 和牛胚胎移植后代超数排卵和胚胎移植试验 [J]. 2018（21）: 87-94.

[9] 李楠等. 体外胚胎培养是胚胎工程技术的关键环节. 中国组织工程研究 [J]. 2019, 23（29）: 4732-4742.

[10] 许红喜. 雪龙黑牛活体采卵与屠宰采卵在体外授精技术中的应用研究. 中国奶牛 [J]. 2013, 6: 12-14.

[11] 谭世俭等. 牛体细胞核移植胚胎的批量化生产. 中国兽医学报 [J]. 2007, 27（2）: 260-263.

[12] 冯春涛等. 影响和牛双半胚移植妊娠率因素分析. 畜牧与兽医 [J]. 2016, 48（10）: 55-57.

[13] 朱满员. 胚胎工程——教学一议. 中学生物学 [J]. 2016, 32（1）: 79-80.

[14] 孙凤俊等. 不同剂量促卵泡素对成年和牛超数排卵效果的影响分析. 江西农业 [J]. 2018, 2: 43.

[15] 邵丹玮. 以"错误"为线索进行"种群的特征"一节的教学设计 [J]. 生物学教学, 2017, 42 (6).

[16] 刘刚. 基于"种群的特征"核心概念的多层级教学设计 [J]. 中学生物教学, 2016 (12).

[17] 李文林, 孙平新, 吕林洁, 张树忠. 通过加强细胞生物学发展史的教学培养学生的科学思维 [J]. 中国继续医学教育, 7 (19).

[18] 张刘祥, 金其生. 新课程理念指导下的课堂教学策略 [M]. 华东师范大学出版社, 2004.

[19] 凌鹏飞. 内隐与外显: 教学目标的两种存在形式 [J]. 教育导刊 (小刊). 2014, 12 (上半月).

[20] 柳夕浪. 从素质到核心素养——关于"培养什么样人"的进一步追问 [J]. 教育科学研究, 2014 (3): 5-11.

[21] 施久铭. 什么是核心素养——为了培养全面发展的人 [J]. 人民教育, 2014, (10): 13-15.

[22] 蒋桂林. 基于高中生核心素养培养的生物学科素养的思考. 中学生物学

[23] 沈浩宁. 魏玮. 证式教学在高中生物教学中的应用 [J]. 中学生物学. 2016 (03).

[24] 崔小亮. 论证式教学的尝试 [J]. 教育, 2014 (28).

[25] 许明. "探究鸡卵的秘密"一节的项目式学习 [J]. 生物学教学, 2019, 44 (9): 16-17.

[26] 殷亚妮. 基于培养学生科学探究素养的生物学实验设计, 2019, 44 (9): 46-47.

[27] 张莹, 李艳梅. STEM理念下微生物实验室培养的项目式教学, 2019, 44 (9): 42-43.

[28] 闫凡芹. 在实验教学中培养学生科学思维和科学探究能力初探, 2019, 44 (9): 40-41.

[29] (美) 奥尔顿·比格斯等著, 曾立等译. 科学发现者: 生物·生命动力 (中

册）［M］.浙江教育出版社, 2008.

［30］普通高中课程标准试验教科书.生物1必修分子与细胞教师用书［M］.北京: 人民教育出版社, 2006.

［31］张丽云, 孙娟, 任建明. 基于生命观念的教学实践与反思［J］.中学生物学, 2018, 34（7）: 30-31.

［32］钟启泉. 基于核心素养的课程发展: 挑战与课题［J］.全球教育展望, 2016, 342（01）: 5-27.

［33］曹冬林. 高中生物学教学中思想实验的探究［J］.生物学教学, 2015, 40（6）: 43-44.

［34］唐明翔, 杨公明, 李开雄. 基于虚拟现实技术的食品科学虚拟实验室［J］.石河子大学学报（自然科学版）, 2005, 23（2）: 158-162.

［35］刘欣颜, 麦纪青, 刘恩山. 运用 5E 教学模式发展学生的核心素养——聚焦生物学核心素养的教学取向［J］.教育导刊, 2017,（06）: 48-53.

［36］刘铁芳. 学生社会责任感的建构与培养［J］.教育研究与实验, 2001（2）: 27.

［37］陈治国. 高三化学实施分层教学提高课堂效率的探索与实践［J］.科学中国人, 2016.

［38］吴相钰, 刘恩山. 生物学必修2遗传与进化［M］.杭州: 浙江科学技术出版社, 2005.

［39］沈浩宁. 魏玮. 证式教学在高中生物教学中的应用［J］.中学生物学, 2016（03）.

［40］崔小亮. 论证式教学的尝试［J］.教育, 2014（28）.

［41］洪海. 论证式教学的尝试［J］.中学教学参考 理科版, 2018（07）.